장면 연출과 행동

살아 있는 시·공간을 향한
생성성과 역동성

장면 연출과 행동

김대현 지음

도서출판 동인

"

우리 삶의 반영으로써의 연극의 한 장면은 단순히
구성과 재현의 결과가 아니다.
한 장면의 연출은 우리 삶의 우주적, 보편적 흐름과
생명력에 초점 지워져야 한다.
이것이 연출가가 모방보다는 추상을
그리고 재현보다는 생성성을 선택한 이유이다.
따라서 연출가의 작업은 생성성과 역동성이라는 지향점을 향한
행위현장에서의 살아 있는 과정의 연속이어야 한다.

"

연출은 연극에서 장면을 구성하는 작업을 뜻하고 연출가는 이를 직업으로 하는 사람을 의미한다. 그러나 실제 현장에서는 연출과 연출가를 혼동해서 사용하고 있고, 다만 맥락에 따라 이 두 용어를 구분해 사용한다. 어쨌든 연출과 연출가에 대한 연구는 작업 실제나 공연 실제와 강하게 연결되어 공연 비평을 제외하고는 쉽게 찾아볼 수 없는 것이 현실이다.

『장면 연출과 행동』은 졸저『배역 창조와 행동』에 짝을 이루는 책이다. 후자가 연기에 관련된 연구 성과를 모은 책이라면 전자는 학교 수업과 연출 현장에서의 경험을 바탕으로 연출에 관한 그동안의 연구 성과를 한곳에 모은 책이다.

처음 연출을 공부할 때 가졌던 것은 눈에 보이는 여러 연극적 요소들을 통해 어떻게 눈에 보이지 않는 '리듬과 템포'를 창조할 수 있을까라는 의문이었다. 바그너가 말한 것처럼, '모든 예술의 궁극적인 목표는 리듬의 창조에 있다'면, 연극에서의 장면 연출도 역시 리듬의 창조에 그 최종적 목적이 있다고 보았기 때문이다.

이런 연구는 2004년경 포스트구조주의와 포스트모더니즘을 공부하면서 장면의 구체성의 재현보다는 장면의 평면화를 통한 추상성의 표현에 관심을 가지면서 변하기 시작했다. 3차원이라는 극장 공간에서 입체적 요소인 배우와 세트, 대도구와 소도구 등을 어떻게 2차원적 평면 요소로 전환할 수 있을지에 관한 연구가 그 다음에 계속되었다. 헤겔이 말한 제2의 시간과 '환조보다는 부조가 훨씬 더 예술적'이라는 생각이 많은 자극이 되었다.

연출 공부의 마지막 단계는 장면의 생성성이었다. 연출은 결국 한 장면에서 관객과 조우하면서 생성되는 시·공간의 형성에 깊이 관여할 수밖에 없다는 것이 당시의 생각이었다. 추상성과 생성성이 한 장면 안에서 결합하면서 어떻게 삶의 에너지로 변환되어 나타날 수 있을까라는 의문을 해결하기 위한 연구 과정이었다. 보링어의 '모방과 감정이입보다는 추상충동이 보다 근원적, 보편적 진리에 닿아 있다'는 선언이 일종의 지향점으로 작용했던 때였다.

그러나 위의 세 가지 국면이 공통적으로 갖고 있는 것은, 연출 작업은 결정적으로 행위현장에서 배우의 행동을 통해 표현되어야 한다는 점이다. 리듬과 템포의 창조와 입체적 요소의 평면화 그리고 장면의 생성성은 모두 행위현장에서의 행동을 통해 달성되기 때문이다. 이 책의 마지막 부분에서 연기에 관한 세 논문을 함께 실은 것은 행동이라는 공통점이 어떻게 장면 연출에 영향을 끼치는지를 보여줄 수 있을 것이라는 기대를 가졌기 때문이다. 이 책『장면 연출과 행동』은 저자의 연출에 관한 공부가 어떤 흐름을 갖고 있으며 또 어떻게 변화해 왔는지 보다 분명하게 보여줄 것이다.

그럼에도 불구하고 책의 편집을 끝내고 보니 공부는 터무니없이 부족하고 또 공부해야 할 것은 너무나 많다. 부끄럽고 아쉽지만 저무는 해를 바라보는 나그네의 심정으로 일단 출판을 감행하려고 한다. 부족한 공부는 다음의 연구를 기약할 수밖에 없다.

이 책이 나오기까지 전공 분야에서 모자란 공부를 할 수 있도록 자극을 준 여러 선생님들의 가르침과 조언에 감사한다. 수업 시간마다 초롱초롱한 눈초리로 나를 바라보던 제자들은 오히려 나의 선생님이 되었음도 고백한다. 머리

에서 시작해 가슴을 지나 발에 이르는 삶을 살기로 결심한 이후 공부하는 시간
은 언제나 어렵지만 가슴이 따뜻해지는 것을 경험하는 귀한 순간이었다. 주변
의 모든 이들에게 보내는 감사와 함께 모자란 원고를 다듬어 출판해주신 도서
출판 동인의 이성모 대표님과 편집부에도 감사의 인사를 드린다.

2020년 불당동에서

曉 園

차례 ▷▷

제1부

연극 연출과
리듬 · 템포

제1장

장면 연출과 리듬 · 템포 1

1. 들어가는 글

작가에 의해 쓰인 대본은 상상력을 통한 가상의 세계를 나타낸다. 연출가의 임무는 이러한 가상의 세계를 자신의 상상력으로 다시 재창조하는 데 있다. 따라서 연출가의 작업은 부분적으로는 상상력을 바탕으로 한 해석적 작업일 수도 있고, 자신의 상상을 전제로 한 창조적 작업일 수도 있다.

인쇄된 대본의 죽어 있는 인물들과 가상의 세계를 무대 위에 다시 창조하는 데 있어 일차적으로 중요한 것은 그것을 어떻게 무대 위에 펼쳐 놓을 것인가에 관한 질문과 대답이다. 연출가가 자신의 도구로 사용하는 모든 매체, 배우, 무대디자인 및 장치, 조명, 의상, 분장, 대소도구, 음악과 음향효과 등은 이러한 시각화(Picturization)의 주요요소들이다. 그러나 연출의 시각화는 단순히 무대 위에 여러 요소들을 펼쳐놓는, 이차원의 그림을 그리는 것을 의미하지 않음은 분명하다. 연출가의 임무는 분명 관객들이 하나의 완벽한 세계라고 믿을 수 있는 가상의 세계를 창조하는 것이다.

이러한 박진성(Verisimilitude)의 창조는 여러 요소에 의해 달성될 수 있지만 그 중에서도 리듬(Rhythm)과 템포(Tempo)는 결정적인 것이라고 할 것이다. 사실 연극제작의 긴 과정 중 리듬과 템포의 창조와 그것의 조절에 관한 시기는 연습과정의 가장 마지막에 해당하는 것으로써 연출 작업의 핵심이라고도 할 것이다.[1]

> 연극에 있어서 바른 리듬과 템포의 완성은 중요한 것으로, 기술적으로는 연극이란 처음부터 끝까지 어떤 리듬과 템포를 만들 것인가의 문제라고 바꾸어 표현할 수도 있다. (…) 연극 또한 이야기 전개 방법에서 어떻게 흥미로운 리듬과 템포를 만드느냐의 문제에 귀결된다. 결국 연극의 마무리 작업이라는 것도 연출가가 처음 의도한 리듬과 템포가 제대로 만들어졌는지, 여러 각 무대요소들이 이미 계획된 리듬과 템포에 맞게 제 역할을 다하고 있는지를 확인하고 조정하는 것에 다름 아니다.[2]

위의 내용은 모든 예술작품 창조의 궁극적인 목표를 리듬의 창조로 보았던 바그너(R. Wagner 1813-1883)의 "총체극(Gesamtkunstwerk)"[3]으로서의 음악

---

1) 보통 연습과정은 1. reading 2. blocking 3. run-through 4. polishing 5. technical and dress rehearsal로 대별할 수 있다. audition, casting, costume parade 그리고 staff meeting 등을 포함한 과정들은 일회적으로 각 과정에 포함된다. 리듬과 템포의 조절은 통상적으로 위의 과정 중 네 번째와 다섯 번째 시기에 시행된다. 연습과정의 대부분이 blocking과 run-through에 할애되는 통상적인 예로 보면 리듬과 템포의 조절은 연습과정의 마지막 시기에 속한다고 볼 수 있다. 안민수는 이를 읽기, 서기, 다듬기, 무대 연습, 기술 연습, 총연습, 시연회로 나누고 있다. 안민수, 『연극 연출: 원리와 기술』 (서울: 집문당, 1998), 273쪽 이하 참조.

2) 안민수, 『연극연출: 원리와 기술』, 260-261쪽.

3) 바그너의 예술이론을 집대성한 개념으로서, 각 종의 예술들을 물리적인 단순한 결합이 아닌, 음

극과 그에 관련한 많은 이론들을 생각하게 한다. 위의 인용문에서 비록 단언적으로 표현되기는 했지만, 만일 연출 작업의 최종목표가 처음에 의도한 리듬과 템포의 창조에 있다면 많은 연출가들이 시각화에 성공하고서도 공연에 실패하는 이유는 리듬과 템포의 창조에 실패했기 때문일 것이라고 단언할 수 있을 것이다.

그동안 연출과 연출 작업에 관한 모든 연구들은 대부분 시각화에 관련된 것들이었다. 시각화라는 것이 연출 작업의 기초 작업이며 중요하다는 것을 의미하는 것이겠지만, 위에서 언급한 것처럼 박진성을 획득할 수 있는 중요한 수단이 리듬과 템포의 창조에 있다면 이것에 대한 연구는 필수적인 것이라고 할 것이다. 이 장의 목적은 한 장면에서의 리듬과 템포를 창조하는 여러 요소와 또 그 요소들 사이의 상관관계에 대한 고찰에 있다. 이러한 연구가 다양한 무대표현에 대한 탐구와 다른 장르와의 혼합 그리고 연극의 새로운 가능성을 탐구하는 오늘날의 연극현장에 기여할 수 있기를 기대한다.

2. 리듬과 템포의 정의

리듬과 템포는 외래어로서, 특히 연극현장에서는 우리말로 번역되지 않고 그대로 사용되고 있다. 이에 따라 리듬과 템포는 막연하게 율동 또는 율동감을, 그리고 템포는 속도를 의미하는 것으로 사용되고 있어 혼란을 가중

악예술을 중심으로 한 화학적 결합체를 지칭한다. 1850/51년 "예술과 혁명, 미래의 예술품, 오페라와 연극(Kunst und Revolution, Das Kunstwerk der Zukunft, Oper und Drama)"이라는 제목으로 발표된 위의 내용은 이후 근대적 의미의 연출개념, 즉 연극의 모든 요소를 하나로 통합하는 지휘자로서의 연출개념에 그리고 수많은 연출가들에게 막대한 영향을 끼쳤다. Brauneck und Gérard Schneilin (hrsg.), Theaterlexikon: Begriffe und Epochen, Bühnen und Ensembles, (Reinbek: Rowohlt Taschenbuch Verlag, 1986), 373-375쪽 참조.

시키고 있다. 따라서 리듬과 템포라는 용어의 정확한 정의가 요구된다고 하겠다. 먼저 리듬의 사전적인 정의는 다음과 같다.

> 1. (음악) 주제의 요소들의 운율 또는 박자로부터 유래한, 음의 길이와 음의 강세의 교차로 환기된 속도와 박자의 질서; (언어학) 장음과 단음, 강세가 주어진 음절과 약한 음절, 유지와 음률의 교차에 의한 발화행위의 질서
> 2. 규칙적으로 정리된 움직임; 기간의 교차, 규칙적인 재현[4]

위와 같은 리듬의 일반화된 정의로는 연극현장에 적용할 리듬의 마땅한 개념이 없다. '속도와 박자의 질서' 또는 '규칙적인 재현' 정도가 억지로 무대와 관련해 잡을 수 있는 개념이다.

이에 반해, 한국어 사전에 나타난 리듬의 정의는 위의 정의들에 비해 좀 더 간편하지만 무대와 관련해서는 좀 더 밀접한 개념을 발견할 수 있다.

> 1. 율동
> 2. (문학) 운율
> 3. (음악) 음의 3요소 중 하나. 음의 센박과 여린박을 규칙적으로 배치하여 시간적인 흐름에 질서감을 나타냄. 율동
> 4. 선 · 형 · 색의 비슷한 요소를 반복하여 이루는 통일된 율동감[5]

이 중 네 번째의 정의가 무대와 관련하여 리듬과 연결시킬 수 있다. 이러한 상황은 템포의 정의에 있어서도 동일하다. 템포의 정의는 대부분 속도와 관련되어 있다. 속도는 "1. 움직임의 속도 2. 음악의 속도, 운율"[6]로 정의

---

4) Duden: Deutsches Universalwörterbuch, 1989 ed., s.v. "Rhythmus."
5) 『민중 엣센스 국어사전』, 1985 ed., s.v. "리듬."
6) Duden, s.v. "Tempo."

되는 데 두 개의 정의는 모두 속도를 개념 속에 포함하고 있다. 이러한 정의는 다시 한국어 사전 속에서 발견된다.

1. (음악) 악곡 진행의 속도, 박자
2. 문학작품·연극·영화 등의 줄거리나 내용의 진전속도
3. 진도, 속도[7]

하지만 위의 정의에서도 템포의 정의는 여전히 '속도'의 테두리에서 벗어나지 못하고 있다. 위의 정의 중 두 번째의 정의가 나타내는 '줄거리나 내용의 진전속도'라는 것도 무대 위에서 느낄 수 있는 템포를 모두 표현해주고 있지 못하는 느낌이다. 연극과 직접적으로 관련된 리듬과 템포의 정의가 필요하다고 하겠다.

전문 연출가에 의해 정의된 리듬의 정의는 다음과 같다.

리듬이란 어떤 사물이 존재하여 그 운동이 만들어내는 궤적을 의미한다. 사물의 운동은 항상 일정한 방향으로 반복되고 규칙적으로 벌어지는데 이때 만들어지는 그 궤적의 단위를 모아서 리듬이라고 하는 것이다.[8]

위의 정의는 다음과 같은 또 다른 정의에 의해 부연 설명된다.

리듬이란 어떤 물체의 운동 법칙에 의해 규칙적이고 반복적으로 만들어내는 강세의 시간적, 공간적 궤적이라고 이해할 수 있을 것이다.[9]

---

7) 위의 책, s.v. "템포."
8) 안민수, 『연극 연출: 원리와 기술』, 261쪽.
9) 같은 곳.

결국 리듬이 '어떤 물체의 운동 법칙에 의해 규칙적이고 반복적으로 만들어내는 강세의 시간적, 공간적 궤적'이라고 정의되면, 무대 위에서 리듬을 창조하는 또는 리듬의 창조와 관계되는 요소는 배우를 포함한 대부분의 시각적인 요소들과 청각적인 요소들이라고 할 수 있다. 관객은 눈앞의 무대 위에 나타나는 시 · 청각적 요소들의 운동과 그 궤적의 규칙성, 반복성에서 리듬을 느낄 수 있기 때문이다.

또 전문 연출가에 의한 템포의 정의는 다음과 같다.

> 템포란 여기에 공적인 개념이 더해져서 만든 모습을 말한다. 즉 되풀이되는 강세의 규칙이 한 단위에서 다른 단위로 진행되는 길이와 사이를 여러 개의 단위로 모을 때를 의미한다. 봄에서 다시 봄으로 오는 주기의 시 · 공간적 길이라든가 밤과 낮에서 다시 밤과 낮으로 오는 공간적 길고 짧음의 차이를 두고 템포의 다름을 얘기할 수 있다.[10]

위의 템포의 정의에 나타난 템포의 개념은 앞에서 살펴본 '속도'의 개념을 포함하고 있되 거기에 공간적 넓이와 시간적 길이가 더해진 것으로 나타난다. 이것은 리듬과 템포의 밀접한 관계를 나타내고 있기도 하며 더 나아가 불가분의 상보적인 관계 속에 리듬과 템포가 자리하고 있음을 나타내고 있다.

> (…) 리듬과 템포가 개념적으로는 구분될 수 있지만, 실제로 어떤 운동에서 이것들이 따로 분리돼서 작용하는 것은 아니다. 운동에서는 시간적인 개념과 동시에 공간적인 개념이 함께 존재함으로써 어떤 의미를 갖기 때문이다. 한 물체에 운동이 생기면 그 운동으로써 그 물체의 시간이 또한 생기게 되

---

10) 같은 곳.

고 따라서 그것이 차지하는 공간 개념이 형성되기 마련이다. 그런 점에서 리듬과 템포는 개념상으로는 분리할 수 있지만 실제로는 동시에 함께 작용하는 내용으로 이해해야 한다.[11)]

개념적으로는 구분이 가능하나 실제 무대적용에 있어서는 구분을 할 수 없는 특징은 특히 연극에 적용될 때 더욱 그러하다. 리듬과 템포의 정의에 있어서 또 다른 정의들은 이러한 불가분의 특성을 잘 보여주고 있다.

리듬이란 청각적이든 시각적이든 우리가 일련의 인상들을 강한 집합체로 재현시켜 정리할 때 받는 경험이다.[12)]

조금 모호하게 정의된 위의 정의는 다시 리듬의 여러 특성들에 의해 보충 설명되고 있다. 즉 리듬은 "일정하게 반복되는 악센트"[13)]라고 정의되고 있고 이것은 다시 "리듬 패턴에 민감하도록 만드는 집단화의 경험"[14)]으로 설명되고 있다. 여기에서 '패턴'은 형식을 의미하는 것으로 일정하고 규칙적인 어떤 형식을 리듬으로 정의하고 있는 것이다. 또 템포는 리듬을 구성하는 속성적 특징으로 정의하면서 특히 "리듬 형식의 비율"[15)]로 템포로 정의한다. 리듬과 템포가 다시 서로를 포함하는 밀접한 관계로 나타나고 있는 것이다.

결국 리듬은 "강세 또는 박자의 규칙적인 재현"[16)]으로, 그리고 템포는

---

11) 위의 책, 261-262쪽.
12) 한국문화예술진흥원, 『연출』(서울: 한국문화예술진흥원, 1979), 167쪽.
13) 위의 책, 168쪽.
14) 같은 곳.
15) 같은 곳.

어떤 "속도감(impression of speed)"[17]으로 정의될 것이다. 이후의 리듬과 템포에 관한 논의, 특히 한 장면에서의 리듬과 템포에 관한 논의는 앞에서 고찰한 정의를 바탕으로 그리고 분리된 개념이 아닌 상보적인 개념으로 취급하여 '리듬과 템포'의 용례와 같이 하나의 개념으로써 적용해나갈 것이다.

3. 한 장면에서 리듬과 템포를 결정짓는 요소들

한 장면[18]의 리듬과 템포는 연습과정에서 보면, 각 장면의 행동선을 완성한 후 작품 전체의 흐름을 고려하여 총체적인 리듬과 템포를 정하는 시기, 즉 장면을 조각조각으로 연습하지 않고 일련의 큰 단위로 연결해서 연습하는 '이어 연습하기(run-through)' 단계에서 고려된다. 따라서 이 시기의 연출가는 장면의 여러 개별적인 요소에 대한 고려보다는 그 해당 장면의 리듬과 템포를 정하고 또 전체 장면과의 조화를 염두에 두면서 연습을 진행시

---

16) John E. Dietrich and Ralph W. Duckwall, *Play Direction* (New Jersey: Prentice-Hall, 1983), 72쪽 그리고 309쪽.

17) 위의 책, 58쪽. 여기에서 주의할 것은 템포와 스피드(speed)의 구분이다. 스피드가 단순한 속도의 빠르기 여부에 관한 개념이라면 템포는 그 속도에 관한 느낌, 인상인 것이다. 예를 들어 시속 100km로 달리는 자동차 안의 사람은 처음에는 템포를 느끼지만, 만약 그 자동차가 계속해서 똑같은 스피드로 달린다면 템포를 잃게 된다. 여기에서 드러난 것과 같이 템포는 속도감(impression of speed)인 것이다.

18) 여기에서 '한 장면(a Scene)'이 의미하는 것은 '막(Act)'과 구분되는 '장면(Scene)'을 지칭하지 않는다. 연출의 연습과정에서 가장 작은 작업단위를 지칭하는 것으로 '작은 조각(Bit, 또는 Beat) 또는 단위(Unit)로도 일컬어진다. 한 장면을 전체와 구분하는 방법은 보통 두 가지가 있다. 첫째는 등장인물의 가감(加減)에 따라 기계적으로 구분하는 프렌치 씬(French Scene; FS)이고 둘째는 작품의 내용상의 동기(動機)의 변화에 따라 구분하는 동기단위(Motivational Unit; MU)이다. 프렌치 씬은 기계적인 구분이어서 구분하기가 용이한 장점이 있는 반면 그 장면의 동기 또는 목표와 연결해서 작업해야 할 때 다시 한 번 그 장면을 고려해야 하는 단점이 있다. 반면에 동기단위는 장면과 그 장면의 동기, 목표가 분명한 장점은 있으나 초보연출가들이 작업초기에는 실행하기 어려운 단점이 있다.

켜 나간다. 그러나 무대 위의 한 장면은 종합예술로서의 연극의 특성이 강하게 드러나는 총체적인 특성을 띠고 있기 때문에, 사실 개별적인 모든 요소가 그 장면의 리듬과 템포에 결정적인 영향을 끼친다. 이러한 면에서 본다면 한 장면에서 리듬과 템포를 결정하는 요소들은 개별적인 특성과 그 것들의 전체와의 조화 속에서의 결합 가능성을 고려한 작업과정이라고 할 것이다. 이제 실제 작품의 한 장면을 선택하여 어떤 요소들이 그 장면의 리듬과 템포의 결정에 영향을 주는지 살펴보자.

      (뒷방을 통해 나간다)
메어리 (혼자 재미있어하며) 하인들이 볼까봐 슬쩍 지하실로 가시는 거야. 거기다 위스키를 넣고 자물쇠로 잠가 둔 것이 사실은 마음에 걸리시거든. 아버진 이상하신 분이란다. 나도 여러 해 만에 비로소 아버지를 이해하게 됐지. 그러니 너도 아버지를 이해하고 용서해 드려야돼. 인색하다고 경멸하면 못 쓴다. 너희 조부께서는 집안이 미국으로 온 지 일이 년이 지나서 할머니하고 여섯 자녀들을 버리고 집을 나가버리셨어. 식구들에겐 곧 죽을 것만 같다, 아일랜드로 돌아가고 싶다, 죽을 바에는 고국으로 돌아가서 죽겠다고 하시더래. 결국 고향으로 가서 돌아가셨어. 아마 그분도 이상한 분이셨던 모양이야. 결국 너의 아버지께선 열 살밖에 안되었는데 기계 공장에서 일을 하지 않으면 안 되게 됐단다.
에드먼드 (힘없이 항의한다) 알았어요. 기계 공장 얘긴 아버지한테서 몇백번은 들었어요.
메어리 아니다, 들어야지. 넌 아버지를 이해하려고 하지 않아.
에드먼드 (그 말에는 대꾸하지 않고−슬프게) 어머니, 어머닌 아직 무엇이든 다 잊어버릴 정도로 노망하시진 않았죠? 오늘 무슨 일이 있었는지 궁금하시지도 않으세요? 걱정이 안 되시냐고요?

메어리 (동요하며) 그런 말마라! 어미 마음을 그렇게 찌르면 어떡하니!

에드먼드 이건 중대한 일이에요. 의사도 이번엔 확실히 알았어요.

메어리 (완강하게 자신을 보호하려는 듯이 경멸적인 딱딱한 어조로) 그 늙은 돌팔이 의사 말이냐? 내가 뭐라고 그러던? 공연히 만들어내 가지고—

에드먼드 (가엾을 정도로 끈기 있게) 전문의를 불러서 진찰했어요. 그래서 최종진단을 내린 거죠.

메어리 (그 말은 무시하고) 의사 얘긴 그만둬라. 너 요양원 선생님 말씀 들어 보련? 그 분은 상당한 학식이 있는 분이야. 나한테 취한 태도에 대해 서 나중에 말씀하셨어. 자기가 벌을 받아야 옳다는 거야. 내가 미치 지 않은 게 기적이라는 거지. 그래서 내가 뭐랬는지 아니? 한 번 잠옷 바람으로 뛰어나가서 축항에서 뛰어내렸다고 그랬지. 너 기억나지? 그런데도 하아디 선생 얘길 들으라고 그러니? 지긋지긋하구나.

에드먼드 (비통하게) 기억하고말고요. 그건 바로 아버지하고 형이 더 이상 감출 수 없다고 작정한 바로 뒤였어요. 형이 다 얘기하더군요. 거짓 말쟁이라고 해뒀죠. 한 대 갈겨 주고 싶었어요. 하지만 형이 거짓말 한 게 아니라는 걸 알았어요. (목소리가 떨리고 눈에는 눈물이 괴기 시작한다) 그 뒤엔 이 세상 모든 일이 비참하게 돼 버렸어요!

메어리 (가련하게) 그만해 둬라. 날 너무 괴롭히지 마라.

에드먼드 (힘없이) 그만두죠. 하지만 얘긴 어머니가 꺼내셨어요. (그러고는 끝까지 고집을 세우려고 비통한 목소리로) 어머니, 어머니가 듣고 싶으시건 싫으시건 간에 말씀드리겠어요. 전 요양원으로 들어가야 돼요.

메어리 (뜻밖의 일이라는 듯 멍하니) 가 버린다고? (격해서) 아니, 안 된다. 의사가 나한테 의논도 안 하고 그런 말을 하더냐? 넌 엄마 아들이야. 아버진 형 걱정이나 하시면 돼. (점점 더 흥분하고 처참해진다) 아버 지가 널 요양원으로 보내려고 하시는 이유를 난 알아. 널 내 손에서 뺏으려는 거야. 지금까지도 그랬거든. 엄마 아들이어서 시기하는 거지. 어떻게 해서든 어미한테서 너희들을 떼 놓으려고 하신다. 유진이 죽은 원인도 그거야. 아버진 너를 가장 시기하셔. 내가 너를 가장 귀여워하는 이유를 아시거든.

에드먼드 (가엾을 정도로) 그런 시원찮은 소린 그만두세요. 아버진 욕은 그만하세요. 이번엔 제가 간다는데 왜 반대하시죠. 이번이 어디 처음인가요? 집을 나간다고 해서 어머니를 슬프게 해드린 일은 없었어요.

메어리 (침통하게) 결국 너도 인정이 없는 아이로구나. (슬프게) 그렇게도 모르니? 마음이 통하면 비록 못 만나더라도 네가 어디 가 있건 어미는 기쁘다.

에드먼드 (울먹거리며) 어머니, 그만두세요. (눈앞도 보이지 않아 손을 내밀어 어머니의 손을 잡는다. 그러나 다시 침통해져서 얼른 손을 놓고) 내가 귀여우니 어떠니 하시면서 몸이 아프다는데도 제 말을 들어주시려고도 하지 않는군요.

메어리 (갑자기 자식을 꾸짖는 어머니로 변하며 정색하여) 알았다. 그만해 둬라. 듣기 싫어. 어차피 무식한 돌팔이 의사의 거짓말일 테니까. (에드먼드는 움츠러든다. 메어리는 억지로 놀려주는 것 같은 말투로 계속하지만 차츰 분노의 빛이 짙어진다) 넌 꼭 아버질 닮았어. 아무것도 아닌 일을 가지고 야단법석을 한단 말이야. 꼭 연극 같구나. (약간 얕잡아보는 듯이) 응석을 받아 주니까 이번에는 죽는다는 말이 나오니 않겠니?

에드먼드 그걸로 죽는 사람이 있어요. 외할아버지도—

메어리 (날카롭게) 외할아버지 얘긴 왜 꺼내니? 너하고 비교할 게 못 돼. 외할아버지는 폐병이셨어. (노하여) 그렇게 침울하고 병적인 건 엄마는 싫다. 할아버지 돌아가신 얘긴 하지 말라니까. 들었니?

에드먼드 (표정이 굳어지며—사납게) 들었어요. 안 들은 게 좋았을 텐데. (의자에서 일어나 비난하는 듯한 눈초리로 어머니를 보고—표독하게) 아편 중독자가 내 어머니라니, 가슴 아픈 일이군요.

(어머니는 움찔한다. 얼굴에 핏기가 없어지고 석고상 같은 얼굴이
된다. 에드먼드는 그런 말을 괜히 했구나 싶어서 풀이 죽어 더듬거
리며 말한다.)
어머니, 잘못했어요. 그만 화가 나서..... 어머니가 성미를 건드리시
니까 그렇죠.
(사이. 무적과 선박의 종소리가 들려온다.)

메어리 (자동인형같이 오른쪽 창으로 천천히 걸어간다―밖을 내다보며 단조
롭고 공허한 목소리로) 저 고동 소리 좀 들어 봐라. 그리고 종소리
도. 안개가 끼면 왜 이렇게 모든 게 쓸쓸하고 허무해질까?

에드먼드 (말을 더듬는다) 난, 난 이런 데 있을 수 없어요. 밥도 먹기 싫어요.
(옆방을 지나 급히 나간다. 메어리는 그대로 창밖을 내다본다. 드디
어 현관문 닫히는 소리가 난다. 이윽고 그녀는 의자로 돌아와 앉는
다. 여전히 단조로운 표정)

메어리 (멍하니) 이층으로 가야지. 약이 모자라. (말을 멈추었다가―안타깝
게) 어쩌다 분량을 많이 먹어 보고 싶을 때도 있지만 일부러 그럴 수
도 없고. 그랬다간 마리아님이 용서하시지 않을 거야.
(뒷방을 지나 티로온이 들어오는 소리가 난다. 그는 마개를 뺀 위스
키 병을 들고 들어와서 돌아본다. 그는 화가 나 있다.)[19]

오닐(E. O'Neill)의 〈밤으로의 긴 여로〉의 제3막의 일부분인 위 장면은 작
품전체로 보면 일종의 절정부분에 해당한다. 아침에 시작한 제 1막의 경쾌
하고 밝은 분위기는 이제 이곳 3막에 와서 어스름한 황혼을 배경으로 시작
된다.[20] 이 장면에 등장하는 사람은 어머니인 메어리(Mary)와 작은 아들인
에드먼드(Edmund)이다. 아버지 티로온(Tyrone)의 등장과 퇴장이 위의 장면을

---

19) Eugene O'Neill, 〈밤으로의 긴 여로〉, 오화섭 옮김, (서울: 문공사, 1982), 114-118쪽.
20) 작품에서 제 3막은 저녁 6시 30분경이라고 설명하고 있다.

구분하고 있다. 즉 티로온의 퇴장과 또 다른 등장이 있는 동안 마약에 취한 메어리와 신병(身病)으로 피로한 에드먼드가 서로를 상처 내는 장면이다.

먼저 위 장면에서 리듬과 템포를 결정하는 요소는 시각적인 요소들에서 찾아볼 수 있다. 시각적 요소들은 배우, 무대배경, 조명, 대소도구의 형태(shape)와 색(color) 그리고 그것들의 움직임(Movement)을 들 수 있다. 위 장면은 작품의 배경으로 설정된, 티로온 가(家)의 여름별장의 거실이다. 작품의 서두에 작가는 이 거실의 세부를 상세하게 묘사하고 있으며 그 시간까지도 규정하고 있다. 이 거실은 정원과 현관 베란다, 바깥방 등으로 통하는 출입구들을 갖고 있으며 전체적으로는 간단한 응접세트와 마룻바닥 그리고 그 위의 융단들과 많은 책들이 분위기를 결정하고 있다. 또 계절적으로 여름이 주는 분위기와 시간적으로 저녁 6시 30분이라는 황혼이 주는 분위기가 위의 장면에 일정한 정조(情調)를 결정하고 있다. 따라서 거실과 응접세트, 책장과 거기에 꽂혀 있는 많은 책들, 여름이라는 계절을 나타내는 커튼과 바닥의 융단들, 등장인물의 의상과 헤어스타일은 작가에 의해 미리 주어진 일정한 형태로서 위 장면의 리듬과 템포의 상황을 전제한다. 여기에 무대배경의 색채와 대·소도구의 색채 그리고 등장인물들의 의상의 색채, 또 황혼을 나타내는 조명의 황금색들이 어울려서 색채 특유의 리듬과 템포를 창조한다.

등장인물들의 움직임[21]은 시각적으로 한 장면의 리듬과 템포의 결정에 영향을 준다. 등장인물들의 움직임은 먼저 작가에 의해 명시적으로 지문과

---

[21] 움직임(Movement)은 크게 무대 위의 한 장소에서 다른 장소로 등장인물이 움직이는 이동(Movement)와 손에 소도구를 쥐고 장소의 이동 없이 움직이는 비즈니스(Business), 그리고 마지막으로 주로 손과 얼굴표정 등 상반신의 움직임에 국한되는 제스처(Gesture)로 구분해서 설명할 수 있다. 리듬과 템포의 결정에 영향을 주는 것은 주로 이동을 뜻하는 움직임이지만 비즈니스와 제스처 역시 리듬과 템포의 결정에 영향을 끼치는 요소들이다. John E. Dietrich and Ralph W. Duckwall, 앞의 책, 88쪽, 104쪽 그리고 109쪽 참조.

해설을 통해 주어진 경우도 있고 시각화의 필요성과 무대의 특수성에 의해 연출가에 의해 창조되는 경우도 있다. 위의 장면에서 작가에 의해 지시된 움직임을 보면; 손을 내밀어 어머니의 손을 잡는다(E); 그러다 침통해져서 다시 손을 놓고(E); 의자에서 일어나 비난하는 듯한 눈초리로 어머니를 보고 (E); 자동인형같이 오른쪽 창으로 천천히 걸어간다(M); 옆방을 지나 급히 나간다(E); 이윽고 그녀는 의자로 돌아와 앉는다(M) 등을 정리해낼 수 있다. 특히 이러한 움직임은 앞의 리듬과 템포의 정의에서 언급하였던 '시·공간을 지나는 한 운동의 궤적'을 쉽게 확인할 수 있어서 리듬과 템포의 결정에 직접적인 영향을 끼친다고 하겠다.

연출가에 의해 창조되는 움직임의 경우도 사실은 작가에 의해 암시된 것을 명시적으로 시각화하는 경우들이 대부분이다. 위의 장면의 예에서도 지문에 그러한 암시들이 나타나 있다. 그것들은; 재미있어 하며(M); 힘없이 (E); 슬프게(E); 동요하며(M); 완강하게 자신을 보호하려는 듯이 경멸적인 딱딱한 어조로(M); 가엾을 정도로 끈기 있게(E); 비통하게(E); 목소리가 떨리고 눈에는 눈물이 괴기 시작한다(E); 가련하게(M); 힘없이(E); 고집을 세우려고 비통한 목소리로(E); 멍하니(M); 격해서(M); 점점 더 흥분하고 처참해진다(M); 가엾을 정도로(E); 침통하게(M); 슬프게(M); 울먹거리며(E); 정색하여(M); 움츠러든다(E); 차츰 분노의 빛이 짙어진다(M); 얕잡아보는 듯이 웃는다(M); 날카롭게(M); 노하여(M); 표정이 굳어지며―사납게(E); 비난하는 듯한 눈초리로 어머니를 보고(E); 풀이 죽어 더듬거리며 말한다(E); 단조롭고 공허한 목소리로(M); 단조로운 표정(M); 멍하니(M) 등으로 나타나 있다. 주로 감정상의 특징을 묘사하고 있는데 이러한 특징들은 등장인물들의 외적, 내적 행동에 직접적인 영향을 끼치게 되고 결과적으로 리듬과 템포의 결정에 영향을 끼치게 된다. 특히 극적인 상황에 있어서의 정서는 일상적인 정서와는 달리 일종의 비정상적인, 꾸며진, 전형화 된 정서이다. 따라서 일상의 정서에 비해 극적 정서는 정확한 높낮이(Pitch), 강세(force), 속도(rate) 그리고 음색(quality)을 갖고 있는데 이러한 속성들은 그대로 한 장면의 리듬과 템포의 결정에 중요한 요소가 된다. 심리학자들은 극적인 정서를 "혼란의 한 유형"[22]으로 정의하고 있는데 이러한 정서 즉 혼란의 유형은 근육의 긴장과 밀접한 관계가 있다. 예를 들어 즐겁고 긍정적인 감정은 근육의 이완상태를 그리고 격하거나 부정적인 감정은 근육의 긴장을 유발한다. 연쇄적으로 이러한 긴장의 긴장과 이완은 등장인물의 신체 자세에도 반영된다. 긍정적인 감정에서 신체는 펼쳐지고 부정적인 감정에서 신체는 움츠러든다. 이러한 "긴장의 총량과 종류가 정서적 키(Key)"[23]이다. 그리고 이러한 감정의 총량과 종류가 리듬과 템포의 결정과 밀접한 관계가 있음은 재언을 필요로 하지 않는다고 생각한다.

한 장면에서 리듬과 템포를 결정하는 두 번째 요소는 청각적인 요소이다. 보통 연극에 있어서 청각적인 요소는 먼저 의도된 음악과 음향, 등장인물들의 움직임에서 파생한 소리, 그리고 가장 중요한 등장인물의 또는 등장인물 사이의 대사이다. 먼저 음악과 음향, 소리 그리고 배우들의 대사는 의미를 갖고 있는 것과 의미를 갖고 있지 않는 것으로 구별할 수 있는데, 의미를 갖고 있지 않을 때에도 그 소리(sound)의 강세, 높낮이, 속도, 특색은 그대로 유지되어서 리듬과 템포에 영향을 끼친다. 따라서 리듬과 템포의 창출을 위해 연출가는 어떤 소리, 얼마만큼의 강세, 높낮이, 속도 그리고 특색을 가진 소리를 무대 위에 재창조할 것인가를 결정해야 한다.

---

22) John E. Dietrich and Ralph W. Duckwall, 앞의 책, 46쪽.
23) 위의 책, 51쪽.

의미를 지닌 대사의 경우 리듬과 템포의 결정에 영향을 끼치는 요소는 대사 내에서의 높낮이, 강세, 속도, 음색과 대사와 대사 사이에서의 '큐 잡아채기(Cue-pickup)'이다. 특히 큐 잡아채기는 상대의 대사 다음에 바로 대사를 하는 정상적인 것 이외에 상대의 대사가 끝나기 전에 대사를 시작하는 '압축된 큐(telescoping cue)', 상대의 대사 후에 바로 대사를 시작했으나 그 다음에 휴지를 두는 '지연된 큐(stalled cue)', 상대의 대사 후에 휴지를 두고 그 다음에 대사를 하는 '열린 큐(open cue)' 그리고 마지막으로 서로 대사를 하는 '동시적 대사(simultaneous speech)'로 나누어진다.[24] 위의 인용된 장면에서도 메어리와 에드먼드의 대사는 앞에서 열거한 높낮이, 강세, 속도, 음색과 큐 잡아채기의 여러 종류의 조합들로 특수한 리듬과 템포를 형성하고 있음을 알 수 있다.

한 장면에서 리듬과 템포를 결정하는 세 번째 요소는 '사이(Pause)'와 같이 소리도 없고 움직임도 없는, 들리지 않고 보이지 않는 '극적인 휴지'이다. '사이'는 연극에서 특히 중요한 요소이다. 앞에서 템포와 스피드를 구분하면서 설명하였지만, 이 '사이'가 없이는 리듬과 템포의 체감은 가능하지 않다. 이 '사이'에 의해 움직임과 소리, 대사는 서로 구분되는 리듬과 템포를 획득하게 되는 것이다.

'사이'의 또 하나의 기능은 무대 위에서는 소리와 움직임이 없지만, 관객의 마음에는 일정한 소리와 움직임을 창조할 수 있다는 것이다. 이것은 '사이'의 부분에서 관객의 긴장도는 더 강할 수 있다는 점에서 반증될 수 있다. 위의 장면에서 에드먼드는 어머니인 메어리에게 작품 전체를 통해 가장 가슴 아픈 대사를 한다. 그것은 메어리를 포함한 가족 모두가 이미 알고 있으

---

24) 위의 책, 58쪽 이하 참조.

면서도 표현하지 않았던 대사이다. 에드먼드가 '아편 중독자가 내 어머니라니, 가슴 아픈 일이군요.'라는 대사를 한 후 '사이'가 도입되면서 장면의 전반적인 리듬과 템포는 반전된다. 즉 이 장면의 앞부분에서 보이는 격하고 빠른 속도는 급격하게 늦어지고 있다. 그러나 오히려 후반의 리듬과 템포는 급격하게 빨라진다.

여기에서 드러나는 것은 절정의 부분의 속도는 늦어지지만 리듬과 템포는 오히려 빨라진다는 것이다. 노련한 연출가들이 일상적이고 긴장감이 없는 장면은 빠른 속도로 처리하지만, 극적인 장면은 늦은 속도에 빠른 리듬과 템포로 처리하는 이유가 여기에 있다고 하겠다. 따라서 한 장면의 리듬과 템포를 결정하는 마지막 요소는 작품전체와의 상관관계를 통한 다른 장면의 리듬과 템포이다. 이것을 통해 한 장면의 리듬과 템포는 최종적으로 결정된다.

4. 한 장면과 전체 장면 사이의 상관관계에서의 리듬과 템포

보통 한 작품의 장면의 수는 작품의 종류와 그 작품이 저술된 시기에 따라 다르지만 최소한 20개에서 30개에서부터 최고 50개에서 60개의 정도이다.[25] 따라서 각 장면은 고유의 리듬과 템포를 갖고 있지만, 그렇다고 해서 각 장면의 리듬과 템포가 전혀 독자적인 리듬과 템포를 갖고 있는 것은 아니다. 한 작품의 리듬과 템포는 그것이 전체를 구성하는데 공헌해야 하기 때문에 서로 밀접한 상관관계 속에 있는 것이다. 따라서 리듬과 템포에 중요한 역할을 하는 '시간 또는 시기(time or timing)'의 개념이 도입된다. 그러나 여기

---

25) 위의 책, 39쪽 이하 참조.

에서 말하는 '시간'은 일반적인 의미의 객관적인 시간을 의미하지 않는다.

> 연극이 만들어지는 극장에서 진행되는 시공은 물리적으로 한정되어 있다. 그러나 거기서 일어나는 시간은 끝없이 팽창되거나 압축되어서 찰라의 시간과 무한의 시간을 모두 다룬다. 이런 시간의 확대와 축소는 물리적인 기준으로는 절대 일어날 수 없는 일이다. 그럼에도 그것이 극장 공간에서 가능한 것은, 보는 사람의 마음속에서 일어나게 하는 시간, 마음속에서 느끼게 하는 시간 때문이다. 그리고 이것은 연극을 보고 있는 관객의 마음속에서 작용하는 시간이다.[26]

이것은 리듬과 템포가 객관적으로 계량할 수 있는 것보다는 계량할 수 없는 것이 극적인 상황에는 더 중요하다는 의미로 해석된다. 템포가 속도를 의미하는 스피드와 구별되는 '속도감'임을 상기하면 한 장면에서의 객관적인 시간 즉 계량적인 시간과 마음속의 시간, 즉 비계량적인 시간의 중요성을 판단할 수 있다.

> (…) 과거도 현재도 미래도 측정할 수 없지만 (이런 것들은 존재하지 않기 때문에) 시간을 측정할 수는 있다고 말한다. 그래서 어떤 시간이 길다거나, 시간이 지나가는 것 같지 않다거나, 시간이 빨리 지나가 버렸다고 말할 수도 있다. 바꿔 말하면 비계량적인 척도는 존재하는 것이다. 하루가 지루해서 길다고 느낄 때, 또는 너무 즐거워서 한 시간이 짧다고 느낄 때, 우리는 그런 척도를 사용한다.[27]

---

26) 안민수, 「연극의 시간과 공간」, 『연극교육연구』, 한국연극교육학회 편, 제4집 (서울: 도서출판 엠애드, 1999), 187쪽.
27) Umberto Eco et al., 『시간박물관』, 김석희 옮김 (서울: 푸른숲, 2000), 8쪽.

리듬과 템포는 사실 관객이 느끼는 이러한 비계량적인 시간을 위해 도입되는 것이다. "좋은 템포는 빠른 템포"[28]라는 말이 의미하는 것은 객관적인, 계량적인 시간의 빠르기를 의미하는 것이 아닌, 비계량적인, 마음속의 시간을 빨리하는 것을 의미한다. 따라서 최저 20개에서 최고 60여개의 장면을 시각화하는 연출가는 그 리듬과 템포를 정확한 계산에 의해 마치 악보의 음계처럼 설정하는 것이 필요하다. 이렇게 할 경우 전체 작품은 바그너가 말한 것 같은 총체극의 모습을 갖추게 될 것이다.

> 그러므로 연출 플랜의 작성 시에는 도식이나 격실은 없지만 음악의 악보보다 더 세심한 주의와 계획이 필요하다. 악보는 희곡과는 달리 시간과 멜로디가 정확하게 기록되어 있는 셈이다. 희곡은 연극의 형상화에 필요한 부분이 상세히 다 나와 있는 것은 아니다. 따라서 연출자는 이 희곡을 악보처럼 만들어나가야 한다.[29]

이렇게 될 때 연출가의 작업은 음악에 있어서 지휘자의 작업과 크게 다르지 않다. 다만 지휘자가 청각적 수단을 통해 리듬과 템포를 포함한 시각적 표현으로 예술적 목표를 추구한다면 연극 연출가는 시청각적 수단으로 리듬과 템포를 창조하여 예술적 감동을 추구한다는 점이 다를 것이다.

5. 나가는 글

지금까지 한 장면의 리듬과 템포의 결정에 영향을 주는 요소들에 대해 살펴보았다. 드라마 또는 연극은 움직임과 대사, 즉 그 내용만을 가지고 관객에

---

28) John E. Dietrich and Ralph W. Duckwall, 앞의 책, 59쪽.
29) 이원경, 『연극 연출론』(서울: 현대미학사, 1997), 207쪽.

게 감동을 끼치는 것은 아니다. 오히려 그것들을 포함한 보이지 않고 들리지 않은 다른 요소, 즉 리듬과 템포를 통해 예술적인 감동을 성취할 것이다.

이 장에서는 보이는 요소로서 시각적인 요소들, 즉 무대배경, 조명, 등장인물, 의상, 대소도구 등의 형태와 색채 그리고 움직임과 보이지 않는 요소로서 청각적인 요소들, 즉 등장인물들의 대사, 음악과 음향, 여러 소리 등이 리듬과 템포를 결정한다는 것에 대해 고찰하였다. 또 그 외에도 극적 휴지가 리듬과 템포에 끼치는 영향과 마지막으로 장면전체와의 상관관계 속에서의 리듬과 템포의 결정력에 대해서도 살펴보았다. 이러한 고찰에서 드러나는 사실은, 리듬과 템포가 들리지 않고 보이지 않는 것처럼, 리듬과 템포에 강한 영향을 끼치는 요소가 시간이라는 것이다. 그러나 여기에서의 시간이 일반적인, 객관적인 시간이 아니라 비계량적인, 관객의 마음속의 시간이라는 부정형의 시간이라는 것이 강조되었다. 따라서 좋은 리듬과 템포는 빠른 템포로서 이러한 좋은 리듬과 템포를 창조하기 위해서 연출가는 마치 음악에서의 지휘자와 같이 작품 전체의 리듬과 템포를 악보처럼 음계화하여 예술적 감동을 끼쳐야함이 결론으로 도출되었다.

다만 본 연구에서 부족한 부분인 리듬과 템포의 실제적인 창출과 방법에 관해서 또 음악적 요소와의 상관관계에 대해서는 다음의 연구를 기약한다. 연출의 방법론이 대부분 눈에 보이고 귀에 들리는 요소들만을 가지고 시각화에 전념하는 현실에 위의 연구가 리듬과 템포의 본격적인 연구와 현장에의 적용의 길을 여는 연구가 되기를 희망한다.

제2장

장면 연출과 리듬 · 템포 2

1. 들어가는 글

앞의 1장[1]이 연극 연출에 있어서 한 장면의 리듬 · 템포의 결정에 영향을 주는 요소들이 어떠한 것들인가에 관한 고찰이라면 본 연구는 그 요소들과 창조과정 사이의 상관관계에 관한 논구(論究)이다. 즉, 연출은 리듬과 템포에 영향을 주는 여러 내적 그리고 외적 요소들을 연습과정의 어느 시기에 그리고 어떤 방법으로 활용하여 한 장면 그리고 나아가 전체 작품에 리듬과 템포를 창출 또는 통제할 수 있는가에 본 연구의 초점이 놓여 있다. 특별히 이러한 논의는 스타니슬라프스키의 『배우 자신에 대한 작업, 두 번째 권』[2]

---

1) 김대현, 「연극 연출에 있어서 한 장면의 리듬과 템포에 관한 연구 (1)」, 『연극교육연구』 5(서울: 앰애드, 2000), 53-76쪽.

2) 독일어 판의 제목 *Die Arbeit des Schauspielers an sich selbst 2*를 직역한 것이다. 영역본의 제목

을 중심으로 이루어질 것이다. 왜냐하면, 오늘날에 그의 시스템을 둘러싼 많은 오해가 불식되기는 하였으나, 연극 현장에서는 아직도 스타니슬라프스키의 '시스템'이 심리적 연기술에 국한되어 이해되고 있기 때문에, 스타니슬라프스키의 주저서 중 하나인 위의 책에서 리듬과 템포에 관한 강조와 심리적 수단 외에 배우의 외적 수단들을 통한 배역의 창조가 가능하다는 예를 직접적으로 논증하고, 또 나아가 의식적 도구로서의 리듬과 템포에 관한 논의가 스타니슬라프키의 연기술에 관한 기왕의 오해를 조금이라도 불식할 수 있을 것으로 기대하기 때문이다.

연극제작에 있어서, 특히 연출과 리듬·템포를 중심으로 한 음악적 요소의 상관관계에 관하여는, 연극을 구성하는 모든 요소들을 음악을 중심으로 통합하려 했던 바그너(Richard Wagner, 1813-1883)의 '총체 연극(Gesamtkunstwerk)' 이론이나 바그너의 영향으로 작품의 여러 요소들 특히 조명과 무대 요소들을 '음표화(Scoring)'하려고 했던 아피아(Adolphe Appia, 1862-1928)의 연극이론에, 특히 연극과 리듬, 템포 간의 상관관계 그리고 그 중요성들이 강조되어 나타나 있다.

> 아피아에게 있어서 무드와 정서 그리고 사건에 따라 순간순간 변화하는 조명은 음악의 시각적 상대역이었기 때문에, 그는 조명을 악보와 같이 세심하게 편성하고 통제하기를 원했다.[3]

은 '성격구축(Building a Character)'이다. 스타니슬라프스키의 『배우 자신에 대한 작업, 두 번째 권』은 주로 배우가 사용할 수 있는 외적인 수단들, 즉 신체, 언어, 리듬과 템포, 움직임 등에 관해 기술하고 있다.

3) Oscar G. Brockett, *History of the Theatre*, 7th ed. (Boston: Allyn and Bacon, 1995), 444쪽. 희곡을 악보처럼 만들어 나가야 한다는 주장은 국내의 연출가에게서도 발견되는데, 이는 연출 작업이 시간과 멜로디를 주된 수단으로 작업하는 음악가의 그것과 크게 다르지 않음을 암시하고 있다고 하겠다. 이원경, 『연극 연출론』 (서울: 현대미학사, 1997), 207쪽 이하 참조.

또 아피아는 '리듬체조(eurythmics)'를 창시했던 달크로즈(Emile Jacques Dalcroze, 1865-1960)의 영향도 강하게 받았는데, 결국 그는 "한 작품 속에 내재된 리듬은 무대 위에서 사용되는 모든 몸짓과 움직임에 열쇠를 제공하며 리듬의 적절한 통제는 작품의 모든 시·공간적 요소들을 만족스럽고 조화가 이루어진 전체로 통합할 것이다"[4]라는 믿음에 도달하였다.

물론 달크로즈의 공연은 리듬에 관한 강조로 인해 "그의 작품의 행위는 일련의 사건이 아니라 리듬의 연속체였다"[5]라는 평가를 받기도 했지만, 20세기 초 일상 언어 중심의 사실주의 연극에 리듬이라는 새로운 요소를 연극적 요소로 편입시킨 공로는 인정되어야 할 것이다. 다만 이러한 평가는 한 장면을 연출하는 주된 목표가 우선적으로 희곡의 '시각화(Picturization)'에 있고 리듬·템포의 창출은 그 시각화를 완성하는 일종의 보충적 수단임을 염두에 둔다면 분명 지나치게 한쪽으로 치우친 선언일 수 있다는 점을 지적하고 있다고 하겠다.

따라서 본 장은 연출의 작업과정의 목표가 희곡의 시각화의 완성에 있다는 전제하에서 그 시각화의 완성과 리듬·템포 간의 상관관계를 밝히려는 데 그 목적이 있다. 이러한 목적을 성취하기 위해 먼저 리듬과 템포를 내적인 것과 외적인 것으로 구분하려고 한다. 이것은 이전의 연구에서 밝힌 리듬과 템포를 구성하는 요소와는 별개의 것으로, 한 장면의 시각화에 영향을 주는 리듬·템포의 여러 요소들의 내적, 외적 총체라고 할 수 있다. 이러한 구분을 바탕으로 장면과 내적, 외적 리듬·템포 간의 상관관계를 살펴보려고 한다. 또 이러한 내적, 외적 리듬·템포가 작업과정 속에서 언제 그리

---

4) Brockett, 앞의 책, 같은 곳.

5) Christohper Innes, *Avant Garde Theatre: 1892-1992* (London: Routledge, 1993), 김미혜 옮김, 『아방가르드 연극의 흐름』 (서울: 현대미학사, 1997), 92쪽.

고 어떠한 방법으로 활용될 수 있으며 그것은 다시 장면의 시각화에 있어서 어떠한 통합적 그리고 통제적 기능을 할 수 있는지 살펴볼 것이다.

그러나 연출에 관한 연구, 특히 한 장면의 연출에 있어서의 리듬과 템포에 관한 연구가 전무한 현재의 상황에서, 선연구의 부재로 인한 본 연구가 갖는 허점과 불비함은 이루 말할 수 없을 정도로 클 것이다. 그러나 연출 작업의 대부분이 배우의 내적 감정상태의 창조나 그 정당성의 구축 그리고 연결되지 않는, 단편적인 볼거리(Spectacle)의 재현에 바쳐지고 있는 현실에 본 연구의 시도와 그 결과물이 미력하나마 도움이 되기를 희망하며, 또 이러한 주제에 관한 심도 깊은 논의가 다른 연구자들에 의해 계속되기를 희망한다.

2. 장면 연출과 리듬·템포의 내적, 외적 상관관계

한 장면을 연출하는 것은 연출가에게 있어서 연출 작업의 가장 작은 기초단위를 해결하는 것이다. 즉, 전체작품은 작업을 위해 더 작은 작업단위로 나누어지는데, 가장 작은 작업 단위가 바로 '한 장면(A Scene)'인 것이다.[6] 따라서 '한 장면'은 대부분 그 장면 안에서는 동일한 등장인물과 동일한 동기를 유지하고 있는 작업 단위라고 할 수 있다.

이러한 '한 장면'을 대상으로 한 연출의 작업은 일차적으로 '시각화'에 집

---

6) 한 장면(A Scene)는 보통 '프렌치 씬(Frech Scene)'으로 나누는 방법과 '동기단위(Motivational Unit)'로 나누는 방법이 있다. 전자가 등장인물들의 등·퇴장에 따라 장면을 분할하는 기계적인 방법이라면, 후자는 작품의 목표, 동기의 변화에 따라 장면을 분할하는 논리적 방법이다. 이러한 최소의 작업단위를 일컫는 용어로는 위의 것들 외에도 'Bits', 'Beats', 'Units' 등이 있다. 그러나 용어가 어떠한 것이든지 간에 그 용어들이 의미하는 것은 모두 동일하다. John E. Dietrich & Ralph W. Duckwall, *Play Direction* (New Jersey: Prentice-Hall, 1983), 33쪽 이하 참조.

중된다. 전고(前稿)[7]에서 설명한, 작품의 분석(Analysis-meaning), 행동선 긋기(Blocking-Composition), 움직임의 창조(Movement, Business, Gesture-Conjunction) 등은 바로 희곡의 활자를 관객의 눈앞의 무대 위에 생생한 그림으로 보여주려는 노력에 다름 아닌 것이다. 그리고 그것은 활자가 나타내는 외적인 사건/행동뿐만 아니라 내적인 사건/행동까지를 포함하는, 작품의 중심내용을 시각화하는 것이라고도 할 수 있다. 이때 작품의 내적인 세계와 외적인 세계는 일정한 관계 속에서 작가와 연출의 시각과 스타일에 따라 독특한 모습으로 나타난다.

> (…) 연출가로서의 나의 세계가 어떤 운동의 모습을 겉에서만 바라보는 것이 아니라 현상의 내면을 헤집고 안으로 들어가는 데에 있었다. 그리고는 대상을 바라보는 각도를 바꾸거나 대상으로부터 거리를 달리하여 바라보기도 했다. 그리고 나는 그 내면의 움직임이 외적으로 표현되었을 때의 모양을 찾고자 했다.[8]

위 인용문에서 '내면의 움직임이 외적으로 표현되었을 때의 모양'이라고 언급한 부분은 다른 연출가에게는, "역의 내면의 그림과 정신적인 오선지를 채워나가는 데 있어"[9]라는 표현에서 드러나는 것처럼, 시각과 청각의 결합으로 표현되기도 한다. 즉, '한 장면'의 연출은 '시각화'와 '청각화'의 결합을 통한, 다시 말하면, 시청각적인 표현을 통해 완성되는 것이다.

현대에 들어서면 한 장면의 연출은 특히 복잡한 장면일수록 그 장면의

---

7) 각주 1) 참조.
8) 안민수, 『연극적 상상 창조적 망상』 (서울: 아르케 라이팅, 2001), 191쪽.
9) 콘스탄틴 세르게예비치 스타니슬라프스키, 『나의 예술인생』, 강량원 옮김 (서울: 이론과 실천, 2000), 381쪽.

세심한 부분까지 계산하여 연출해야 하기 때문에 리듬과 템포의 적용은 무척 중요하다고 하겠다. 예를 들어, 카잔(Elia Kazan)이 연출한 ≪욕망이라는 이름의 전차(A Streetcar Named Desire)≫ 중 세 번째 장면인 '포커의 밤(The Poker Night)'은 남자 주인공 스탠리(Stanley Kowalski)의 육체적 매력과 폭력 그리고 열정이 잘 드러나 있는 장면이다. 이 장면에서 스탠리와 미치(Mitch), 스텔라(Stella) 그리고 블랑슈(Blanche)의 행동들, 즉 달리고, 소리치고, 난투를 벌이는 장면은 모두가 "세심하게 안무된 장면의 연속"[10]으로 꾸며져 있다.

장면에 시각적, 청각적 요소가 많으면 많을수록 연출가들에게 요구되는 것은 세심하게 장면의 하위단위들을 나누고 그것들을 전체 속에서 리듬과 템포로 연결하는 것이다. 브룩(Perter Brook)의 ≪마라/사드≫ 중 다섯 번째 장면인 '마라에게 경의를(Homage to Marat)'에서 4명의 가수와 합창단은 프랑스의 시대상황을 설명하면서 노래와 움직임이 가득 찬 장면을 시작한다. 이때 브룩은 각 장면의 세부들을 정확하게 "계산된 속도"[11]를 바탕으로 만들어내었다. 물론 이때의 속도는 그 장면이 본래적으로 갖고 있는 내적, 외적 리듬·템포의 정확한 계산의 반영이다.

시각화의 작업과정은 눈으로 보면서 확인할 수 있는 것이어서 현장에서 이루어지는 연출 작업의 대부분은 이러한 시각화의 작업과정이 중심이 되어왔다. 반대로 '정신적인 오선지를 채워나가는' 청각화의 작업은 눈으로 확인할 수도, 귀로 확인할 수도 없는 부분이어서 작업현장에서 제대로 실행되지 못하고 있는 실정이다. 그러나 작품의 외적 사건/행동에 정당성을 부여하고 그로 인해 진실성과 활기를 부여하는 것이 작품의 내적 사건/행동인

---

10) David Richard Jones, *Great Directors At Work: Stanislvsky, Brecht, Kazan, Brook* (Los Angeles: Univ. of California Press, 1986), 153쪽.
11) 위의 책, 238쪽.

것처럼, 시각화의 정적인 그림들에 활력과 재미 그리고 생생함을 부여하는 것은 청각화의 동적인 요소들, 즉 리듬과 템포이다. 단순화의 위험을 무릅쓴다면, 내적 사건/행동은 리듬·템포와 밀접한 연관을 맺고 있는 것이다. 심지어 연출에 따라서는 이러한 연관이 일정한 등식으로 설명되기도 한다.

> 한 작품의 템포·리듬은 작품을 관통하는 사건과 내적 의미의 템포·리듬이다.[12)]

스타니슬라프스키의 용어로 표현하면 '작품을 관통하는 사건'은 '행동의 관통선(the through Line of Action)'으로, 그리고 '내적 의미'는 '부텍스트(the subtextual content)'로 이해할 수 있다.[13)]

스타니슬라프스키가 규정한 리듬과 템포의 관계에 있어 특히 주목할 만한 것은, 템포가 리듬을 규정한다는 것이다.[14)] 즉,

> 삶이 있는 곳, 거기에는 사건이 있고, 사건이 있는 곳, 거기에 다시 움직임이 있으며, 또 움직임이 있는 곳, 거기에 템포가 있고, 템포가 있는 곳, 거기에 리듬이 있다.[15)]

그러나 연출의 실제에 있어서 템포와 리듬은 위에서 언급한 것처럼 명

---

12) Konstantin Sergejewitsch Stanislawski, *Die Arbeit des Schauspielers an sich selbst 2*, übers. Ruth Elisabeth Riedt, 3. Aufl. (Berlin: Henschel Verlag, 1993), 140쪽.

13) '작품을 관통하는 사건'과 '내적 의미'의 독일어 표기는 각각 'eine durchgehende Handlung'과 'Untertext'이다. 즉 여기에서는 작품 전체를 통해 유지되는 중심사건과 표면적 의미 밑에 숨어 있는 내적 의미를 가리키고 있다고 하겠다. Constantin Stanislavski, *Building a Character*, trans. Elizabeth Reynolds Hapgood (New York: Theatre Arts Books, 1977), 211쪽 이하 참조.

14) 이것에 관한 자세한 논구는, 졸고(拙稿), 「연극 연출에 있어서 한 장면의 리듬과 템포에 관한 고찰 (1)」, 『연극교육연구』, 5(서울: 앰애드, 2000), 56쪽 이하를 참고하라.

15) Stanislwski, *Die Arbeit des Schauspielers an sich selbst 2*, 125쪽.

확하게 구분할 수 있는 것은 아니다. 오히려 리듬과 템포는 상호적, 상보적으로 작용한다고 보는 것이 일반적일 것이다.

결국 '한 장면'의 연출이 '시각화'의 단순한 실행에 있기보다는 청각화의 실행과 그 이후 시각화와 청각화의 적절한 결합에 있다는 전제를 수용한다면, '한 장면'의 연출은 이제까지 소홀하게 취급되었던 청각화의 작업과정들, 즉 한 장면의 리듬·템포의 분석과 창조에 집중되어야 할 것이다.

그러나 한 장면의 리듬·템포는 또 다시 내적 리듬·템포와 외적 리듬·템포로 나눌 수 있고 이것은 다시 실질적인 청각적 수단들을 통한 창조, 즉 실제로 귀에 들리는 청각적 요소들을 통한 창조와 눈에 보이지 않는 이미지를 통한 창조로 나눌 수 있다. 먼저 눈에 보이지 않고 귀에 들리지 않는, 한 장면의 내적 리듬과 템포에 대해 알아보기로 한다.

3. 한 장면의 내적 리듬과 템포

한 장면에 시간과 공간이 첨가되면 눈에 보이는 움직임과 귀에 들리는 온갖 소리는 리듬과 템포를 형성한다. 물론 여기에서 시간과 공간은 물리적인 것(극장, 무대, 진행시간)과 심리적인 것(극중 장소, 극중 시간)으로 구분할 수 있고, 또 심리적인 시간과 공간은 상대적, 주관적이라는 것은 자명하다. 이러한 리듬의 상대적, 심리적 특징이 리듬과 템포에 대한 정확한 규정을 어렵게 하고 있다.

누구도 리듬에 관해서는 잘 모른다. 심지어 리듬(음율)이 뚜렷한 음악이나 시에서 일지라도 마찬가지다. 무대 리듬은 더욱 미묘하다.[16]

---

16) Henning Nelms, *Play Production*, 이봉원 편역, 『연극 연출: 연기와 연출의 이론과 실제』 (서울:

무대 리듬이 미묘한 까닭은 아마도 그것이 "등장인물의 행동이 만들어
내는 궤도"[17]이어서, 그 무대리듬은 필연적으로 인물이 갖는 리듬, 행동이
갖는 리듬 그리고 그 인물의 행동이 만들어내는 장면이 갖는 리듬들이 상호
복합적으로 작용하기 때문일 것이다. 특히 인간의 삶을 모방하는 예술로서
의 연극 그리고 그 한 장면이 갖는 '본래적 리듬과 템포'가 리듬과 템포에
관한 규정을 간단하게 할 수 없게 만드는 요소일 것이다. 스타니슬라프스키
는 이러한 본래적 리듬과 템포에 관해 다음과 같이 말하고 있다:

> 모든 인간의 정열, 모든 인간의 상태, 모든 인간의 내적인 경험은 어떤 고유
> 한 템포-리듬을 갖고 있다. 모든 독특한 내적 또는 외적인 전형, (…) 이들
> 모두가 자신들의 고유한 템포-리듬을 갖고 있다.[18]

연출의 실제에 들어가면, 무대 위에서의 한 장면은 결국 정지된 그림인
구성(composition)과 배우들의 움직임인 행동(movement)의 연속적인 교차, 즉
정지와 움직임의 교차로 이루어진다. 이때 연출가가 심각하게 고려해야하
는 것은 위에서 언급한 내적인 리듬과 장면의 구성과 배우의 움직임의 조화
를 찾는 것이다.

> 그래서 연출가는 정지된 장면을 끝내기 위해 적절한 춤과 같은 움직임들을
> 발견하려고 한다. 만일 연출가와 배우가 그 움직임들을 발견한다면 그들의
> 공연은 대본에 내재한 적절한 생기, 즉 리듬을 갖게 될 것이다.[19]

미래문화사, 1993), 206쪽.

17) 안민수, 『연극 연출: 원리와 기술』 (서울: 집문당, 1998), 263쪽.

18) Stanislawski, *Die Arbeit des Schauspielers an sich selbst 2*, 126쪽.

19) Francis Hodge, *Play Direction: Analysis, Communication, and Style*, 2nd ed. (New Jersey:

한 장면이 정지와 움직임의 연속적인 교차로 구성된다고 했을 때, 이것은 무용과 큰 차이가 없는 리듬과 템포의 연속일 수 있다. 이러한 의미에서 "안무가로서의 연출가"[20]의 기능과 그 특징이 이해될 수 있다. 특히 위의 인용에서 리듬을 '생기'라고 부연 설명하고 있는 것은 한 장면에 활력을 불어넣는 존재로서의 리듬을 구체적으로 증언하고 있다고 하겠다.

따라서 한 장면의 연출에 있어서 중요하고도 결정적인 것은, 바로 이러한 고유한 리듬과 템포를 발견하고 그것을 정확히 규정하여 재현하는 일이라고 할 것이다. 예컨대, 만일 우리가 생각하거나, 꿈꾸거나, 슬퍼한다면, 그때 거기에 적당한 템포-리듬이 있는 것이다.[21] 이러한 일정한 리듬·템포는 내적인 부텍스트에 의해 규정되는 것으로 작가에 의해 주어지는 외적 리듬·템포와는 다른 어떤 것이다. 즉, 연출의 목표는 한 장면의 내적 리듬·템포를, 외적 리듬·템포를 통해 표현하는 것이라고 규정할 수 있다. 이는 대사에 있어서 표면적 대사보다 이면적 대사가 작품 전체의 의미를 결정짓는 것과 동일선상에서 이해할 수 있다.

그렇다면 한 장면을 연출함에 있어서, 연출이 고려해야 하는 리듬·템포는, 첫째 그 장면에 등장하는 모든 등장인물들 각각의 고유한 리듬·템포, 둘째, 그 장면의 부텍스트에 따라 결정되는 그 장면의 고유한 내적 리듬·템포, 셋째, 작가에 의해 표면적으로 주어진 외적 사건과 행동에 따른 외적 리듬·템포 그리고 마지막으로 이 모든 리듬과 템포를 통합하는 전체적인 리듬·템포일 것이다.

그러나 장면 연출의 목표라고도 할 수 있는 내적 리듬·템포의 파악과

Prentice-Hall, 1982), 136쪽.

20) 같은 곳.

21) Stanislwski, *Die Arbeit des Schauspielers an sich selbst 2*, 125쪽 이하 참조.

표현은 다시 몇 가지 면에서 어려움을 안고 있다. 첫째, 앞에서 언급한 것처럼 내적 리듬·템포는 한 장면 안에서도 각 등장인물마다, 그리고 그 인물들의 행동과 그들이 만들어내는 사건에 따라 복합적인 성격을 갖고 있다. 둘째, 작업의 초기 단계에서 파악한 내적 리듬·템포는 작업의 후기 단계에 이르러서야 그 분석과 표현의 성패를 진단할 수 있다.[22] 즉, 내적 리듬·템포는 연출의 작업 단계 중 후반기에 속하는 '다듬기(Polishing)시기'에서 확인할 수 있기 때문에, 만약 초반의 파악과 작업이 잘못되었더라도 그 잘못을 확인해서 교정하는 것은, 작업 전체를 다시 해야 하는 어려움 때문에 쉽게 교정을 결정할 수 없게 한다. 셋째, 리듬·템포의 특성으로 인한 자발성, 임의성의 충돌에서 오는 어려움이다. 다음의 두 개의 인용문들은 이러한 어려움과 그 해결책에 관해 서로 상반된 입장을 취하고 있다.

(…) 미묘한 연극의 리듬과 음악적 또는 시적 리듬 사이의 어떤 동시성은 잠재의식적으로 해결이 되도록 남겨져야 한다. 만일 여러분이 그것을 억지로 시도한다면, 여러분은 아마도 좋은 결과보다는 나쁜 결과를 얻게 될 것이다.[23]

한 공연의 템포-리듬은 대부분 아주 우연하게 저절로 발생한다. 배우가 이런 또는 저런 이유를 토대로 작품을 정확하게 파악한다면, 그리고 그가 아주 좋은 기분이라면, 그리고 관객도 동조한다면, 올바른 체험과 그것에 따

---

22) 안민수는 "리듬과 템포는 연습이 진행되는 전 기간 중 중간 중간에 점검되어야 한다. 사전에 정확한 계산 없이 연습 마지막에 리듬과 템포를 조정하는 것은 불가능하기 때문이다"라는 견해를 밝히고 있다. 본문의 언급도 이러한 견해와 상반되는 것은 아니고, 마지막 단계에 작품의 전체적인 리듬과 템포를 조절하는 것을 지칭하는 것이어서 안민수의 견해와 크게 다른 것은 아니라고 본다. 안민수, 『연극 연출: 원리와 기술』, 271쪽 이하 참조.
23) Henning Nelms, 앞의 책, 206쪽.

르는 올바른 템포-리듬은 정말 저절로 나타난다. 만일 그렇지 않다면 우리는 무력해진다. 만일 우리가 적절한 심리적 기술을 갖고 있다면, 우리는 그것의 도움으로 먼저 외적 템포-리듬을 깨우고 그리고 난 다음 내적 템포-리듬을 깨워 바로 세울 수 있을 것이다. 이렇게 한 다음에야 감정도 생생하게 될 것이다.[24)]

우선, 위의 두 개의 인용들은 리듬·템포의 자발성, 즉 저절로 나타난다는 특징을 강조하고 있다. 다만 이러한 자발성에 대한 의식적인 조절과 통제의 가능성에 대한 입장이 서로 상반되어 있다. 즉, 위의 인용에서는 잠재의식적으로 리듬·템포를 해결해야 한다고 하는 반면에 아래의 인용은 심리적 기술의 도움을 전제로 외적 템포-리듬을 깨우고 또 내적 템포-리듬을 깨울 수 있다고 말하고 있다. 리듬·템포를 의식적으로 조절, 통제할 수 있다고 주장하고 있는 것이다.

연출의 입장에서 보면, 리듬과 템포가 조절, 통제할 수 없는 것이라면 연출 작업에서 무의미해진다. 그러나 만일 그것이 연출의 의도대로 조절되고 통제할 수 있는 것이라면 그것은 연출 작업에 무한한 도움을 줄 것이다. 다르게 표현하면, 한 장면의 연출의 목표가 내적 리듬의 표현에 있다면, 리듬·템포는 반드시 연출의 의도대로 조절, 통제될 수 있어야 하는 것이다.

4. 한 장면의 외적 리듬과 템포

한 장면의 외적인 리듬과 템포는 먼저 그 장면 속의 존재들, 장면자체, 행동/사건이 갖고 있는 본래적인 리듬과 템포와 연출에 의해서 만들어지는

---

24) Stanislwski, *Die Arbeit des Schauspielers an sich selbst 2*, 137쪽.

인위적 리듬과 템포로 나누어 생각해볼 수 있다. 본래적인 리듬과 템포란, 위의 내적인 리듬과 템포에서 언급한 것과 같은 것으로써 전체 우주 속에서 개별존재들, 장면, 행동/사건이 갖는 독자적인 리듬과 템포이다.

> 모든 요소, 모든 사건은 그것에 상응하는 템포-리듬에 절대적으로 달려있다. 예를 들어 그것이 선전포고이든 평화선언이든 또는 축제나 외교사절의 접대이든지 모든 것은 자기 고유의 템포-리듬을 갖고 있다. (중략) 간단하게 말해서, 우리 존재의 모든 순간에는 우리 내부와 우리를 둘러싼 주변에 어떤 특정한 템포-리듬이 살아 있는 것이다.[25]

따라서 한 장면은 개별 등장인물들과 장면자체, 그리고 장면 속에서의 행동/사건이 갖는 본래적 리듬과 템포들의 종합으로 구성되어 있고, 때문에 연출의 일차적 임무는 이러한 본래적 리듬과 템포들을 충실하게 재연하는 것이다. 그 다음의 고려사항이 한 장면에 대한 전체적인 조화의 관점에서 본 리듬과 템포이다. 이것이 한 장면의 리듬과 템포이다.

연출에게 한 장면의 외적 리듬과 템포는 장면의 진행속도, 즉 장면 진행의 빠르고 늦기에 대한 판단으로 다가온다. 일차적으로는 작가가 요구하는, 희곡에 표현되어 있는 각 등장인물들의 행동과 언어 그리고 장면을 채우는 사건/행동의 진행속도와 그것들의 유형적인 반복이 외적 리듬과 템포를 형성하는 것이다.

> (…) 우선 내적인 템포는 우리의 마음과 느낌들 그리고 의지충동의 빠르고, 느린 변화와 변형이라고 할 수 있다. 두 번째 외적인 템포는 빠르고 느린 외적 행위로 나타난다.[26]

---

25) 위의 책, 126쪽.

그러나 연극은 특히 행동의 모방이면서 동시에 재현적인 특징을 갖고 있기에 "연극에서의 리듬이란 바로 등장인물들의 행동이 만들어낸 궤도를 의미한다"[27]는 파악도 가능하다. 그렇다면 이러한 행동의 궤적은 내적 행동, 내적 동기와 밀접한 관계를 갖고 작품 전체의 리듬과 템포를 만들어낸다.

> 마음의 모양새를 외부 행동으로 표현함으로써 사건이 사건으로 진행되며 어떤 리듬과 템포가 형성되는 것이다.[28]

또 장면 연출에 있어서 이러한 내적, 외적 리듬템포는 서로 표리의 관계를 맺고 동시적으로 나타나는 경우가 대부분이다.

> 이러한 외적 템포와 내적 템포는 아주 다르기 때문에 서로 크게 다를 때라도 이것이 한 순간에 함께 나타난다.[29]

위의 인용은, 외적인 행동/사건의 빠르고 늦기와 내적 행동/사건의 속도감의 빠르고 늦기의 차이를 지적하는 것으로써 연출의 작업현장에서 빈번하게 나타나는 현상이다. 즉, 아들의 전사소식을 전해 듣는 한 어머니의 외적 행동은 표면적으로 아무런 움직임이 없을지라도 관객은 고통으로 괴로워하는 어머니의 긴장되고 긴박한 심리적 움직임을 느낄 수 있다. 또 여러 친구들의 일상적 대화나 오래된 부부의 일상적인 저녁식사는 그 외적 행동/사건이 분주할지라도 내적 행동/사건은 큰 갈등에 직면해 있지 않기 때문에

---

26) Michael Chekhov, *On the Technique of Acting*, 윤광진 옮김, 『미카엘 체홉의 테그닉 연기』 (서울: 예니, 2000), 217쪽.
27) 안민수, 『연극 연출: 원리와 기술』, 263쪽.
28) 위의 책, 263-264쪽.
29) Michael Chekhov, 앞의 책, 217-218쪽.

그 심리적 긴박함과 속도감은 빠르지 않다고 하겠다.

일반적으로 스피드와 템포는 단순한 빠르고 늦기(스피드)와 속도감(템포)으로 구분되는데, 이것은 외적 행동/사건과 내적 행동/사건과 일치한다. 그리고 그것은 물리적 행동과 심리적 느낌의 문제이기도 하다.

또 "대부분의 극적인 상황에서 좋은 템포는 빠른 템포이기도 하다"[30]라는 연출 작업상의 조언은 본래적 리듬·템포를 속도, 대사 잡아채기(Cue-pickup), 정서적 키, 투사(Projection), 극적 휴지 등을 이용해 인위적으로 조절할 수 있음을 암시하고 있기도 하다. 즉, 외적 행동을 수단으로 심리적인 속도의 느낌들을 조절할 수 있고, 반대로 심리적 수단들을 활용해 외적 행동의 리듬과 템포를 조절할 수 있다. 예를 들어, 작품의 시작부분과 절정부분을 비교해보면 이러한 특징이 잘 드러난다. 작품의 시작부분은 대부분 기능상으로 보면 전체 작품에 대한 해설을 담당하는 부분인데, 이때의 속도는 절정에 비해 빠른 것이 좋다. 그렇지 않으면 템포가 느려져서 지루할 수밖에 없을 것이다. 반대로 절정의 부분은 대부분 극적 순간으로 채워진 긴박한 순간이다. 따라서 이때의 속도는 오히려 늦어야 빠른 템포의 순간을 이해하고 따라갈 수 있게 되는 것이다. 이것이 바로 리듬과 템포가 갖는 통합, 조절, 통제의 기능이라고 할 수 있다.

5. 통합기능으로서의 리듬과 템포, 인위적 통제 가능성

연출가는 한 장면을 연출하는 데 있어서 리듬과 템포는 첫째, 자신이 처음으로 희곡을 대했을 때, 둘째, 행동선(Blocking)을 결정할 때 그리고 마지

---

30) John E. Dietrich & Ralph W. Duckwall, *Play Direction*, 2nd ed. (New Jersey: Prentice-Hall, 1983), 59쪽.

막으로 다듬기(Polishing)을 끝낸 후 작품의 전체적인 흐름과 진행을 다듬을 때 등의 국면에서 활용할 수 있다. 첫 번째 단계의 리듬과 템포는 장면의 여러 요소들이 갖는 본래적 리듬과 템포일 것이고, 두 번째 단계의 것은 특히 내적 리듬·템포의 분석 그리고 결정과 관계가 깊을 것이다. 마지막 단계의 것은 어쩌면 기계적인 리듬템포의 활용으로 작품 전체의 리듬과 템포의 조화를 달성하기 위한 것으로, 특히 이 단계에서의 리듬과 템포는 통합적 기능을 갖고 있으며 연출의 의도에 따라 작품전체의 인상과 느낌을 인위적으로 재조정하는 것을 의미한다.

리듬과 템포의 인위적인 재조정은 그 재조정을 가능하게 하는 요소와 방법이 있다는 것을 의미한다. 음악의 경우 음표와 악상들에 의해 리듬과 템포가 결정되지만 일상 언어와 배우의 행동으로 표현되는 연극의 경우 그것들은 대부분 대사와 움직임 그리고 반대의 경우인 대사 없음과 정지로 표현된다.

> 음성, 음절 그리고 단어들이 음표들을 대신한다. 대사가 없을 경우, 휴지와 쉼표가 리듬의 순간들을 채운다.[31]

그리고 대사라고 하는 것도 "길고 짧은, 강세가 있거나 없는 음성, 음절, 단어들의 총합일 따름이며, 그것들로부터 리듬이 결정되는 것"[32]이라고 할 수 있다. 따라서 한 장면에서의 소리, 휴지(休止), 대사 그리고 움직임과 정지는 리듬의 기본적 성격을 결정짓는 기초요소가 된다. 그리고 만일 한 장면에 등장하는 등장인물의 숫자가 많을 경우 그 장면의 리듬과 템포는 각

---

31) Stanislwski, *Die Arbeit des Schauspielers an sich selbst 2*, 149쪽.
32) 위의 책, 126쪽.

등장인물들의 대사와 움직임 그리고 휴지와 정지를 포함한 리듬과 템포의 조합과 조화에 의해 결정된다. 연출가가 등장인물 한 사람 한 사람의 리듬과 템포를 사전에 결정하고 또 그것을 무대 위에서 다른 등장인물과의 전체적인 조합과 조화를 고려해야 하는 이유가 여기에 있다.

연출가가 직접적으로 리듬과 템포를 조절할 수 있는 요소들을 확인할 수 있으면, 한 장면의 리듬과 템포를 "기술적인 방법으로, 즉 외부에서 내부로 템포·리듬을 만들어내는 것"[33]이 가능하게 된다. 스타니슬라프스키에게 있어서 이것은 일종의 "대본을 악구에 맞추어 정리하기(phrasing the material)"[34]로 정의된다. 즉 대본을 "리드미컬하고 확인할 수 있는 형태로 정리하고 그것을 다시 의미의 단위로 분석해서 결국 그 의미의 단위들을 신체적 움직임의 주위에 형상화하는 것"[35]이다.

따라서 이것은 이미 앞에서 언급한 것처럼, 우리 내부의 감정과 내적 의미, 상황들은 그 자신의 고유한 리듬과 템포를 갖고 있지만, 반대로 리듬과 템포를 인위적으로 만들어내어 그에 상응하는 장면전체의 감정과 내적 의미를 인위적으로 창조할 수 있다는 것을 의미하기도 한다.

> 템포-리듬은 기계적으로, 직관적으로 또는 의식적으로 우리의 내적인 삶과 감정 그리고 감각에 영향력을 행사한다. 이것은 우리가 배우로서 무대 위에 있을 때에도 동일하다.[36]

이것은 스타니슬라프스키의 연기론의 총결산이라고 할 수 있는 '신체적

---

33) Stanislwski, *Die Arbeit des Schauspielers an sich selbst 2*, 127쪽.

34) David Richard Jones, 앞의 책, 23쪽.

35) 같은 곳.

36) Stanislwski, *Die Arbeit des Schauspielers an sich selbst 2*, 157쪽.

행동의 방법론'에 강조된, 연기의 출발점으로서의 신체적 행동의 유익함과 일맥상통한다.[37] 리듬과 템포의 경우 그것이 인위적 통제의 수단으로 상용되었을 때 그것은 배우가 감정이 아니라 신체적 행동을 사용도구로 선택했을 때 나타나는 장점, 즉 "가장 즉각적으로 사용할 수 있고 또 그의 요구에 가장 쉽게 반응하는"[38] 장점을 갖게 된다. 그래서 연출가는 리듬과 템포를 이용해 배우의 행동과 감정 그리고 대사와 휴지를 하나로 통합할 수 있는 것이다. 한 장면을 창조함에 있어서, 각 배역을 살아 움직이게 만드는 배역 창조의 일차적 책임이 배우에게 있다면, 연출에게는 그 창조된 배역들이 움직이는 환경과 다른 배역과의 관계를 내적 정합성을 통해 생생한 것으로 만드는 설득력인 것이다.

6. 나가는 글

앞에서 살펴본 것처럼 리듬과 템포는 한 장면 안에 본래의 것으로 내재해 있다. 한 장면은 다시 각각의 등장인물들과 그들이 만들어내는 행동들로 구성되어 있으며 이것은 또 다시 각각의 본래적 리듬과 템포를 갖고 있다. 결국 연출가가 최종적으로 고려해야 하는 한 장면의 리듬과 템포는, 한 장면 속에서 리듬과 템포를 형성하는 모든 요소들의 총합과 그 총합이 만들어내는 전체적인 리듬과 템포의 창출인 것이다.

---

37) 연기의 출발점으로서의 감정은 배우가 구체적으로 포착할 수 없고 또 의식적으로 그러한 감정을 반복할 수 없는 치명적인 단점이 있다. 이에 반해 출발점으로서의 신체적 행동은 구체적이며 반복할 수 있다는 장점이 있다. 연기의 출발점으로서의 배우의 행동에 관해서는 졸고(拙稿), 「배역 창조에 있어서의 '행동'에 관한 연구 (2)」, 『연극교육연구』, 4 (서울: 앰애드, 1999), 170쪽 이하를 참조하라.

38) Jean Benedetti, *Stanislavski: An Introduction*, rev. vers. (London: Cox & Wyman, 1989), 67쪽.

따라서 한 장면을 연출할 때 리듬과 템포의 결정은 곧 그 장면에 대한 연출가의 연극적 가치의 판정이라고 할 수 있다. 연출가의 최종적인 판단에 따라 동일한 대사와 움직임으로 구성된 장면이라 할지라도 상이한 리듬과 템포를 지녀 결국 관객에게 전혀 다른 의미와 감정을 전달할 수 있기 때문이다.

　　한 장면에서의 리듬과 템포의 창출은 먼저 발견과 개발 그리고 인위적 통제와 통합의 과정을 따른다. 즉, 연습의 초창기에 작품의 분석을 통해 파악된 그 장면의 리듬과 템포는 배우를 중심으로 장면을 재현하면서 구체적으로 개발되고 만들어진다. 주로 배우의 대사와 움직임 그리고 휴지와 정지로 만들어지는 리듬과 템포는 장면의 상황과 등장인물들의 성격, 그리고 사건/행동에 의해 결정되어 있기도 하지만, 좀 더 적극적인 수단으로서 인위적 조절을 통해 그 장면을 통합하고 새로운 감정과 의미를 부여할 수 있는 수단이 된다. 연출가가 연습의 최종단계에서 리듬과 템포만을 다시 한 번 점검하는 이유가 바로 이것이라고 생각한다.

　　물론 리듬과 템포가 연출이 한 장면을 연출할 때 가질 수 있는 최종적이고 완전한 수단은 아닐 것이다. 다만, 산문으로 그리고 일상회화체로 이루어진 화술연극의 경우 리듬과 템포에의 관심의 증가는 분명히 그 장면에 활력과 사실감을 부여할 것이며, 또 작품전체를 하나의 완결된 예술작품으로 통합하는 데 중요한 도구로 사용될 수 있을 것이다. 따라서 연출가는 어떤 스타일의 연극을 창조하더라도 기본적으로는 한 장면에서의 리듬과 템포를 고려하여 작업을 진행해야 할 것이다. 눈에 보이지 않지만 리듬과 템포는 그 장면의 눈에 보이는 중요한 모든 것을 결정하기 때문이다.

　　본 장에서 구체적인 작품의 한 장면을 예시로 하여 리듬과 템포의 창출과 그 특징에 관한 논의를 진행하지 못한 것이 아쉬운 점으로 남는다. 다음의 연구를 기약하며 그 때 본 연구의 부족한 부분에 대해서도 보충할 것이다.

제2부

장면의
시·공간과
리듬·템포

장면 연출과 시·공간의 조성
장면 연출과 리듬·템포
장면 연출과 시·공간의 리듬

제1장

장면 연출의 시 · 공간의 조성
장면 연출의 지향점과 리듬을 중심으로

1. 들어가는 글

20세기 후반의 현대 연극[1]은 20세기 초반의 사실주의 연극과 다른 특징들을 드러내고 있다. 20세기 초반의 연극이 작가에 의해 주어진 텍스트를 무대 위에 정확하게 시각화하는 것이라면 20세기 후반의 연극은 '텍스트의 해체와 새로운 표현'을 지향하고 있다. 현대 연극의 주류에서 관찰되는 신체의 움직임과 이미지 우선의 표현을 중시하는 경향은 대표적인 표징이다.

개인의 삶을 둘러 싼 물질계의 세목을 다루느라 너무 바빴던 리얼리즘은 보다 원대한 질문이 공명하는 침묵의 세계에 귀 기울일 시간을 갖지 못했다.

---

[1] 본 장에서는 편의상 20세기 전반기의 연극을 사실주의 연극과 그에 대항한 비사실주의 연극을, 그리고 20세기 후반의 연극을 포스트모던 계열의 연극과 그 후에 분열을 계속하고 있는 당시대 연극을 의미한다.

무대는 리얼리즘이 표방한 짙은 농도의 물질계, 그 심장부를 파열시킴으로써 실존적 해답을 모색할 시·공간의 장으로 복귀해야 한다는 주장이 새삼 대두되었다.[2]

삶의 모방으로서의 연극에서 이러한 변화는 모방의 대상이 되는 현실의 변화를 뜻한다. 즉 20세기 초반과 후반의 삶의 양태가 변화했다는 것을 의미한다. "현대는 시뮬라크르(simulacres), 곧 허상(虛像)들의 세계이다"[3]라는 선언은 모방의 대상으로서의 현실의 이러한 변화를 담고 있다고 하겠다.

오늘 우리의 삶에서 특히 전체와 유리된 개별자들 앞에 펼쳐진 수많은 이미지들은 현대인들에게 간단히 이해할 수 없는 허상들로 나타나고 있다. 그 결과 그것들에 대한 예술가의 개별적, 주관적 조합, 즉 현실에 대한 인식이 바로 이전과는 다른 위와 같은 주장으로 나타나고 있는 것으로 판단된다. 여기에 연출자의 연극 작업 내에서의 비중의 증가는 창조자로서의 연출가의 주관적 표현을 가능하게 하고 있다. 따라서 현대 연극에서의 장면 연출[4]은 이전 시대의 장면 연출과는 다른 특징을 갖게 된다. 허상의 집합체로서의 현실과 그것을 다시 모방하는 연극은 허상이 허상을 낳은 새로운 국면에 접어들게 된 것이다. 그래서 "연극은 시뮬라크르의 공간이"[5] 되어 버린 오늘날, 현실을 바라보는 연출가와 관객의 시각의 변화는 필연적으로 무대

---

2) John Harrop & Sabin R. Epstein, *Acting with Style*, 3rd ed., 박재완 옮김, 『스타일 연기』 (밀양: 게릴라, 2003), 224쪽.

3) Gilles Deleuze, *Différence et Répétition* (Paris: Presses Universitaires de France, 1968), 『차이와 반복』, 김상환 옮김 (서울: 민음사, 2004), 18쪽.

4) 위에서 '장면 연출'이라는 개념은 다음 논문에서 정의된 것을 그대로 따른다. 김대현, 「장면 연출과 리듬·템포 —장소(place)와 장면(scene)의 고정성을 중심으로」, 『한국연극학』, 22(2004), 359쪽. "장면 연출은 시·공간 속에서의 텍스트의 시각화를 의미한다."

5) Michel Pruner, *L'analyse de Texte de Théâtre* (Paris: Nathan, 2001), 김덕희 옮김, 『연극 텍스트의 분석』 (서울: 동문선, 2005), 43쪽.

위에 나타난 장면의 표현에도 변화를 초래한다. 즉 감각의 논리로서의 장면 연출은 이전의 연극에서 중요한 의미와 논리의 체계를 벗어나 기호의 논리로, 즉 이미지와 몽타주가 우세한 장면의 배열이 우선시되는 작업으로 변화한 것이다.

이러한 작업에서 필연적인 것은 일관된 줄거리와 쉽게 인식할 수 있는 재현성의 포기이다. 연출가는 장면 연출에서 관객의 상상력과 감각에 직접적으로 호소하려고 하며 그 속도 역시 매우 빠르다. 따라서 감각적인 이미지와 그 이미지들의 충돌로 새롭게 야기되는 또 다른 이미지들은 경우에 따라 의도하지 않은 모호성으로 가득 찬 장면으로 남게 될 수도 있다. 그러나 이것들은 관객과의 소통에 있어 연출가의 감각적이고도 주관적인 작업방식으로 인해 즉각적으로 이해되는 경우도 있지만 혼란스럽고 모호한 이미지들의 연속으로 나타나는 경우도 적지 않다. 현대 연극에 있어서 장면 연출이 갖는 이러한 특징들에 관한 깊이 있는 담론의 형성이 시급하다고 하겠다.

그동안 공연과 관련된 논문들은 보통 작품의 주제에 관련된 문학적인 것이든지, 장면 연출과 관련되어 있어도 주로 드러난 시각적 요소들의 배열, 배치에 관련된 미학적인 것이든지, 아니면 연출자의 시각화의 특징에 관련된 것이 대부분이었다. 본 장은 이러한 것에 주목하여 그동안 잘 다루어지지 않았던 부분, 즉 장면 연출에 있어서 연출자에게 주어지는 시ㆍ공간의 조성에 있어서 한 장면의 시ㆍ공간이 연출자와 관객이 함께 만들어가는 시ㆍ공간이며 또 연출자는 자극으로 그리고 관객은 그에 부응하는 상상력으로 서로 교호한다는 점을 바탕으로 리듬이라는 보이지 않는 요소가 갖는 의미와 특성에 관한 논의하려고 한다. 또 나아가 이를 통해 장면 연출의 또 다른 지향점을 논구하려고 한다. 따라서 본 글에서는 텍스트의 의미 분석이라든가, 주제의 구체화에 관한 실례, 배우의 등장인물의 형상화 등 기존의 다른 논문들6)에서 다룬 주제들은 상세하게 다루지 않을 예정이다. 현대 연극에 나타난 장면 연출의 여러 지향점들을 검토해보고 신체와 이미지 중심의 장면 연출이 리듬을 통해 새로운 시·공간을 창출할 수 있는 가능성을 제시하려고 한다.

　이러한 논의의 결론으로써 극장에서 이루어지는 연출자와 관객의 상호작용의 결과로서의 장면 연출이 결국 어떤 형태의 리듬을 창출하는 것이라는 사실이 확인되면, 연출 작업과 이와 관련된 논의는 지금까지의 연출 패러다임을 바꾸는 것이 될 것이다. 그래서 지금까지 주로 눈에 보이는 시각적 요소들7)에 치우쳐 "우아함과 삶을 시적으로 관조하는 힘을 잃"8)은 연출 작업의 대부분을 시간과 공간9)의 조성방법과 의미 그리고 눈에 보이지 않

---

6) 이것과 더불어 장면 연출에서의 리듬·템포의 창조와 그것들을 결정하는 요소에 관한 논의 그리고 장면 연출의 시·공간의 의미에 관해서는 다음과 같은 논문들을 참고하라.
　　김대현, 「연극 연출에 있어서 한 장면의 리듬과 템포에 관한 고찰 (1)」, 『연극교육연구』, 5(2000).
　　＿＿＿, 「연극 연출에 있어서 한 장면의 리듬과 템포에 관한 고찰 (2)」, 『연극교육연구』, 7(2002).
　　＿＿＿, 「장면 연출과 리듬·템포 −장소(place)와 장면(scene)의 고정성을 중심으로」, 『한국연극학』, 22(2004).
　　＿＿＿, 「장면 연출과 시·공간의 리듬」, 『비교문화연구』, 8(2004).
7) 위에서 언급한 '시각적 요소들'은 연출에 의해 무대 위에 실연된 장면의 실제적인 요소들이다. 이것은 문학적 요소와는 별개로 관객이 눈으로 확인하고 또 마음으로 공감할 수 있는 요소들을 의미한다. 시각적 요소들에 대한 자세한 설명은 다음을 참조하라. 여기에는 한 장면을 예로 들어 설명하면서 그 장면에 영향을 끼치는 시각적 요소들에 대해 상술하고 있다. "시각적 요소들은 배우, 무대배경, 조명, 대소도구의 형태(shape)와 색(colour) 그리고 그것들의 움직임(Movement)을 들 수 있다." 김대현, 「연극 연출에 있어서 한 장면의 리듬과 템포에 관한 고찰 (1)」, 『연극교육연구』, 5(2000), 65쪽. 한 장면에서 리듬과 템포를 결정짓는 요소들에 관한 논의를 위해서는 같은 논문의 60쪽 이하를 참조하라.
8) John Harrop & Sabin R. Epstein, *Acting with Style*, 3rd ed., 박재완 옮김, 『스타일 연기』 (밀양: 게릴라, 2003), 94쪽.
9) 연출 작업과 시간과 공간의 상관관계는 다음 논문에서 상세하게 다루고 있다. 특히 '2. 장면 연출: 시간의 흐름 속에서의 공간(place, stage, scene)의 고정성과 이중성에서 연출 작업과 시·공간의 문제를 집중적으로 다루고 있다. 김대현, 「장면 연출과 리듬·템포 −장소(place)와 장면

지만 작품의 최종 목표인 리듬[10]의 창출로 전환할 수 있을 것이며 나아가 장면 연출에 기여하는 관객참여의 양과 질에 관한 논의의 이론적 토대를 제 시할 수 있으리라는 기대를 갖는다.

　이러한 연구결과는 학교수업과 현장에서 그대로 응용할 수 있으며 또 다른 예술 장르와의 협업도 가능하게 하는 부수적인 효과를 낳는다. 즉 건 축, 미술, 음악, 영상 등의 예술과 공유하는 부분인 시·공간을 통해 연출 작업의 영역이 넓어질 것이고 또 타 장르와의 계속적인 학문적, 예술적 활 동을 기대할 수 있을 것이다.

2. 장면 연출의 여러 지향점들

2.1. 가능태를 향한 전경의 창조

　아리스토텔레스가 비극을 행동의 모방으로 정의한 후, 모방은 예술에 있어서 중요한 미적 쾌감을 성취하는 수단으로 간주되어 왔다. 사실주의 연 극에 이르러 이 모방은 인간 삶의 정확한 모사로 나타났고, 이 시기에 함께 나타났던 연출가의 주요 기능 역시 무대 위의 여러 요소들을 실제를 방불할 정도로 사실적으로 모방/표현하는 것이 되었다. 연출가의 장면 연출을 "시·공간 속에서의 텍스트의 시각화"[11] 정의한 것은 이런 생각을 다시 확 인하는 것이라고 생각한다. 이제 다음 단계에서 고민해야 하는 것은 이러한 시각화가 '단순한 복사'(모방)를 의미하는 것인지를 따지는 것이다. 과연 "창

(scene)의 고정성을 중심으로」, 『한국연극학』 22(2004).

10) 리듬, 특히 템포와의 상관 관계 속에서의 리듬의 개념과 기능에 관해서는 다음의 논문을 참고 하라. 특히 'Ⅱ. 리듬과 템포의 정의 부분은 이 부분을 집중적으로 다루고 있다. 김대현, 「연극 연출에 있어서 한 장면의 리듬과 템포에 관한 고찰 (1)」, 『연극교육연구』 5(2000).

11) 김대현, 「장면 연출과 리듬·템포」, 『한국연극학』, 22(2004): 359-390쪽 중 359쪽.

조는 단순한 복사"[12]인가? 또 복사라면 어떤 원본을 복사하는 것일까?

문학이 텍스트의 지시 대상을 상상 속에서 형상화하는 것이라면, 연극은 중간 예술 계층의 개입으로 그 상상속의 형상을 현실화/시각화하는 것으로 이해된다. 그러나 연극에 있어서 장면 연출의 지향점은 여기에 머무는 것은 아니다. 즉 연출 작업에서의 시각화는 일차적으로는 "현실적 지각 가능태"[13]이지만 최종적으로는 전경을 통한 후경의 감상으로 정리하고 있는 하르트만의 주장과 같이 또는 그 주장을 넘어 다시 현실적 지각 가능태를 통한 후경에로의 초대를 지향점으로 삼아야 한다.

무대 위의 시각적 요소들과 그 예술적 배치, 배열, 변용이 연출자의 최종 목표가 아니라면 그것들은 관객들을 후경으로 인도하기 위한 일종의 자극체여야 한다. 물론 이것을 직접적인 언급을 통해 할 수 없기 때문에 연출자와 관객 사이에는 시각적 요소들만을 통한 상호소통이라는 전제가 존재한다.

하르트만이 간접적이라고 표현한 것에서 의미되는 것은, 연극을 포함한 모든 예술은 간접적으로 관객을 자극하고 관객으로 하여금 자신의 상상력 속에서 직접 후경을 완성하는 것을 최종 목표로 하고 있다는 것이다. 따라서 무대 위의 공연은 연출 작업의 최종적 산물이라기보다는 관객의 적극적 관극 행위의 결과물이다. 만일 예술적 창조 행위를 통해 무엇인가-환영-를 창조해 내었다면 그것은 연출자의 기대와 관객의 기대가 서로 상호 교통하여 만들어낸 일종의 기대의 산물일 것이다. 이것이 '만남'으로서의 연극이 갖는 재미일 것이며 또 이 재미는 단순히 연극에만 머물지 않고 예술 전반

---

12) Mircea Eliade, *Cosmos and History, The Myth of Eternal Return*, trans. from the French by Willard R. Trask, Harper Torchbooks, The Bollingen Library (Harper & Row, Publishers, New York, 1959), 정진홍 옮김, 『宇宙와 歷史 −永遠回歸의 神話−』(서울: 현대사상사, 1976), 19쪽.
13) N. Hartmann, *Ästhetik, hrsg. von Frida Hartmann* (Berlin, 1953), 전원배 옮김, 『미학』(서울: 을유문화사, 1995), 123쪽.

의 창조와 수용 행위에 재미를 주는 요소일 것이다.

이것을 전제하면, 연출자는 무대 위의 시각화의 결과물을 일종의 가능태로 만들어야 한다. 즉 관객의 상상이 개입할 여지가 없는 완성태보다는 관객의 상상력이 더해져야 완성되는 가능태로 희곡의 시각화를 끝내야 한다. 따라서 어떤 의미에서 무대 위의 묘사는 언제나 어느 정도의 빈틈을 내포한 채 완성되어야 한다. 그리고 그 빈틈은 관객의 창조성이 발휘되는 자리로 예약되어 있어야 함은 분명하다. 이렇다면 한 장면의 시각화는 작가에 의해 주어진 텍스트라는 재료와 연출 작업을 통한 가공의 재료 그리고 마지막으로 관객의 참여로 인해 주어지는 재료들의 상호연관과 그 상호작용으로 창출되어야 할 것이다.

그렇다면 이제 전통적인 화술 연극에서 연출자에게 주어지는 일차 재료, 즉 장면 연출을 위한 텍스트의 시각화가 갖는 또 다른 지향점에 대해 생각해보자.

2.2. 일상을 초월한 비일상적 대상의 창조

먼저 '삶의 단편(slice of life)'의 정확한 모사를 목표로 하고 있는 사실주의 계열의 작품에서도 그 내용은 삶의 재현/재연이며 따라서 반복이라는 특성을 갖는다. 그러나 무대 위의 표현은 그 외양이 아무리 우리 삶과 유사하다고 하더라도 그것은 이미 인공적인 것이며 따라서 그것은 묘사 대상에 대한 묘사 정도의 취사선택이 이미 이루어진 결과라는 한계를 갖는다. 이것은 모든 예술 작품이 일종의 지각의 습관성을 탈피한 결과물이라는 보편적 양상에 그대로 들어맞는 결과라고 할 것이다.

주지하다시피 우리 주변의 일상은 관습적으로 지각되어서 우리는 우리 일상의 새로운 면들을 거의 인식하지 못하고 지나친다.

일상적 지각은 습관화되거나 자동화되는 것이 보통이다. 지각의 '대수화' (代數化, algebrization) 내지 '자동화'(making automatic)는 필연적으로 대상을 '볼'(to see) 수 없게 만든다. 그래서 그것을 인지할—다시 말해서 습관적 방식에 의해 지각할—뿐이다.[14)]

따라서 창조는 이 일상적 지각에서 벗어난 새로운 시각과 표현의 결과이다. 시각화의 대상으로서의 텍스트/텍스트의 내용이 작품과 연출의 스타일에 따라 전혀 다른 모습으로 무대 위에 형상화된다는 사실은 이러한 일상적 지각의 일탈이 각각의 예술가에게 서로 다르게 지각된 결과일 것이다. 이러한 점에서 '창조는 단순한 복사'라는 엘리아데(Eliade)의 말은 또 다시 '무엇에 대한 어떤 복사인가'라는 질문과 그 질문의 선택성에 대한 확인으로 재해석되어야 한다.

사실주의 연극의 경우 일상의 정확한 재현과 모사를 목표로 하고 있지만 무대 위에 나타난 사실은 일상적 사실과는 거리가 있다. 즉 무대 위의 반복되고 재현되는 사실은 그 외양이 정확하면 정확할수록 일상의 사실과는 거리를 두게 된다. 그래서 사실주의 연극은 가장 사실적이지 않은 연극이기도 하다. 따라서 창조가 반복일 때 그것은 이미 창조자에 의해 재창조된 반복일 경우가 대부분이다.

2.3. 관객의 심상의 창조

하르트만이 말한 후경은 예술작품이 지시하는 주제/개념을 직접적으로 지칭하는 또 다른 명칭일 것이다. 소설과는 다르게 연극의 경우에 이 후경

---

14) Robert C. Holub, *Reception Theory: A Critical Introduction* (London and New York: Methun, 1984), 최상규 옮김, 『수용미학의 이론』 (서울: 예림기획, 1997), 31쪽.

은 관객의 상상 속에서 완성되는 또 다른 이미지로 나타난다. 그리고 여기에는 장면 연출을 담당하는 유일한 창조적 능력은 연출가만 보지하고 있는 것이 아니라 관객에게도 있다는 주장을 허용하게 한다.

> 예술적이라고 지각되는 대상, 다시 말해서 습관적이고 자동화된 지각의 대상으로부터의 일탈(逸脫, deviation)이라고 지각되는 대상들만이 '예술적'이라는 형용사가 붙을 수 있다. 창조가 아니라 지각, 생산이 아니라 수용이 예술의 성분 요소가 된다.15)

그렇다면 연출가는 장면 연출에서 자신의 시각적 표현에만 국한하는 것이 아니라 관객의 심미적 수준과 수용 가능성에 대한 판단을 해야 한다. 즉 자신의 초대에 응하는 관객의 수준을 고려해 장면을 연출해야 하는 것이다. 그리고 이것은 장면 연출에 있어서 관객에게 일종의 해석 가능성과 연출 가능성을 남겨 놓는 것을 의미한다.

> 텍스트에서 무대로의 이행은 그렇게 쉬운 일이 아니다. 무대에 올리는 일은 간혹 사람들이 생각하는 것처럼 텍스트에 나타난 것을 물질적으로 해석만 하는 것이 아니다. 이것은 독자적인 예술 작품을 창조하기 위해서 무대(장치·조명·소품·음향)와 그리고 배우의 연기(대사·목소리·몸짓·의상)에 의해 생겨나는 다수의 기호들을 운영하는 것이다. 이것은 단순히 텍스트를 구체화하는 것이 아니라, 텍스트가 말하지 않는 것에 대해 의문을 제기하는 것도 포함된다.16)

장면에 대한 관객의 해석 가능성 또는 장면 연출에 있어서 관객의 연출

---

15) Robert C. Holub, 앞의 책, 31-32쪽.
16) Michel Pruner, 앞의 책, 214쪽.

가능성은 사회적 문맥과 밀접한 관계를 맺고 있다. 문자로 고정된 텍스트는 그것을 읽어내는 연출가와 관객이 서로 공유하는 사회적 문맥을 통해 서로 일치할 때 최고의 의미를 표현할 수 있을 것이다.

사회적인 것이든 미학적인 것이든 연출가에게 있어서 "비가시적인 것을 가시화하는 것', 다시 말해 볼 수 없는 것을 볼 수 있게, 들을 수 없는 것을 들을 수 있게 하는 것이 바로 예술의 창조적 차원"[17]임은 분명하다. 문제는 그것이 완성된 형태로 관객에게 제시되는 것이 아니라 일종의 '가능태' 즉 해석의 가능성과 연출의 가능성이 열려 있는 작업이어야 한다는 것이다. 물론 이곳에서 의미하는, '해석의 가능성'과 '연출의 가능성'의 정확한 실현은 현실 무대보다는 관객의 상상력 속에서 이루어진다. 어쨌든 한 장면은 그 자체로 완결된, 닫힌 것이어서는 안 된다는 의미이다.

연출가의 창조적 행위와 관객의 창조적 행위는 일정한 정도의 시간적 차이를 갖는다. 그리고 실제 연출 행위가 일어나는 공간에 있어서도 차이를 갖는다. 이렇게 본다면 장면 연출에 있어서 연출가의 연출행위는 관객의 예술적 창조행위를 자극하기 위해 시간적으로는 관객의 감상보다 먼저 그리고 공간적으로는 무대 위에서 텍스트를 일종의 자극체로 시각화하는 것이라는 새로운 의미를 갖게 된다.

3. 장면 연출에 있어서 연출과 관객의 상호성

예술작품이 일상의 지각을 비습성화하는 것이라고 한다면, 일상의 비습성화는 연출가의 몫으로 그리고 그 비습성화된 대상을 읽고 해석하여 최종

---

17) 민주주의사회연구소 편, 『비판적 예술이론의 역사』 (서울: 백산서당, 2003), 215쪽.

적인 예술작품으로 되살아나게 하는 것은 관객의 몫이라고 할 수 있다. 물론 이때 비습성화가 일어나는 시·공간은 무대 위에서의 상연 현장으로 그리고 대상을 되살아나게 하는 시·공간은 관객의 상상의 공간인 것이다. 따라서 연출가의 장면 연출은 무대 위의 장면이 관객의 시·공간의 영역 속에서 완성되는 후경을 안내하는 자극체의 일종이어야 한다.

물론 이런 경우 아래의 인용문에 나타나는 바와 같이 창조자의 의도에 대한 논란이 생길 수도 있다.

> 텍스트에서 작가의 의도를 찾을 것인가 아니면 작가의 의도와 관계없이 텍스트가 말하는 바를 찾을 것인가 하는 문제는 고전적 논의의 주제를 이루어 왔다. 이러한 딜레마로부터 발견된 것이 텍스트의 일관성과 원래 내재하는 의미화의 체계에 의해 텍스트가 말하는 것인지 아니면 독자 자신의 기대 체계에 의해 독자가 찾아낸 것인지 하는 문제가 파생되었다.[18]

즉 텍스트 안에서 저자의 의도가 객관적으로 존재하는 것인지 아니면 텍스트에서 찾아낸 모든 의미는 독자의 발견물인지에 관해 언급하고 있다. 이것을 장면 연출에 있어서 의미의 완성이라는 측면으로 환치시켜보면, 장면 연출의 의미와 완성이 연출가의 영역 안에 있는 것인지 아니면 관객의 해석에 따른 유동적인 것인지에 관한 논의를 시작할 수 있게 한다. 결국 공연이란 텍스트는 "작가가 말(語)을 가져오고 독자가 의미를 가져오는 피크닉에 불과"[19]한 것일까?

---

18) Umberto Eco, 앞의 책, 85쪽.

19) 러시아 기호학자 Todorov의 언명, Umberto Eco et al., *Interpretation and Overinterpretation*, Stefan Collini ed. (Cambridge Univ. Press, 1992), 손유택 옮김, 『해석이란 무엇인가』 (서울: 열린책들, 1997), 34쪽에서 재인용.

연출가의 장면 연출이 작가에 의해 창조된 텍스트를 1차 재료로 하여 재창조/재해석된 것이라고 했을 때 무대 위에 구현된 장면은 텍스트의 내용을 충실하게 시각화한 것이든지 아니면 연출가의 주제의식이 강하게 반영된 것들 중 하나이다.[20] 물론 전자의 경우에도 텍스트의 의도를 어떻게 해석하느냐에 대한 문제가 여전히 남기는 하지만 희곡의 내용이 충실하게 장면 연출에 반영된다는 점에서 후자의 장면 연출과는 구분된다. 따라서 소위 '연출가 연극'에서의 장면 연출은 작가와 연출가의 만남과 연출가와 관객의 만남이 중요한 의미를 갖게 된다. 그 중 동시대를 살아가는 연출가와 관객은 무대 위의 장면을 통해 시대를 공감하기 때문에 '사회적 함의'에 대한 문제제기와 공감은 장면 연출에서 중요하게 고려되어야 한다.

> 연극은 현장에서 일어나는 소통의 예술인 까닭에, 연출가가 행위자와 관객 간의 소통을 통하여 지향하고자 하는 사회적, 이념적 목표가 항시 뚜렷해야 한다. 그 지향점이 명확히 설정되어 있을 때 그것에 도달하기 위한 미학적 방법들도 설득력 있게 강구될 수 있는 것이다.[21]

이 경우 연극에서의 한 장면은 연출가 혼자 구성하는 것이 아닌, 관객과의 만남을 통한 공동 작업을 의미한다. 즉 연출가가 무대 위에 구성하여 제시한 한 장면은 관객의 존재와 그들의 해석을 통해 비로소 완성되는 것이다.[22]

---

20) 김형기는 "배우에 의존하여 드라마텍스트를 원작에 충실하게 재현하는 데 치중하는" 것을 "희곡적 연극"으로, 그리고 그 대극에 서있는 연극을 "연출가 연극"으로 구분한다. 김형기, 「범람하는 해외초청공연을 바라보는 비평의 한 관점」, 『연극평론』, 18(2005 가을), 116-121쪽 중 119쪽 이하 참조.

21) 김형기, 앞의 글, 119쪽.

22) 이탈리아 출신 연출가 로메오 카스텔루치는 "줄거리를 뻔히 알 수 있는 연극은 관객을 수동적으로 만든다"라고 전제하며 연극은 "관객의 적극적인 해석이 있어야 비로소 완성되는" 것이므로 "관객에게 권위를 부여함과 동시에 그들의 진지한 동참을 요구한다"고 하였다. 또 "언어가

이러한 새로운 장면 연출의 정의는 전통적인 연출자의 기능과 역할 그리고 그 작업의 비중에 대해 새로운 해석과 수용을 요구한다. 즉 지금까지 장면 연출에 있어서 가장 능동적인 역할을 하는 사람이 연출가였다면 이제 그 역할과 기능은 관객의 참여와 그에 따른 역할의 반분(半分)을 허락해야 하는 것이다. 아래의 인용문은 전통적인 연출가의 역할을 반분했을 때 관객과 나누어야 할 영역에 대해 언급하고 있다.

> 그와 반면에 예술의 기능은 우리의 지각을 비습성화하는 것이고 대상을 되살아나게 하는 것이다. 그러므로 수용자(수용자)의 역할이 가장 중요하다. 어떤 의미에 있어서 작품의 예술적 질을 결정하는 것은 지각자이다.[23]

위의 인용문은 연출가의 질적 수준보다 관객의 질적 수준이 예술적 질을 결정하는 더 중요한 요소임을 지적하고 있다. 연출가가 장면 연출에 있어서 관객의 적극적 활동을 예견하고 장면을 만들어야 하는 이유를 정확하게 지적하고 있는 것이라고 하겠다. 그러나 관객의 수용이 가능하기 위해서는 먼저 수용의 대상, 즉 예술품이 존재해야 하기 때문에 여기에서 누가 더 중요하느냐의 문제보다는 연출가와 관객이 어떻게 한 장면의 창조에 기여하는가를 탐구하는 것이 더 중요할 것이다. 그리고 그것은 먼저와 나중, 중요함과 가벼움의 문제가 아니라 상호영향과 상호보완의 형태로 나타나는 협업일 것이다.

아닌 이미지들은 빠르고 신속하다. 감정을 직접적으로 교류할 수 있다. A와 B를 더해 AB가 되는 것은 흥미 없다. 새로운 C를 만들고 싶다'라고 말하였다. 현대 연극의 전형적 특징들을 나타내고 있는 언급일 것이다. 중앙일보, 「서울무대 오르는 현대공연 두 거장」, 2007년 5월 24일, 40판 18면 참조.
23) Robert C. Holub, 앞의 책, 31쪽.

배우와 관객은 단순히 극적 사건을 공유하는 데에서 멈추지 않고 '심술궂은' 지구에서의 삶이 의미하는 바를 총체적 경험으로 나눔으로써 상호보완적이 된다.[24]

위 인용문은 배우와 관객의 상호보완을 말하고 있지만 배우가 연출 작업의 주요요소라고 할 때 이는 연출가로 대체할 수 있을 것이다. 즉 연출가의 장면 연출은 자기 자신의 독자적 예술창조 행위이면서 그것은 관객의 참여로 완성되는 진행형 작업이라 할 수 있다. 그리고 이 장면 연출은 관객의 참여와 그 결과에 의해 다시 수정되고 변형되어 새롭게 완성되어야 한다는 점에서 변증법적 완성을 향해가는 작업이라 할 수 있다. 그렇다면 연출가는 자신과 관객을 포함한 사회 전체의 흐름과 의미를 읽어내는 일에 태만해서는 안 된다. 왜냐하면 결국 장면 연출이란 연출가와 관객이 함께 몸담고 있는 사회적 함의를 공통의 이해 속에 상호적으로 표현하는 일이기 때문이다.

4. 장면 연출의 지향점으로서의 리듬

4.1. 모방 대상으로서의 현실의 추상성

이런 의미에서 보면 연출가의 장면 연출은 작가/텍스트의 의도를 가능한 한 정확하게 모방/재현하는 것이거나 연출가 자신의 의도를 중시한 해석적 표현을 벗어나게 된다.[25] 그리고 이것은 장면 연출 작업에서 가장 중요

---

24) John Harrop & Sabin R. Epstein, 앞의 책, 282쪽.
25) 연출가의 장면 연출과 관련하여 전통적인 의미의 연출가의 역할을 논의한 것으로 최근의 논문은 다음의 것을 참조하라.
   신영섭, 「사전 제작(Pre-production) 단계에서의 연출가의 희곡 선택」, 『연극교육연구』 10(2004), 97-125쪽.

한 고려 요소였던 작가/텍스트의 의도보다는 오히려 연출가와 관객이 처한 사회적 환경과 그들의 좌표를 점검해야 하는 것으로 이동된다.

연출가의 장면 연출이 전통적인 의미를 벗어나 새로운 지향점을 찾아야 하는 중요한 이유는 먼저 모방/재현/표현의 대상으로서의 우리 삶이 과거에 비해 너무 급격하게 변했다는데서 찾을 수 있다.

합리적으로 설명 가능해보였던 삶은 각 개인에게 설명할 수 없고 또 이해할 수 없는 미지의 대상으로 나타나 오히려 개인의 삶을 억압하고 변형하였고 극도로 발달한 과학문명은 오히려 개인 삶의 세밀한 부분까지 구속하는 통제자가 되었다. 따라서 과거의 연극이 개인의 삶에 의미를 심어주고 우주의 진리를 이해할 수 있게 해주는 기능을 했다면 오늘날의 연극은 너무나 개별적 존재로 분리되어 전체로서의 우주를 이해하기 힘든 현대인들에게 모호한 현재를 다시 이해할 수 있는 것으로 그리고 특별히 관객들로 하여금 이러한 이해를 바탕으로 다시 현재와 우주를 향해 나아갈 수 있도록 해주어야 한다.

> (…) 연극에서도 드라마텍스트를 충실하게 무대 위로 옮겨놓는 것이 문제가 아니라, '왜, 하필 이 작품을 우리 시대에 여기서 공연하는가'와 같은 공연의 가치와 목적에 대한 연출가의 입장이 늘 분명히 선행되어야 한다.[26]

즉 연출가의 장면 연출의 출발점은 "객관주의적 현실이 아니라 사회적/언어적으로 구성된 현실과 심리적인 현실"[27]이어야 하며 여기에서 관객과

---

26) 김형기, 앞의 글, 120쪽.

27) Bruce Fink, *A clinical introduction to Lacanian psychoanalysis: Theory and Technique* (N.Y.: Harvard Univ. Press, 1997), 맹정현 옮김, 『라캉과 정신의학: 라캉 이론과 임상 분석』 (서울: 민음사, 2002), 291쪽.

의 공통된 관심과 이해의 기반을 마련해야 한다. 그렇다면 연출가의 장면 연출의 전제는 동시대 관객과의 소통 언어를 발견하는 것에서 출발해야 한다. 즉 연출가 자신과 관객이 공유하는 사회적 예술적 공통 기반을 자기 작업의 출발점으로 삼아야 하는 것이다.[28]

이것은 연출가의 장면 연출이 현실의 단순한 모사를 의미하는 복사가 아니라 표현을 중시하는 일종의 추성성으로 나타나야함을 의미한다.

> 현대예술은 현대의 사회적 상태의 미메시스이다. 그러나 이는 '반영'이 아니다. 우리 사회의 부정적 상태는 작품 속에 내용으로 재현되는 게 아니라 추상적으로 변한 그 형식 속에 침전된다.[29]

따라서 장면 연출이 갖는 새로운 지향점은 당연히 "저자의 죽음이라는 대가를 치"[30]르고 나서야 가능해진다. 저자의 죽음이 이루어진 장소에 관객이 새롭게 등장하는 것이다. 정확한 외양의 모사에 힘을 기울였던 사실주의 연극이 현대인의 열망을 담아내기에 부족하다면 연출가의 장면 연출은 새로운 지향점을 찾아나서야 하는 것이다. 그리고 그것은 필연적으로 눈에 보이는 현상적인 것보다는 오히려 우리 삶의 근본적인 질문에 다시 귀 기울여

---

28) 이런 경우 연출가가 선택할 수 있는 두 가지 지점은 첫째, 사회적 맥락에서 관객과의 공유점을 찾는 것과 둘째, 시대적 범위를 초월한 예술적 미적 공유점을 찾는 것으로 대별될 수 있다. 물론 두 가지 구분점 모두 시대인으로서의 한계를 벗어나는 것이 아니어서 결국 사회적 통찰로 다시 귀결되는 점을 무시할 수 없으나 브레히트의 작업의 예에서 드러나는 바와 같이 사회적 주제를 전달하려는 노력과 미적 주제를 전달하려는 노력은 그 표현에 있어서 뚜렷한 차이를 드러내기에 이런 구분을 시도해 본다. 본 장에서는 우선 예술적 미적 공유점에 기반을 둔 연출가의 장면 연출에 관해 논의를 시작한다. 장면 연출의 사회적 주제에 관한 논의는 차후의 논문에서 시도할 것이다.

29) 진중권, 『현대미학강의: 숭고와 시뮬라크르의 이중주』 (서울: 아트북스, 2004), 95쪽.

30) Roland Barthes, 『텍스트의 즐거움』, 김희영 옮김 (서울: 동문선, 1997), 35쪽.

야 하는 것으로 귀착한다.

4.2. 추상적 일상의 표현도구로서의 리듬의 발견과 창조

대사와 그에 따르는 행동/연기보다 영상과 침묵, 소리, 배우의 움직임,
조명의 변화, 음향의 강약 등에서보다 직접적으로 느껴지는 리듬은 그것이
갖고 있는 에너지와 추상적 이미지로 관객들에게 쉽고 빠르게 정서적 영향
을 끼친다. 이 리듬이 소리와 문자보다 더 강력한 영향력을 갖고 있는 것은
다음 인용에서 볼 수 있듯이 연극의 기원 중 하나에 춤이 있음을 생각하면
자명해진다.

> 에너지는 파동으로 움직인다. 파동은 패턴으로 움직인다. 패턴은 리듬으로
> 움직인다. 인간은 에너지, 파동, 패턴, 리듬일 뿐이다. 그 이상도 이하도 아
> 니다. 그것은 바로 춤이다.[31]

신체 움직임과 이미지로 가득 찬 현대 연극은 바로 이러한 현상의 반영
이라고 할 것이다. 그래서 무대 위에서의 이미지는 단순히 텍스트의 시각화
에 그치는 것이 아니라 근원적 리듬을 반영해야 하기 때문에 추상적인 것으
로 나타난다. 이렇게 되면 연출가의 장면 연출은 추상적 이미지와 그것들의
반복을 통해 나타나는 리듬으로 표현된다. 즉 형식은 추상으로 그리고 그것
을 채우는 내용은 리듬으로 나타나는 것이다.

리듬은 일정한 움직임의 반복과 그 패턴의 반복으로 형성된다. 따라서
인간 삶에는 무수한 형태의 리듬이 혼재해 있다. 산업 사회에서는 공간과
시간이 개별적으로 구분되어 활용되기 때문에 "리듬의 반복성보다는 다양

---

31) Gabrielle Roth, 『춤 테라피』, 박선영 옮김 (서울: 랜덤중앙하우스, 2005), 27쪽.

성"[32])이 뚜렷하게 나타난다. 리듬의 반복은 패턴(pattern)을 낳아 기계적인 느낌을 주지만 리듬의 다양성은 순간에의 집중과 즉흥의 자유스러움을 준다. 이것은 마치 "행진하는 병사와 발레와의 차이"[33])로 구별할 수 있다.

강력한 리듬의 영향력은 사실 인간의 무의식에 각인된 원초적인 리듬에의 이끌림에서 비롯된다. 인간이 최초로 들었을 모체의 심장 박동 소리에 의한 리듬, 사계절의 순환과 밤낮의 전환에서 각인된 리듬은 그것을 다시 반복하고 싶은 충동을 무의식중에 갖게 하고 우대 위에 재현된 리듬은 그 충동을 일깨우는 것이다. 따라서 연출가가 장면 연출을 통해 재현하는 리듬은 곧 인간의 원초적 기억 속에 자리한 리듬을 깨우고 그것을 확인하는 작업과도 같다. 그리고 그것은 산업 사회에서 인간이 잃은 본성을 다시 회복하는 일이기도 하다.

> 이것이 영성 회복이다. 이 일이 전 세계적인 인간의 오랜 상처를 치유하기 위해 우리에게 필요한 것이다. 수천 년 전 몇몇 남자들이 모여 하나님의 이름으로 영혼과 관련된 모든 문제들을 육체와 분리시켰다. 육체가 더러운 것으로, 싸워 이겨야 할 적으로 취급되자 몸의 에너지, 열정, 본능, 기분, 충동들은 갑자기 의심을 받게 되었다.
> 이것은 서구 문명사에서 하나의 비극적인 사건이었다. 영혼을 육체로부터 결별시킴으로써 우리는 몸에 대한 존중을 잃어버렸고 몸이 우리 신성의 한 부분이라는 사실도 마침내 잊어버렸다.[34])

---

32) Marshall McLuhan, *Understanding Media: The Extensions Of Man* (Massachusetts: MIT Univ. Press, 1994), 김성기 · 이한우 옮김, 『미디어의 이해: 인간의 확장』 (서울: 민음사, 2002), 215-216쪽.

33) 같은 곳.

34) Gabrielle Roth, 앞의 책, 33쪽.

개별자로 분리된 현대인들에게 가장 큰 문제는 전체와의 유대감을 상실한 것에 있다. 현대인은 더 이상 신과 우주에 대해 관심을 갖기 힘들 정도로 일상의 번잡함에 묻혀있다. 일상의 디테일이 전체를 가리고 있는 것이다. 따라서 연극은 이제 신과 우주 그리고 인간의 근원적 관계를 담고 있는 본질적 요소를 장면에 담아내야 한다. 분명 "본질이 선행하지 않는 존재는 속적이"[35]어서 '텍스트의 시각화'만으로는 사실주의 연극에 지친 현대인의 본질을 향한 열망을 충분히 담아내지 못할 것이기 때문이다.

> 이와 마찬가지로 어떤 희생의 시간이든지 간에, 그 시간은 "태초"의 신화적인 시간과 일치한다. 즉 우주 창조 행위의 반복을 통하여 구체적인 시간, 다시 말해서 건축을 하는 시간이, 세계가 건축(창조)되던 아득한 그 때, 곧 신화적인 시간 속으로 투사되는 것이다. 그러므로 건축의 실재성과 지속성은, 속의 공간을 초월적인 공간(중심)으로 변화시키는 것만이 아니라, 구체적인 현실의 시간을 신화적인 시간으로 변화시킴으로써 비로소 확실해진다.[36]

구체적인 현실의 시간의 신화적인 시간으로 변화는 무대 위에 표현되는 시·공간의 구체성이 추상적 리듬으로 변화되는 것을 의미한다. 그리고 이것은 무대 위에 재현되는 사물·사건이 단순한 시각적인 측면을 떠나 오히려 다른 감각적 특질로 변화하는 것을 의미하기도 한다. 예를 들면 아래 인용문에 나타나는 바와 같은 촉각적 공간의 탄생이다.

> 원근법적인 공간은 항상 시각적인 공간이다. 시각적 공간은 시선이 주파할

---

35) Mircea Eliade, *Patterns in Comparative Religion* (New York: 1958), 이은봉 옮김, 『종교형태론』, (서울: 한길사, 1996), 92쪽.
36) Mircea Eliade, 『宇宙와 歷史 −永遠回歸의 神話−』, 39쪽.

거리, 절대적인 눈과 대상 사이의 거리가 있어야 한다. 이 거리는 긴장된 시선의 공간으로 그 속에서 의미가 탄생하게 되는 것이다. 이 공간에 대비되는 것으로는 촉각적인 부딪침의 공간이 있다. (…) 촉각적인 공간 혹은 눈으로 만지는 공간이 모호성, 불투명성을 내세우는 데에 반하여, 재현적인 시선은 어둡고 불투명한 물질을 이성의 빛으로 투명하게 관통하여 정신적인 본질을 명확히 밝혀주어야 하는 것이다.[37]

그리고 그것은 언제나 구체성의 근저에 흐르거나 그 구체성들이 개별적 요소의 특징들을 잃고 서로 혼합되어가는 과정에서 그 요소들을 관통하는 하나의 흐름으로 나타난다. 즉 무질서에 질서를 부여하는 리듬으로 모든 요소들을 통합하는 통합체로 나타난다. 만일 "창조는 무질서에 질서를 부여하는 행위"[38]라면 이 리듬은 창조과정의 가장 강력한 표현 수단이 될 것이다.

이 리듬은 무대 위에 나타난 소리와 문자 그리고 무대 장치와 조명 등의 형태와 색채 이면에서 그 모든 요소들을 통합하여 하나의 통일된 충격과 이미지를 창출해내는 적극적인 역할을 한다.

회화는 '눈에 보이지 않는 힘'을 가시화한다. 이 힘을 들뢰즈는 "리듬"이라 부른다. 리듬은 "시각이나 청각보다 더 깊은 것"이다. 이 리듬은 "청각적 층위에 투여하면 음악처럼, 시각적 층위에 투여하면 회화처럼" 나타난다. 말하자면 여러 기관으로 분화되기 전에 어떤 미분화된 원초적 감각(리듬)이 있는데, 이것이 청각, 시각 등 다양한 개별감각들이 나타나는 바탕이 되는 것이다. (…) 아직 개별 감각들로 분화되지 않는 리듬 속에서는 "하나의 색, 맛, 촉각, 냄새, 소리, 무게 사이에 신경 흥분적인 존재론적인 소통"이 이루어진다.[39]

---

37) Jean Baudrillard, *Simulacres et Simulation* (n. p.: Galilée: 1981), 하태환 옮김, 『시뮬라시옹』 (서울: 민음사, 2001), 69쪽.

38) Mircea Eliade, 『종교형태론』, 467쪽.

연출가의 장면 연출이 단순한 시각화를 벗어나 추상적 리듬을 담는 것으로 변화되었을 때 그것을 경험하는 관객은 자연 무대 위에 재현되는 서사의 줄거리만을 따라가는 것이 아닌 자기 안에 내재한 원초적 리듬을 확인하고 그것을 통해 그가 잃었던 것들을 회복하는 과정으로 진입해가는 것이다.

> 그것은 인간과 우주를 똑같은 신적 리듬 가운데서 완전히 통합하려는 노력에서 얻어진 것이다. (…) 인간은 '문자'와 '소리' 배후에 있는 힘을 흡수함으로써 우주 에너지의 중심에 들어가게 되며, 자신과 전체의 완전한 조화를 실현한다.[40]

연극을 포함하여 모든 장르의 예술이 추구하는 것은 바그너의 말처럼 리듬으로 표현된다. 배우가 행하는 모방의 기술도 사실 모방을 통해 다시 확인하고자 하는 근원적 리듬의 반복과 확인일 뿐이라고 말할 수 있다. 연출가의 경우도 마찬가지이다. 장면 연출을 통해 연출가가 지향하는 것이 단순한 시각화를 벗어나 근원적 리듬을 지향하는 것이라면 연출가도 역시 자신의 장면 연출을 통해 그 근원적 리듬의 재현과 확인을 완성하는 것이다. 그리고 그것은 단순한 예술적 행위의 의미를 초월하여 우주와 자신의 합일과 현재에서의 자신의 실재를 확인하는 일이 된다. 이것이 연출가가 새롭게 추구하는 장면 연출의 지향점이라고 할 수 있다.

> 이미 주어진 본보기가 되는 행위의 이와 같은 의식적인 반복은 하나의 근원적인 존재론(an original ontology)을 보여주고 있다. 즉 자연이 낳은 자연 그

---

39) 진중권, 앞의 책, 207쪽.

40) Mircea Eliade, *Patterns in Comparative Religion* (New York: 1958), 이은봉 옮김, 『종교형태론』, (서울: 한길사, 1996), 225쪽.

대로의 산물이나, 인간이 지은 가공(加工)된 사물들은 그것들이 어느 정도까지 초월적인 실재에 참여하고 있는가 하는 그 참여의 정도만큼만 그들 스스로의 실재성(reality), 곧 자기 확인(identity)을 얻게 된다. 다시 말하면 그 행동은 원초 행위를 반복하는 그 정도만큼만 의미와 실재를 획득하는 것이다.[41]

위 인용문을 고려하면 배우가 연기를 하는 이유, 연출가가 장면 연출에 매혹을 느끼는 이유, 나아가 예술가들이 얼핏 현실에 무용할 것 같은 창작 행위에 몰두하는 이유가 '근원적 존재'에 닿을 수 있는 리듬의 의식적 반복 행위임을 밝힐 수 있을 것이다. 그리고 그 행위는 현실에 무용한 것이 아닌, 스스로의 실재성, 자기 확인을 획득할 수 있는 길이 될 것이다. 바로 "리듬은 사물의 영원한 흐름(한계가 없기 때문에 조화롭지 못한)을 상기시"[42]키기에 리듬의 창출을 지향점으로 선택한 연출가의 장면 연출이 자신에게 그리고 관객에게 의미가 있게 되는 것이다.

5. 나가는 글

지금까지 본 장에서 장면 연출에 있어서 여러 지향점의 특징들 그리고 현대 연극의 특성을 반영한 새로운 지향점 즉 근원적 공통성에 기반에 둔 리듬의 창출에 관해 논하였다. 전통적인 화술 연극에서 목표하였던 장면 연출과는 여러 가지 면에서 다른 특징을 보이고 있는 현대 연극은 특히 극장/무대의 시·공간이 갖는 의미도 변화했기 때문에 필연적으로 장면 연출의 지향점이 새롭게 논구되어야 한다는 것은 필연적일 것이다.

---

41) Mircea Eliade, 『宇宙와 歷史 —永遠回歸의 神話—』, 16쪽.
42) Umberto Eco ed., *Storia Della Bellezza* (Milan: RCS Libre S. p. A. -Bompiani), 이현경 옮김, 『미의 역사』 (서울: 열린책들, 2005), 57쪽.

이러한 논의를 통해 나타난 사실은 현재의 반영으로서의 장면 연출이 갖는 특징은 이전의 전통적인 화술 연극에서 중심이 되었던 언어보다 소리와 움직임, 이미지가 중심 수단으로 활용되었기에 결국 연출가의 장면 연출은 관객과 시대의 공통적 리듬의 창조와 어떤 형태이든 관련을 맺고 있고 또 관객과 공유될 수 있다는 사실이었다.

극장 안에서 관객이 느끼는 시·공간은 현실의 구제적인 것과 무대 위에 창조되는 가상의 것의 혼합물이다. 전통적인 화술 연극에서의 시·공간이 관객에게 구체적인 현실의 한 시·공간을 암시하고 그 구체성을 강화하기 위한 것이라면 현대 연극에서 창조되는 시·공간은 그 구체성을 떠나 모호한 이미지의 연속으로 가득 찬 것이 된다.

구체성의 상실로 말미암아 무대와 객석, 즉 연출가와 관객의 소통은 개별적 주제의 소통이라는 좁은 통로를 벗어나 근원적이고 공통적인 요소의 표현으로 바뀌어야 한다. 한 장면에서 창조되는 시·공간이 그 리듬에 있어서 우주적 질서와 신에 대한 근원적 문제들을 표현해야 하는 이유가 바로 여기에 있다고 하겠다. 이것은 장면의 연출이 현실의 단순한 모방과 재현을 벗어나 새로운 지향점을 제시함으로서 "동시대 관객들의 기대지평을 확장"[43]하는 일이기도 한 것이다.

텍스트의 시각화를 연출의 가장 기본적인 임무라고 전제하더라도 그 이후에 지향해야할 장면 연출의 목표들은 첫째, 그것이 연출가와 관객과의 상관관계를 통한 공동의 작업을 통해 추구되어야 하고 둘째, 이전과는 현격한 변화를 보이고 있는 모방 대상으로서의 현실은 현대인들이 상실한 영원한 리듬의 회복과 밀접한 관계가 있음이 드러났다고 하겠다. 연출가의 작업이

---

43) 김형기, 앞의 글, 120쪽.

무대 위에 구체적인 시·공간의 재현을 넘어서서 추상적이기는 하지만 관객과 공유하는 근원적 리듬의 창조에 집중해야 하는 이유가 바로 여기에 있다고 하겠다. 물론 이러한 지향점의 변화는 연출가의 작업 과정이 모두 바뀌어야 함을 의미하지는 않는다. 오히려 전통적인 작업 과정의 모든 순간을 포함하고 거기에 더하여 그것을 하나의 일관된 흐름으로 담아내야 하는 작업 과정이 추가되어야 함을 의미한다고 하겠다.

제2장

장면 연출과 리듬·템포:
장소(place)와 장면(scene)의 고정성을 중심으로

1. 들어가는 글

　장면 연출은 시·공간 속에서의 텍스트의 시각화를 의미한다. 이런 의미에서 전체 작품은 곧 일정한 시간의 흐름 속에서의 시각화의 연속으로 파악할 수 있다. 한 작품을 리듬과 템포의 연속적인 흐름으로 파악하는 연출가에게 있어서 그 작품에서의 모든 요소는 무대 위에 유형적·무형적으로 표현된다. 그 중 무대는 눈에 보이는 물리적 요소로서 리듬과 템포에 직접적인 영향을 끼치는 것이고, 장면은 보이지 않는, 그 물리적 공간을 뛰어넘는 추상적인 요소로서 리듬과 템포에 영향을 끼친다. 따라서 구체적 장소로서의 무대와 구체적 사건으로서의 장면은 상호영향을 끼치면서 한 작품의 리듬과 템포에 영향을 끼친다.[1] 이것은 또 눈에 보이는 요소로서의 공간과

---

[1] Jean-Pierre Ryngaert, *Introduction à l'analyse du Théâtre* (Paris: Nathan/VUEF, 2001), 박형섭 옮

보이지 않는 요소로서의 시간의 상관관계와도 같다.

> 모든 시간이 공간 속에서의 변화무쌍한 조합에 따르는 것처럼, 무대형상화
> 는 관계와 배열의 문제로 귀결된다. 그러므로 무대형상화의 원칙은 마땅히
> 무대의 삶의 공간관계와 그것의 시간적 배열을 그들의 상호의존성 속에서
> 규정해야 한다.[2]

이러한 의미에서 연출가는 장소(무대)와 장면(사건)의 시각화가 장면구성
요소들의 배열과 시기 그리고 강조와 함께 어떻게 리듬과 템포의 형상화라
는 목표를 달성할 수 있는지 심각하게 고민해야 한다.

그동안 연출가의 작업에 관한 논문들은 주로 장면의 형상화, 즉 텍스트
의 시각화에 관한 작업들과 텍스트의 의미 찾기와 관련된 추상적인 것 그리
고 연출 작업의 구체적 과정에서 드러나는 문제들에 관한 것들이 대부분이
었다. 그러나 한 작품을 무대 위에 시각화한다고 했을 때 하나의 통합체로
서의 작품은 기본적으로 리듬과 템포의 상호연결 및 통일된 느낌을 제공하
는 일관된 작업으로 나타나야 한다. 이렇게 되면 연출 작업은 텍스트의 시
각화 못지않게 전체작품의 리듬·템포에로의 형상화가 중요한 목표점으로
나타나게 된다.

김, 『연극분석입문』(서울: 동문선, 2003), 89쪽 참조: 연극에서의 공간은 형태와 양상에 따라 다
음의 몇 가지로 나뉜다. 첫째, 극적 공간: 텍스트에 재현된 공간, 관객의 상상력에 의해 재구성
된다. 둘째, 무대 공간: 무대 위의 실제적 공간. 셋째, 극장 공간: 무대 공간과 객석을 총괄하는
공간. 넷째, 놀이 공간: 배우에 의해 창조되는 공간. 다섯째, 은유적 공간. 이 장에서의 장소와
장면은 위의 모든 공간을 포함하여 논의한다.

2) Manfred Brauneck, *Theater im 20. Jahrhundert: Programmschriften, Stilperioden, Reformmodelle*
(Reinbek: Rowohlt Taschenbuch Verlag, 1986), 김미혜·이경미, 『20세기 연극: 선언문, 양식, 개
혁모델』(서울: 연극과인간, 2000), 49쪽.

연출에서 가장 중요한 리듬은 기호의 모든 체계들의 결과, 공연 전개의 리듬이다. 정확히 누구의 책임인가? 시간을 위해서는 무대미술가와 동일한 인물이 존재하지 않는다. 이 인물은 일종의 "템포-디자이너로"서 공연의 질서를 책임지고, 진행의 리듬, 휴지, 가속, 완속의 리듬을 결정할 사람이다. 공연의 "템포-디자이너"의 질을 위해 행동하는 사람은 연출가이다. 그는 시간성을 다루고, 그의 제안과 우리의 기대 사이의 중재자 구실을 한다.[3]

그리고 이것은 한 장면[4]에 영향을 끼치는 구체적인 요소들에 대한 논구(論究)와 그에 따른 산출된 결과가 있어야 할 것으로 생각한다. 이러한 생각을 기본적인 전제로 하여 본 장에서는 연출가에게 있어 연출 작업과 무대공간과 장면이 갖는 상관관계 그리고 연출 작업에 있어서 무대라는 구체적인 물리적인 공간이 추상적인 장면으로 변환되면서 갖게 되는 리듬과 템포의 조성과 방법, 특징에 관한 점들을 고찰하려고 한다. 구체적으로는 한 장면의 눈에 보이는 고정요소들이 눈에 보이지 않는 추상적 장면으로 전환될 때 고정요소들의 고정성이 어떻게 활용되어 구체적인 고정성을 초월하여 결국 최종적인 한 장면의 리듬과 템포의 창출로 나타나는지 살펴볼 것이다. 따라서 본론에서는 한 장면의 구체적인 고정요소들, 즉 등장인물의 등·퇴장, 장소의 분할과 병치, 대사, 무대, 조명, 의상 등의 기술적 요소들에 대한 고찰에

---

3) Patrice Pavis, "L'Analyse des Spectacles-théâtre, mime, dance-théâtre, cinema", 최준호 옮김, 「공연분석 −연극, 무용, 마임, 극무용, 영화」, 『연극평론』 30(2003), 292-307쪽 중 306쪽.

4) 여기에서 '한 장면은 연출 작업의 최소단위인 '한 단위'를 뛰어 넘는다. 즉 등장인물의 등·퇴장에 따른 기계적인 분할에 의한 '프렌치 씬(french scene)'이나 장면에 등장하는 등장인물들의 동기의 변화에 따른 '동기단위(motivational unit)'를 분석의 대상으로 한정하는 경우 본 장에서 목적하는 소기의 작업을 할 수 없게 된다. 따라서 본 장에서는 한 장면을 '일정한 통일성을 갖는 일련의 장면의 집합체로서의 장면 즉 '씨퀀스(sequence)'를 분석의 대상으로 한다. 최소단위 안에서의 리듬과 템포에 영향을 주는 요소들에 대한 내용은 다음 논문을 참조하라. 김대현, 「연극 연출에 있어서의 장면의 리듬과 템포에 관한 고찰 (1), (2)」, 『연극교육연구』 5(2000), 7(2002), 한국연극교육학회.

서 시작하여 장면 안의 내용과 상황, 장면들 간의 충돌에 이르기까지 연출자가 그것들을 어떻게 활용하여 구체성을 초월한 추상적인 장면으로 전환할수 있는지 그리고 결국 리듬과 템포의 창출로 나타나는지를 살펴볼 것이다.

또 무한하다고 할 수 있을 정도의 작품의 다양성과 그 각각의 작품들에 대한 무수한 연출 작업의 변수들을 고려하여 장소의 변화를 허락하지 않는 그리스 비극이나 신고전주의 작품 또는 장소의 변화가 없는 사실주의 계열의 작품 중 한 장면들을 분석의 대상으로 한정하려고 한다. 이러한 방법의 이점은 분명하다. 즉 장면이 고정됨으로써 그 장면의 여러 요소들의 고유한 리듬과 템포가 더 분명하게 드러나게 되고 또 그 요소들의 상호관계에 의한 변화들도 구체적으로 드러나게 되는 것이다.

2. 장면 연출: 시간의 흐름 속에서의 공간(place, stage, scene)[5]의 고정성과 이중성

연극[6]은 관객의 참여가 있어야 최종적으로 완성되는 독특한 장르의 예술이다. 회화 같은 경우 화가가 완성한 그림은 그 그림을 감상하는 관객의 존재 여부에 관계없이 자족적으로 완성된 예술이다. 그러나 연극은 공연을 전제로하는, 매 공연마다 관객의 양과 질, 상태에 따라 영향 받는 현장예술이기도하다. 다시 말하면 연극은 현장성에 강하게 영향 받는 예술인 것이다.

---

5) 관객이 느끼는 공간은 무대(stage)라는 구체적 장소와 그 무대 위에서 표현되는 사건이 벌어지는 구체적 장소(place) 그리고 그 장소에서 벌어지는 장면(scene)이 한꺼번에 작용하는 느낌과 개념이다. 따라서 본 장에서 사용하는 '공간'의 의미는 변하지 않는 고정된 의미로 사용하기보다는 언제나 문맥에 따라 변하는 가변성을 갖고 있다. 연극에서의 공간이 가지는 다양한 개념에 대해서는 각주 1)을 참고하라.
6) 본 장에서 연극은 특별한 제한이 없는 경우 '공연'과 동의어로 사용한다. 다만 본문에서 용어로서 '연극'과 '공연'을 서로 다르게 사용하는 것은 문맥에 따른 적절성 때문이다.

그러나 연극의 현장성은 언제나 다양한 변형의 가능성만을 갖는 것은 아니다. 오히려 고정불변의 요소로서 공연에 영향을 끼치는 것이 있는데, 그 대표적인 것이 바로 무대[7]와 배우의 존재이다. 연극이 공연되는 구체적인 장소로서의 무대는 언제나 관객이 앉아 있는 곳과 배우가 행동하는 곳으로 구분되며[8] 따라서 가시적 공간으로서의 구체성을 드러낸다. 이러한 구체적 공간은 다양한 공연의 다변성을 담아내는 형식으로 기능한다.[9] 즉 공연의 내용이 무엇이든지 일정한 형태의 무대는 그 공연을 일정한 형태로써 담아내는 역할을 하는 것이다. 구체적인 장소로서의 무대가 있기 때문에 눈에 보이지 않는 공연이 형상화되는 것이다. 그리고 그것은 관객에게 구체적인 장소에 존재하는 구체성을 잊고 자유롭게 공연을 좇아 비상하는 자유를 경험하게 한다. 관객이 연극을 여유를 갖고 감상할 수 있는 것은 바로 이러한 구체성과 자유로움의 상관관계에 기인한다.

환영으로서의 연극은 물리적으로 존재하는 무대를 넘어 확장되어야 한다는 점을 이해했기 때문이었다.[10]

---

7) 엄격하게 구분한다면 극장은 무대를 포함하고 있다. 즉 '무대(stage)'와 '극장(theatre)'을 구분해야 한다. 그러나 본 장에서는 이 두 용어를 혼용한다. 구분이 구체적인 필요한 문맥에서만 개별적으로 구분해서 사용할 것이다.

8) '보이지 않는 제 4의 벽을 전제로 하는 사실주의 계열의 작품은 협의의 무대와 객석을 엄격하게 구분하지만 고대, 중세의 연극과 현대연극은 동양의 연극을 포함하여 지켜보는 자들의 자리와 행동하는 자들의 자리를 엄격하게 구분하지 않는다. 심지어 브레히트와 같은 작가는 '제 4의 벽'의 존재를 인정하지 말 것을 강하게 주장한다. 배우가 무대를 벗어나 객석에서 연기하거나 객석을 통해 등장 또는 퇴장하는 것, 관객을 향해 접촉을 시도하는 것들을 모두 이와 같은 것들의 예이다. 이런 의미에서 보면 무대와 객석의 구분은 모호해지고 따라서 무대는 극장을 의미하기도 한다.

9) 안민수, 『연극 연출: 원리와 기술』 (서울: 집문당, 1998), 156-157쪽 참조. 공연과 관객에게 끼치는 무대/극장의 형태의 영향은 거의 결정적이다. 원형무대는 관객에게 친밀감을 주지만 환영을 창조하기에 어렵고 프로시니엄 무대는 환영을 창조하기는 쉬우나 관객과의 직접적인 교류를 원하는 공연에는 부적합하다.

무대의 구체성에 비견되는 또 다른 존재는 바로 배우이다. 배우는 관객의 눈앞에서 사건을 전달하는 구체적인 존재이면서 동시에 가공의 인물이다. 존재하면서 동시에 존재하지 않는 존재가 바로 배우이다. 무대의 경우와 똑같이 배우는 연기자(actor)와 등장인물(character)이라는 독특한 존재를 무대 위에서 구현한다. 무대의 예로 비유하면, 연기자는 무대인 셈이고 등장인물은 공연의 내용인 셈이다. 따라서 동일한 한 사람의 연기자는 자신의 구체적인 신체에 다양하고 다변적인 수많은 등장인물들을 구현한다.

마지막으로 살펴보아야 할 요소는 작품 안에서의 장소(place)의 장면(scene)과의 관계이다. 사건이 발생하는 구체적인 지역으로서의 장소는 보통 무대 위에서 세트에 의해 고정되어 나타난다. 필요한 경우 사건의 진행에 따라 세트의 변화도 나타나지만 보통 한 장소에서 많은 장면이 연출된다. 무대에 형상화할 수 없는 장소는 대사를 통해 암시되어 다시 실제 무대에 편입된다. 그러나 눈에 보이지 않는 공간이라고 해서 눈에 보이는 공간에 비해 그 영향력이 작은 것은 아니다. 오히려 그것은 눈에 보이지 않음으로 인해 큰 힘으로 작용할 수 있다.

이러한 부재의 공간들, 그러나 글자 그대로 '무대 뒤에' 있는 공간들은 마치 그것들이 '무대 밖에' 존재하며 가끔 텍스트나 무대를 강하게 구속한다.[11]

또 공간의 변화와 함께 관객들에게 공간의 고정성을 인식시키거나 망각

---

10) Seth L. Wolitz, 「장소의 일치와 연극적/정신적 공간의 자유: 동·서양의 비교」, 『한국연극학회 2003 서울 국제연극학 심포지움 발제집』, 서울, 2003년 10월 11일, 84쪽. 본 장의 전제가 되는 극장/무대는 일종의 고정된 무대 그리고 프로시니엄 무대이다. 다변형 무대의 경우는 부제에 밝힌 장소와 장면의 고정성을 중심으로 살핀다는 전제의 범위를 벗어난다. 이에 관한 것은 이후 좀 더 전개된 차기 논문에서 밝힐 예정이다.

11) Jean-Pierre Ryngaert, 앞의 책, 102쪽.

케 하는 것은 바로 시간과 시간의 흐름이다. 물론 시간도 절대적/객관적 대상으로서의 시간과 상대적/심리적 대상으로서의 시간이 있지만, 이러한 시간의 두 가지 측면은 상호 영향관계 속에 있다고 하겠다. 또 극장 안에서 관객은 실제시간과 가공의 인공적인 시간을 경험하게 되는데 특히 이러한 가공의 인공적인 시간은 실제 관극시간과 겹치면서 은유적으로 작용한다.

> 시간의 표시들은 텍스트, 공간, 등장인물, 공연의 리듬 속에 용해되어 있다. 분명 '시간의 흐름'을 느끼게 하는 것은 어렵다. 그러나 지나가지 않는 시간을 느끼게 하는 것은 더욱 어렵다. 예를 들면 관객의 권태를 초래하지 않으면서 권태를 전달하는 일, 지겨운 느낌을 주지 않으면서 지속을 전달하는 일은 쉽지 않다. 그러므로 시간을 은유로 포착하는 것은 그만큼 더 신중한 작업인 것이다.[12]

따라서 관객의 입장에서 보면[13] 극중의 일정한 장면들은 시간의 흐름 속에서 모두 고정된 장소 안에서 표현된다. 그리고 이러한 장면들은 필연적으로 앞에서 언급한 장소의 영향을 받게 된다. 물론 장면의 특성에 따라 구체적인 장소 역시 영향을 받는다. 이렇게 보면 무대와 장소 그리고 장면은 시간의 흐름 속에서 상호영향관계에 있음을 알 수 있다.

고정성이 얼마나 관객을 새로운 추상적 세계로 자극할 수 있는지에 관한 것은 곰브리치(E. H. Gombrich)의 시각예술의 고정성에 관한 언급에서도

---

12) 위의 책, 109쪽.
13) 연출 작업의 최종단계는 관객의 입장에서 작품을 바라보는 것이다. 연극이 관객과의 의사소통을 목표로 하는 것이라면 세부적인 세밀한 작업을 마친 연출가에게 남은 것을 작품과 작업을 거시적으로 보고 관객의 입장에서 잘못되거나 부족한 곳을 수정·보완하는 것이다. 그리고 그 노력들은 대부분 고정된 요소들을 통해 추상적인 상상의 세계를 표현하는 것이며 구체적으로는 리듬과 템포의 형상화로 나타난다. 연출자가 최종적으로 점검해야 하는 것이 바로 이러한 관객의 입장에서의 리듬과 템포의 형상화와 적절성이다.

찾아볼 수 있다.

> 일단 이런 종류의 호소력이 우리의 상상력에 미칠 수 있도록 정신적 반응기
> 제가 '고정'되면, 우리는 그림의 표면을 꿰뚫고 그 뒤에 있는 상상의 공간과
> 사람의 마음을 바라보려고 노력할 것이다.[14]

이처럼 연극과 회화에 나타나는 고정성은 그 고정성의 정도에 따라 관
객을 오히려 상상의 공간으로 강력하게 이끈다는 것을 확인할 수 있다. 즉
연극은 결국 고정된 요소와 그 고정된 요소에 담기는 내용의 상관관계에 큰
영향을 받는다고 결론지을 수 있다. 연출자의 입장에서 구체적으로 활용할
수 있는 눈에 보이는 요소가 무대, 배우, 장소라면 이 구체적 요소와 등장인
물, 장면은 원하는 의도를 효과적으로 전달하기 위해 활용해야할 눈에 보이
지 않는 요소라고 할 것이다.

3. 장면 연출과 고정성 · 다변성의 상관관계

고정된 것은 지루함을 주기 쉽다. 끊임없이 변하고 움직이는 것[15]이 살

---

14) E. H. Gombrich, *Art & Illusion: A Study in the Pshychology of Pictorial Representation*, 6th
  ed. (London: Phaidon press, 2002), 차미례 옮김, 『예술과 환영: 회화적 재현의 심리학적 연구』
  (서울: 열화당, 2003), 146쪽.

15) Jean-Pierre Ryngaert, 앞의 책, 110쪽 참조. 끊임없이 변하고 움직이는 것 중 눈에 보이는 것이
  행동이라면 눈에 보이지 않으나 끊임없이 흘러가는 것이 바로 시간이다. 연극에서의 시간은 텍
  스트의 외부에 존재하는 시간과 텍스트 내부에 존재하는 시간으로 나눌 수 있다. 텍스트 외부의
  시간은 일종의 절대적 시간으로 관객이 극장에서 보내는 관극시간이다. 텍스트 내부의 시간은
  다음의 몇 가지로 나뉜다. 첫째, 담화의 시간: 극중 인물이 만들어 가는 시간. 둘째, 플롯의 시간:
  텍스트의 플롯에 따라 전개되는 시간. 셋째, 연대기적인 시간: 이야기 내부의 시간. 텍스트 외부
  의 시간과 내부의 시간은 장소와 장면이 갖는 관계와 더불어 상호 영향을 끼친다. 결국 눈에 보
  이는 것과 눈에 보이지 않는 것들의 상호교차와 영향이 연극의 리듬·템포를 결정하는 것이다.

아 있는 것의 속성이라면 고정되어 움직이지 않는 것은 죽은 것의 속성이다.[16] 관객 자신도 극장이라는 고정된 공간에 있다는 것을 의식하고 있기 때문에 연출자는 공간의 고정성을 잊게 할 수 있는 수단들을 동원해야 한다. 물론 이러한 밑그림은 작가에 의해 이미 작품에 제공되어 있고 또 관객들의 적극적인 협조로 쉽게 달성될 수 있다. 문제는 이러한 사전 전제 조건을 연출자가 얼마나 이해하여 그것을 활용할 수 있느냐는 것이다.

> (…) 장소가 고정되면(fixity of place) 시각적으로, 정신적으로도 정착된 상태가 되지만 이것이 오히려 극작가나 관객이 다양한 공간적, 시간적 국면을 상상하고 해석할 수 있게 하는 연극적/정신적 공간의 자유를 허용한다는 점[17]

앞에서 언급한 것처럼 무대와 장소는 장면을 담는 그릇이라고 할 수 있다. 그러나 비유적으로 표현하더라도 관객이 먹는 것은 그릇이 아니라 그릇 안에 담겨 있는 내용물이다. 따라서 연출자는 장소의 고정성과 장면의 다변성의 상관관계의 특성을 파악해서 잘 활용해야 한다.

장소의 고정성과 장면의 다변성의 상관관계에서 두드러지게 나타나는 현상은 반복성이다. 장소의 공정이라는 큰 전제는 끊임없이 무대에 나타나는 사건, 등장인물, 조명, 긴장과 이완의 반복되는 변화로 그 지루함을 극복한다. 그리고 그것은 시간적 · 공간적 반복으로 나타나며 결국 리듬과 템포라는 추상성으로 표현된다.

---

16) 연극 연출에 있어서 한 장면의 행동선을 만들 때 연출자가 피해야 할 것 중의 하나가 등장인물을 의자에 앉혀놓고 대사를 진행하는 그림이다. 이 경우 관객은 쉽게 지루함에 빠지게 된다. 연출자의 목표가 역동적인 장면/그림을 얻는 것이라면 위에서 말한 것과 같은, 의자 위에서 대사를 지루하게 반복하는 그림을 피해야 한다. 그런 장면은 초보 연출자들에게서 흔히 발견할 수 있는 그림들이다.

17) Seth L. Wolitz, 앞의 책, 82쪽.

리듬과 템포는 눈에 보이지 않지만 관객이 느끼는 가장 최종적이고 구체적인 극적 요소이기도 하다.

반복의 원리는 모든 예술작품의 기본적인 원리같이 보인다. 이 반복은 보통 이것이 시간적으로 움직일 때는 리듬이라고 일컬어지고, 공간적으로 퍼질 때는 패턴이라고 일컬어진다. 이러한 이유로 우리는 음악의 리듬, 그림의 패턴에 대해서 이야기하게 된다. 그러나 이해가 점차로 세련되어져 가면 우리는 곧 음악의 패턴이나 그림의 리듬에 대해서 이야기하기 시작한다.[18]

위의 인용에서 눈에 띄는 것은 시간적·공간적 반복원리의 전도이다. 반복이 모든 예술작품의 기본적 원리이며 그것의 표현이 모든 예술의 궁극적 목표라고 했을 때, 예술의 세련성에 따라 시간적·공간적 적용이 전도될 수도 있다는 것이다. 즉 눈으로 보는 연극이 아니라 귀로 듣는 연극이 가능하다는 것이다.

무대에서의 리듬과 패턴은 개별 장르의 세련성 외에도 심리적인 시·공간의 느낌 속에서 더 강조된다. 어떤 의미에서 극장 안에서의 모든 시·공간은 일정한 범위 한에서는 모두 심리적 시·공간이라는 장소의 특성과 그 안에서의 반복이라는 특성을 갖게 된다. 그리고 이러한 심리적 시·공간은 반드시 "어떤 기준점에 견주어 비교했을 때만 의미를 갖는다"[19]는 상대적인 특성도 역시 갖는다. 그래서 이것은 무대 위에 나타나는 모든 극적 요소들은 서로의 상관적 관계 속에서 그 의미가 결정된다는 결론을 낳게 된다.

관객은 극장이라는 장소의 고정성에 관계없이 자유롭게 연극을 즐긴다.

---

18) Northrop Frye, *Anatomy of Criticism* (NJ: Prinston Univ. Press, 1957), 임철규 옮김, 『비평의 해부』(서울: 한길사, 2000), 173-174쪽.

19) 안민수, 『연극 연출: 원리와 기술』(서울: 집문당, 1998), 285쪽.

오히려 극장의 고정성은 작품 안에서의 다변성을 즐기게 만드는 상대적 요소로서 커다란 역할을 한다. 신고전주의 연극에서 보는 것과 같은 장소의 일치가 하나의 제약이 아니라 오히려 관객들에게 무한한 자유를 경험할 수 있게 해주는 것도 바로 이와 같은 상관적 관계 때문에 가능하다.

> 장소의 일치는 주어진 장소와 공간을 정착시키지만 더 큰 정신적 공간으로 도약하게 하는 트램펠린 역할도 하는 것이다.[20]

위의 인용은 특히 장소의 고정이 단순히 작품 안의 내용을 담는 그릇의 역할에서 벗어나 적극적인 상상력을 자극한다는 점에 있어서 오히려 적극적인 증폭의 기능까지 담당한다는 것을 말하고 있다. 그리고 여기에 무대 위의 사건에 대한 관객의 참여 즉 창조행위에의 참여가 그러한 시 · 공간적 도약을 완성시키게 된다. 연극이 관객에 의해 완성된다는 인식은 바로 이러한 "보는 사람의 마음 또한 모방행위에 한몫 거들고 있다"[21]는 인식의 고백인 것이다.

> 모든 작품에서 시간의 연속은 결코 언제나 같지 않다는 것을 관객은 알고 있다. 한 작품 내에서조차 연결의 속도는 바뀔 수 있고, 그리고 그것은 가속화(Beschleunigungen)와 지체(Verzögerungen)로 나타날 수 있다. 마치 사이를 두지 않고 흐르는 시간의 연속이 긴장을 고조시키고, 모든 휴지기가 긴장을 해소시키는 것처럼 보일 수 있을 것이다. 그러나 실제로 실상은 훨씬 복잡하다. 어려움은ー음악에서의 속도와는 다르게ー확정되어 있지 않은 드라마 속도를 측정하는데 있다. 드라마의 속도는 관객의 주관적인 체험에 달려있는 것이 아닐까?[22]

---

20) Seth L. Wolitz, 앞의 책, 83-84쪽.

21) E. H. Gombrich, 앞의 책, 185쪽. 이러한 작용의 심리학적 표현은 '투사(projection)'이다. 그리고 '도식(schemata)'은 '정신적 반응기제(mental set)'를 통해 투사의 출발점이 된다.

따라서 극장 안에서의 구체적인 요소들의 고정성은 작품의 다변성과 자유로운 상상력을 자극하기 위해 필수적인 요소로 작용한다는 것을 암시하고 있다. 또 극장 안에서의 눈에 보이는 요소들의 고정성은 구체적인 물리적 공간인 극장(무대)를 초월해서 심리적인 시 · 공간 안으로의 확장을 지향하고 있다는 것을 알 수 있다. 그렇다면 연출자에게 있어서 리듬과 템포의 창조와 그 활용은 일차적으로 눈에 보이는 요소들의 고정성을 심리적 시 · 공간 안으로 확장하고, 이차적으로는 그 요소들의 반복을 통해 리듬과 패턴을 창조하는 것으로 정리할 수 있다. 그리고 템포는 이러한 리듬과 패턴이 어떤 시기(timing)에서 수행되느냐와 관계된다.[23]

4. 장면구성요소의 활용을 통한 리듬 · 템포의 창조[24]

결국 앞에서의 논의는 고정된 요소로서의 무대와 장소의 제한성을 어떤 요소들을 어떻게 활용하여 추상적 · 심리적 시 · 공간으로 전이, 확장시킬 수

---

22) Peter Pütz, *Die Zeit im Drama: Zur Technik dramatischer Spannung*, 2. Aufl. (Göttingen, 1977), 조상용 옮김, 『드라마 속의 시간 ―극적 긴장 조성의 기법―』 (서울: 들불, 1994), 74쪽.

23) 템포와 시기의 밀접한 관계는 템포가 갖는 심리적 특성 때문이다. 템포 자체가 '속도감(impression of speed)'이기 때문에 시기는 각종 요소들의 상관적인 관계 속에서 나타나는 '긴장과 이완'을 조절하는 중요한 요소이다. 특히 리듬과의 상관관계 속에서 시기는 리듬과 템포 전체에 영향을 주는 결정적인 요소가 된다. 연출자가 관심을 갖는 것이 눈에 보이는, 고정된 요소들을 통한 눈에 보이지 않는, 다양한 다변의 리듬과 템포의 창조라고 할 때, 시기는 그 각종 요소들이 함께 어울려 창출하는 리듬과 템포를 점검, 조절, 통제할 수 있는 최후의 요소인 셈이다.

24) Peter Pütz, 앞의 책, 179-219쪽 참조. 페터 퓨츠는 장면의 리듬 · 템포의 창조는 시간의 조절에 달려있다고 보고 다음과 같은 8개의 사전암시의 형식을 제시하고 있다. (1) 무대풍경(무대배경), (2) 나오고 들어감(등 · 퇴장), (3) 음향(대사, 음악, 음향효과), (4) 몸짓(제스처), (5) 침묵(휴지/사이), (6) 노래(가요/운문) (7) 감각적 구체성(볼거리), (8) 반영(이중성). 이 8가지 사전암시형식은 이 장에서 다룰 장면구성요소와 상당부분 유사하지만 그 구분의 기준은 차이가 있다. 사전암시형식 중 괄호부분은 필자의 번역이다.

있느냐의 문제로 결집된다. 그리고 이때 연극 안에서의 고정성은 그 고정성에 국한되는 것이 아닌 그 고정성을 뛰어넘어 상대개념인 장면의 다변성과 다양성을 강화하는 장치라는 사실이 전제되어야 한다. 따라서 고정된 한 장소에서 표현되는 한 장면의 리듬과 템포는 그 장소와 장면에 나타나는 모든 요소의 변화에 따라 좌우된다. 그리고 그것은 먼저 눈에 보이는 요소들의 변화에 의해 초래되며 그 다음으로 눈에 보이지 않는 요소들에 의해 초래된다.

4.1. 등장인물의 등·퇴장: 장면 안과 장면 사이

장소가 고정된 상태에서 나타나는 첫 번째 변화는 등장인물들의 등·퇴장에 따른 변화이다. 작가에 의해 인공적으로 꾸며진 사건의 연속에서 어떤 한 등장인물의 등장과 퇴장은 필연적으로 그 장면에 새로운 의도의 개입을 의미한다. 따라서 등장인물들이 등·퇴장할 때의 수(數), 속도(speed), 분위기 등은 장소의 고정성의 파괴와 장면의 확장에 큰 영향을 끼친다.

고대 그리스의 연극과 특히 신고전주의 연극은 장소의 이동을 허락하지 않는 엄격한 법칙을 갖고 있는 연극이다. 따라서 장소의 고정성을 파괴해야 하는 필요성은 여타 다른 연극보다 더 강렬해진다.

고대 그리스 연극에서 시도된 것은 사자(使者)의 등장과 해설자(또는 합창단(chorus))의 등장이다. 사자의 등장은 관객으로 하여금 해당 장면의 몰입에서 새로운 장면에로의 이동을 촉진한다. 이것은 영화에서의 '삽입장면(insert shot)'과 유사한 것으로 관객은 자신이 고정된 객석에서 연극을 보고 있다는 사실을 잊고 사자가 전달하는 내용에 따라 과거의 다른 장소로 이동하게 된다.

> 고대 그리스와 신고전주의 연극에서 관객은 보통 사자(使者)의 현존으로써 일정한 장소에서 연극적인 정신 공간으로 옮아갈 수 있었다.[25]

일정하게 반복하는 사자의 등·퇴장은 일정한 크기의 장면에서 볼 때 리듬과 템포를 형성하게 된다.

해설자의 등장은 사자의 등장과 또 다른 효과를 지닌다. 그리스 연극에서 해설은 주로 합창단(chorus)에 의해 행해지는데 합창단의 등장은 관객들을 해당 장면에의 몰입에서 벗어나게 하는 긴장이완(relaxation)의 기능과 극중현실에서 관극의 현실로 돌아오게 하는 기능 그리고 해설의 내용에 따라 다시 또 다른 장소/장면으로 옮아가게 하는 긴장촉진(tension)의 기능을 한다. 이러한 긴장의 이완과 촉진의 반복은 합창단의 리드미컬한 춤과 대사와 어울려 그 장소/장면의 리듬과 템포를 결정짓는다.

등·퇴장의 효과는 또 다른 측면에서 찾을 수 있다. 그것은 등장인물들이 장면에 등장해서 이미 퇴장한 등장인물을 찾거나 또는 퇴장할 때 자신이 어디로 가는지를 밝히는 행위들을 통해 행동의 연속선을 보여주는 것 등이다. 이것은 등장인물의 직접적인 등·퇴장과 비교해서 또 다른 형태의 리듬과 템포를 형성하는 요인이 된다.

> 행동을 구성하고, 텍스트에 리듬을 주는 막과 장의 구분은 앞으로 우리가 검토할 대상이다. 다른 장소, 이를테면 텍스트 밖이나 무대 밖에서 생기는 일, 그리고 다른 순간, 즉 막간에 생기는 일도 행동의 일부로 간주된다. 진실다움은 역시 장면들 사이의 연결을 결정한다. 등장과 퇴장을 통한 나타남의 연결, 무대에 등장한 사람이 퇴장한 사람을 찾는 행위를 통한 찾아 나서기의 연결, 등장인물이 소리에 의해 이끌리는 경우처럼 소리에 의한 연결, 시간의 흐름이 필연적으로 정당화되는 경우를 통한 시간의 연결이 그렇다.[26]

---

25) Seth L. Wolitz, 앞의 책, 83쪽.
26) Jean-Pierre Ryngaert, 앞의 책, 53쪽.

위 인용문에서 특히 주의를 끄는 대목은 소리를 통한 연결의 시도이다. 주로 막과 막의 사이에서, 암전 기간 동안 나타나든지 또는 장면 속에서 외부의 소리로 내부와 연결하려는 시도에서 나타나는 방법이 바로 그것들이다. 이것은 기술적 요소들에 의한 리듬·템포의 변화 즉 음향효과나 음악의 삽입으로 전형화되는 경우들이 많으나 배우의 음성과 찾는 동작의 움직임과 그 소리를 통해서도 달성된다. 이것을 소포클레스의 〈오이디푸스왕〉의 한 장면에서 확인해보자.

> **오이디푸스** 나는 이 나라를 구해 놨으니, 내 한 몸은 죽어도 좋다.
> **테이레시아스** 자아, 난 가겠습니다. 애야, 나를 데려다다오.
> **오이디푸스** 그렇지, 어서 데려 가거라. 그놈이 여기 있으면 방해가 되고 성
>   가시다. 가고 나면 더 나를 괴롭히지 못하겠지.
> **테이레시아스** 가기는 가지만, 내가 온 까닭은 말해야겠습니다. (중략) 그리
>   고 자기 자식들의 형제이자 아비, 자기 어미의 아들이자 남편, 아비
>   의 잠자리를 뺏은 자, 그리고 아비의 살해자임이 밝혀질 것입니다.
>   안으로 들어가셔서 잘 생각해보십시오. 그리고서 내 말이 잘못되었
>   거든 이 앞으로는 내 예언이 아무것도 아니라고 말씀해도 좋습니다.
>   (테이레시아스가 퇴장하고, 이어 오이디푸스는 궁으로 돌아간다)
> **코오로스** (노래) 텔포이의 바위에서 나온 신의 말씀이 피비린내 나는 손으
>   로 형언치 못할 죄악을 저질렀다는 그 사람이란 누구냐? (중략) 그
>   대는 시련을 당하여 황금 같은 지혜로 이 나라를 구했으니, 이제 내
>   어찌 그대에게 죄 있다고 생각할 수 있을까.
>   (크레온 등장)
> **크레온** 친애하는 시민 여러분. 나는 오이디푸스 왕께서 내게 악의에 찬 비
>   난을 퍼부으셨다는 말을 듣고 참을 수가 없어서 왔습니다. (후략)[27]

27) Sophochles, 『오이디푸스王』, 조우현 외 옮김, 『희랍비극 1』 (서울: 현암사, 1969), 176-178쪽.

위 인용문의 내용은 오이디푸스와 테이레시아스의 논쟁 그리고 두 사람의 퇴장 후 코러스의 노래와 크레온의 등장까지를 포함하고 있다. 오이디푸스와 테이레시아스의 논쟁은 일단의 내용에 대한 논쟁이며 그들의 퇴장 후 무대를 차지한 코러스는 노래로써 앞 장면의 내용에 대한 관찰자(관객)로서의 평가를 한다. 크레온의 등장은 새로운 국면의 시작을 나타내고 있다. 전체적으로 보면 위 장면은 두 사람의 운문대사와 퇴장으로 한 국면의 긴장이 해소되고, 이는 다시 코러스의 등장과 그에 따른 노래와 춤으로 구체적 리듬의 도입이 시행된다. 마지막으로 크레온의 등장은 코러스의 노래와 춤으로 일단락된 앞 장면을 일소하고 새로운 장면과 새로운 긴장 그리고 새로운 리듬이 시작되고 있음을 나타내고 있다.

이러한 특징은 신고전주의 작품 중 ≪패드르≫의 한 장면에도 그대로 반복되어 나타난다.

> **떼라맨** 왕자님, 중전마마께서 오십니다. 제가 앞서 왔습니다. 마마를 찾으십니다.
>
> **이뽀리뜨** 나를?
>
> **떼라맨** 그분 뜻은 모르겠습니다. 하오나 그분 편에서 면회요청이 있었습니다. 왕자님의 출발 전에 패드르가 말하고 싶답니다.
>
> **이뽀리뜨** 패드르가? 내가 뭘 말하지? 그분은 뭘 기대…
>
> **아리시** 왕자님, 그분 말은 안 들을 수 없어요. 그분의 증오를 너무 잘 아시더라도 그분의 눈물에 동정의 어떤 표시라도 해야 합니다.
>
> **이뽀리뜨** 그 동안 그대는 나가주오. 내 곧 가겠소! 모르겠소. 그대의 수중에 맡기는 이 내 맘이…
>
> **아리시** 떠나셔요, 왕자님. 고결한 의향을 따르셔요. 아땐을 제 힘이 지배할 땅으로 만들어주셔요. 마마께서 배풀고 싶은 모든 증여를 받겠사와요. 하오나 결국 이렇게 크고 영광스런 지배권도 마마의 선물 중 제

게 제일 귀한 것은 아니에요.

이뽀리뜨 친구여, 준비 다 되었소? 왕비께서 오시는구나. 가시오, 출발을 위
해서 모두 빨리 준비하도록. 신호를 해주오, 달려가오, 명령하오, 귀
찮은 면담(面談)에서 나를 곧 구하러 다시 오시오.[28]

　위 장면은 네 명의 등장인물로 시작하고 있다. 그러나 첫 대사인 떼라맨
의 대사 내용 중 중전마마의 등장이 암시도어 있고 이것은 마지막 대사인
이뽀리뜨의 대사 내용 중 왕비의 도착을 알리는 것으로 긴장감을 더하고 있
다. 즉 위 장면은 이뽀리뜨와 그의 측근들이 왕비의 도착을 앞두고 긴박하
게 나누는 대사가 그 내용의 전부를 차지하고 있다. 따라서 관객은 고정된
장소의 고정성을 떠나 곧 도착할 패드르와 그녀와 이뽀리뜨의 대면을 상상
하면서 극적 긴장을 느끼게 된다. 이 극적 긴장이 이 장면에 리듬과 템포를
조성하는 것이다. 따라서 연출자는 위 장면의 연출에서 실제 객관적인 대화
시간보다 시간을 늦출 수도 있고 또 빨리 진행할 수도 있다.

　위 장면은 극적 긴장을 조성하려는 의도와 원칙에 따라 시간조절을 인
위적으로 해야 한다. 장면의 긴박성으로 보아 시간을 재촉하면 위 장면은
너무 빨리 지나가게 되어 극적 긴장의 조성을 효과적으로 할 수 없다. 오히
려 긴장의 끈이 너무 팽팽하게 당겨져서 끊어지지 않을 정도의 한도 내에서
패드르의 도착을 지연시키는 것이 극적 긴장의 조성에 효과적일 것이다. 다
음 장면에서 이뽀리뜨는 무대 위에 혼자 서있고 패드르는 시녀를 대동하고

---

28) Jean Racine, 「Phèdre」, 장정웅 역주, 『Racine의 희곡 (하)』 (대구: 경북대학교 출판부, 1992),
271-272쪽. 행간은 필자에 의해 조정되었음. 장면 연출과 리듬·템포의 상관관계 또는 조성기
법은 구체적인 텍스트를 대상으로 분석과 적용을 통해 이루어졌을 때 가장 효과적이다. 그러
나 본 장은 장면 연출과 리듬·템포의 기본적인 상관관계를 살펴보는 것에 주안점을 주었기
때문에 위와 같은 구제적인 적용의 예는 차기 연구과제로 미룬다.

등장하게 되는데, 이것은 물리적으로 보더라도 방어적 입장에 서있는 이쁘리프의 당혹감과 긴장감을 조성해주는 요소로 작용할 수 있다. 따라서 위 장면의 리듬과 템포는 이미 작가에 의해 주어지고 있다고 보아야 한다. 연출자는 이것을 충분히 시각화 · 청각화해야 한다.

이처럼 등장인물의 등 · 퇴장은 장면 안과 장면 밖의 리듬 · 템포에 영향을 끼치는 주요한 요소임을 알 수 있다. 따라서 등장인물의 등 · 퇴장이 미치는 리듬과 템포의 변화는 필연적으로 작품전체의 흐름과 밀접한 상관적 관계를 갖는다고 하겠다. 흐름과 단절의 반복적인 교차와 등장인물들의 등 · 퇴장을 도표로 작성하는 것도 이러한 상호관계를 파악하는 한 방법이 될 것이다.[29]

4.2. 장소(장면) 분할과 병치

장소의 고정성은 무대에 표현되는 장소의 기계적인 분할로 파괴될 수 있다. 이것은 세트의 변화에 의한 장소의 변화가 아니라, 장소(무대)는 한 곳으로 고정되어 있는 상태에서 두 개의 장면을 병치하는 것이다. 이때 무대의 분할은 조명에 의해 강조된다.

한 장소에서의 장소의 분할은 같은 시간대 속에서의 공간의 분할과 상이한 시간대 속에서의 장소의 분할, 실제와 무의식, 꿈, 환상 등과 같은 현실과 비현실의 병치를 가능하게 한다. 영화에서의 병행편집(parallel edit)과

---

29) Bernhard Asmuth, *Einführung in die Dramenanalyse*, 3. Aufl. (N.P.: Metzler, 1990), 송전 옮김, 『드라마분석론』(대전: 한남대학교 출판부, 1995), 68쪽 이하 특히 70쪽 참조. 이러한 상관관계는 특히 등장인물들의 등 · 퇴장을 기계적으로 표시한 '등장 인물표'에 잘 드러난다. 등장인물들의 등장빈도를 나타낸 이 등장 인물표는 일종의 계량분석으로서 등장인물의 등장분량, 등장인물간의 상관관계, 역할의 비중 등을 한 눈에 파악할 수 있게 해준다. 그리고 그것은 양적 분석에 따른 기계적인 리듬 · 템포의 계산에도 유용하다.

같은 이와 같은 기법은 관객으로 하여금 하나의 (의식)공간 속에 두 개의 상이한 공간을 병치함으로서 공간의 고정성을 떠나 새로운 세계로 옮아갈 수 있게 된다.

장소의 분할과 병치는 실제 극장(무대, 객석)이라는 공간에 두 개의 상이한 가상공간을 만들어낸다. 결과적으로 관객은 하나의 현실과 두 개의 비현실을 여행하게 된다. 그리고 이러한 상이한 세 개의 시·공간의 전이는 각각의 시·공간에 내재한 고유한 리듬과 템포를 서로 병치하고 또 그 병치의 효과로 인해 새로운 종합적인 리듬과 템포를 결정하게 한다. 왜냐하면 세 개의 상이한 시·공간에 내재한 리듬과 템포는 반드시 강약의 조화 속에서 결합되어 있기 때문이다.[30]

4.3. 등장인물의 행동과 대사의 속도, 강약, 장단고저

눈에 보이는 요소 가운데 한 장면의 리듬과 템포에 영향을 가장 강력하게 미치는 요소는 시각적으로는 배우의 움직임을 들 수 있고 청각적으로는 그의 입에서 나오는 대사를 들 수 있다. 일단 내용을 제외하고 순수하게 물리적 현상으로서 배우의 행동과 대사를 살펴보면 그것은 마치 그림과 음악에서의 패턴(형태)과 소리로 환원된다. 왜냐하면 단어와 색깔 그리고 소리는 밀접한 상호영향관계에 있기 때문이다. 먼저 그림과의 관계 속에서 단어와 음성이 상호연관을 맺는 예를 들면 다음과 같다.

---

30) 한 장면에 내재된 리듬과 템포의 고유성은 이미 작가에 의해 작품 속에 제시되어 있는 것이 보통이다. 따라서 작가의 의도를 충실하게 반영하는 연출자의 작업에서는 그러한 작가의 의도를 드러내면 되지만, 만일 연출자가 자신의 의도에 따라 장면을 새롭게 구성하려면 반드시 위에서 언급한 각각의 시·공간의 리듬과 템포를 고려해서 서로 조화가 이루어지도록 해야 한다. 이러한 점을 고려하지 않고 무리하게 각색을 감행하여 장면을 연출할 경우 그 장면의 리듬과 템포가 '흐르지' 않고 '끊기는' 경우가 빈번하게 발생한다.

독일어로 노랑을 뜻하는 'gelb'는 'gellen', 즉 '째지는 듯한 날카로운 소리를 지른다'는 동사와 친척 관계에 있다. 영어의 'yellow'도 쇳소리를 낸다는 뜻의 동사 'yell'과 친척 관계에 있다. 뭉크(Edvard Munch)의 명작 「절규」에도 째지는 소리를 내는 노랑이 보인다.[31]

따라서 관객은 무대 위에 나타나는 단어, 음성, 색깔을 통해 이미지의 누적효과를 얻게 되고 그 결과 고정된 장소(객석)에서 다층적인 경험을 하게 된다.

음악과의 관계 속에서 단어와 음성이 갖는 효과는 특히 부조리 연극에서 쉽게 발견할 수 있다. 즉 부조리 연극의 경우 대사는 대부분 의미 없는 대사의 나열, 중첩, 반복인 경우가 많은데, 이것은 대사가 순수한 소리를 나르는 음표와 같은 기능을 하는 것으로 이해하면, 단어와 음성 그리고 패턴과 소리의 밀접한 관계를 좀 더 쉽게 이해할 수 있다.

(…) 언어는 희곡 안에서 정보전달의 기능도 하지만 이제 그것을 넘어서서 '소리'로서 음의 순수한 가치를 가질 수 있게 되었다.[32]

따라서 관객은 배우의 행동이 그려내는 궤적의 패턴과 그들이 말하는 대사의 소리를 통해 무의식 가운데 그 장면의 리듬과 템포에 동참하게 된다. 따라서 한 장면에서의 시각적·청각적 요소들이 만들어내는 모든 패턴과 리듬은 전체적인 조화 속에서 일관성을 가져야 한다.

---

31) Eva Heller, *Wie Farben auf Gefühl und Verstand wirken* (Munich: Drömerische Verlag, 2000), 이영희 옮김, 『색의 유혹: 재미있는 열세 가지 색깔 이야기』 (서울: 예담, 2002), 155쪽.
32) 남상식, 「고든 크레이그: 공간연출로서의 무대연출」, 김미혜, 남상식 외, 『20세기 전반기 유럽의 연출가들』 (서울: 연극과 인간, 2001), 41-86쪽 중 70쪽.

시각적인 영역의 문제이지만 이 시간 감각과 비슷한 것이 바로 움직임과 동선에 대한 배우의 감각이다. 이 감각을 통해 배우는 그의 시간 감각을 시각적인 움직임으로 전환시킨다. 그러면 그런 움직임이 갖는 리듬이나 패턴, 간격은 그 자체로 표현적인 역할을 하게 된다.[33]

극단적으로 표현하면, 배우의 행동과 대사는 한 장면 속에서 완결되었을 때 오히려 그 구체성을 잃고 추상적인 리듬의 형태로 나타나게 된다. 이런 의미에서 '잘된 장면 연출은 눈으로 듣고 귀로 볼 수 있다'는 역설적인 표현이 가능하게 된다. 명화의 훌륭한 구도와 색, 그리고 화폭의 전체적인 조화에서 오는 감동은 전체적으로는 역동적인 리듬으로 느껴지는 것도 바로 이러한 이유에서 기인한다. 그러나 '리듬의 창조'는 장면 연출가가 목표하는 최종적인 목표이며 이 목표의 달성을 위해서는 먼저 구체적인 단위장면의 한 요소에 대한 평가와 측정 그리고 설정이 선행되어야 한다.

단위 안에서의 구도들과 움직임들은 장면의 의미와 정서에 달려있기 때문에 연출가는 각각의 단위의 정서적 높낮이와 템포에 관련된 결정들을 우선 대략적으로 내리려고 한다. 높낮이와 템포의 변화는 연출노트에 구도와 움직임이 기록되는 동시에 언급되어야 한다.[34]

따라서 한 장면의 리듬과 템포에 관한 고려는 우선 개별적인 요소들에 관한 가치설정에서 출발하여 전체적인 구도 속에서 결정되어야 한다는 것이 자명해진다. 행동과 대사의 속도, 강약, 장단, 고저 등이 중요한 고려사

---

33) Stark Young, 『배우론』, 박윤정 옮김, 『서구 현대극의 미학과 실천』, 김태원 편 (서울: 현대미학사, 2003), 22쪽.
34) John E. Dietrich, & Ralph W. Duckwall, *Play Direction*, 2nd ed. (New Jersey: Prentice-Hall, 1983), 142쪽.

항이 되는 것은 바로 이러한 전체적인 '편성(orchestration)'이 결국 한 장면과 전체 작품의 연출에 성패를 좌우하는 중요한 요소이기 때문이다.

4.4. 기술적 수단들의 변화: 무대, 조명, 의상, 음향

한 장소의 고정성을 파괴하는 또 다른 요소들은 장면 구성에 부차적 요소들인 기술적 수단들 즉 무대, 조명, 의상 등의 변화들이다. 이것은 눈에 보이는 요소로서의 무대, 조명, 의상의 변화의 횟수와 그 변화의 속도가 해당 장면의 리듬과 템포의 형성에 영향을 끼친다는 것을 의미한다. 예를 들어 대도구의 변화를 포함한 무대 세트의 변화를 위해 암전 중에 번잡하게 움직인다든지, 그 변화를 위한 시간이 너무 오래 걸린다든지 하는 것은 오히려 전체의 리듬과 템포에 방해가 되는 요소로 작용한다.

또 앞에서 언급한 장소 분할에 사용되는 조명 외에 일정한 장면의 연속에서 사용되는 무대 세트와 조명, 그리고 의상의 변화 가운데 특별히 형태, 패턴 그리고 그것에 사용된 색(色)의 변화를 있다. 특히 형태와 패턴과 그리고 색은 질감(texture)과 함께 관객들의 무의식에 간접적으로 작용하여 리듬과 템포의 형성에 영향을 끼친다. 색과 그것이 인간에게 끼치는 직접적인 영향력에 관해 칸딘스키는 특별히 운동과 관련해 다음과 같이 쓰고 있다.

일반적으로 색은 영혼에 직접적인 영향을 끼치는 수단이다. 색은 피아노의 건반이요, 눈은 줄을 때리는 망치요, 영혼은 여러 개의 선율을 가진 피아노인 것이다. 예술가들은 인간의 영혼에 진동을 일으키는 목적에 적합하도록 이렇게, 저렇게 건반을 두드리는 손과 같다.[35]

---

35) Wassily Kandinsky, *Über das Geistige in der Kunst*, 10. Aufl. (Bern: Benteli Verlag, 1937), 권영필 옮김,『예술에 있어서의 정신적인 것에 대하여: 칸딘스키의 예술론』(서울: 열화당, 2000), 61-62쪽.

그렇다면 한 장면 한 장면의 구성에 사용되는 형태와 패턴 그리고 색은 피아노 연주회의 매 악장이 시간의 흐름에 따라 변화하는 것과 같은 의미와 리듬의 변화를 동일하게 겪는다. 그리고 그것은 다양한 요소들의 '끊어지지 않는 흐름(연속)'인 것이다.

이러한 이유로 장소가 고정되었을 때 연출자는 무대와 조명 그리고 의상의 변화를 심각하게 고려해야 한다. 만일 무대, 조명, 의상까지 변화가 없는 상태로 한 장면이 지속된다면 연출자는 리듬과 템포의 문제를 심각하게 고려해야 한다. 왜냐하면 고정성이 관객을 자극하여 새로운 상상력을 촉발하지 못하고 그대로 경화되어 장면을 지루하게 만들 수 있기 때문이다. 이 것은 연출 작업의 목적이 고정요소들의 이미지 그 자체가 아니라 그 이미지들이 관객의 마음속에 창조해 내는 이미지(인상)에 있다는 사실을 다시금 생각하게 한다.[36] 그 반대의 경우도 생각할 수 있다. 만일 너무 많은 변화가 한 장면에 동시에 나타난다면 관객은 오히려 그 무수한 변화로 인해 오히려 리듬과 템포에 혼란을 느끼게 될 것이다.

한 장면의 고정성을 깨고 리듬과 템포에 결정적으로 영향을 끼칠 수 있는 요소는 물론 음악과 음향이다. 그러나 음향은 리듬과 템포를 가장 직접적으로 포함하고 있기 때문에 오히려 해당 장면의 다른 요소와의 조화를 고려해야 한다.

> 음악적인 소스를 "시각화"하기 또는 반대로 약화하기는 음악과, 연출의 다른 요소, 즉 공간, 배우의 연기와의 힘의 관계를 규정해준다. 연극 상연에서는 음악의-감정적인-영향만 잇는 것이 아니라 음악과 그 수용에 근거한 무대적 임팩트가 있다.[37]

---

36) E. H. Gombrich, 앞의 책, 191쪽 이하 참조.

즉 앞에서 언급한 다른 요소들이 특정한 리듬과 템포를 갖고 진행되고 있을 때 음향이 이것들과 조화를 이루지 못하고 전혀 다른 리듬과 템포를 제공한다면, 음향이 가진 강력한 힘은 오히려 장면을 깨고 관객을 극적 환영에서 깨우는, 전혀 바라지 않는 결과를 낳게 된다.

> 우리들과 음악의 양식과 리듬과는 일종의 유사성이 있는 것 같으며, 그 때문에 어떤 철학자들은 영혼은 하나의 보조(譜調)라고 하고 또 어떤 사람은 영혼은 해조(諧調)를 가지고 있는 것이라고 하는 것이다.[38]

결국 극 속에서의 음악과 음향은 관객의 몸과 영혼의 상태와 보조 또는 해조의 관계를 맺어야 하는데, 이것이 한 장면에서 음향을 사용할 때 그 음악의 종류, 장르, 시대, 악기, 구성요소 등을 고려하는 이유이다. 음악과 음향이 공연의 현장에서 직접 사용될 때와 녹음을 통해 제공될 때의 차이도 관객이 느끼는 리듬과 템포의 정도의 차이는 크다.

4.5. 내용과 상황의 변화

장소와 장면이 고정되었을 때 그 고정성을 파괴하고 새로운 활력을 불어넣을 수 있는 요소는 장면 안에서의 내용의 변화와 그에 따른 상황의 변화이다. 등장인물의 폭로나 새로운 사실의 노출 또는 예고되어 왔던 결정적 행동의 실현 등은 장소와 장면이 고정되더라도 관객이 그 고정성을 의식하지 못할 정도로 강한 극적 힘을 갖고 있다.

특히 고려되어야 할 점은 이런 장면일수록 장면 안에서의 등장인물의

---

37) Patrice Pavis, 앞의 책, 301쪽.

38) Aristotle, 『정치학』, 이병길 · 최옥수 옮김, 중판 (서울: 박영사, 2003), 327쪽. 해조는 '잘 조화됨', '즐거운 가락'의 뜻임. 같은 쪽의 역자 주 참조.

대사, 감정, 움직임은 서로 유기적으로 표현되어야 한다는 것이다. 즉 대사와 감정과 움직임은 서로 긴밀한 상호영향 관계에서 서로 조화되어야 한다. 격정적인 대사를 조용한 움직임으로 한다든지, 시적 대사를 격하고 짧은 움직임으로 하는 것 등은 대사와 감정 그리고 움직임이 서로 모순되어 결국 의도하는 그 장면의 리듬을 형성하지 못하게 된다.[39)]

한 장면 안에서 내용과 상황이 너무 많이 그리고 너무 급하게 변하는 것도 리듬과 템포의 형성에 방해가 된다. 리듬과 템포는 정선된 소리와 움직임의 조화로만 창조된다. 관객이 따라갈 수 없을 정도의 현란한 변화는 오히려 정적인 것보다 못하다.

그러나 정작 중요한 것은 한 장면 안에 담겨 있는 정서(감정)와 등장인물들의 성격의 특질이 리듬과 템포의 창출에 영향을 끼칠 수 있다는 점이다. 이 점에 관해 아리스토텔레스는 다음과 같이 단언적으로 말하고 있다.

> 리듬과 멜로디는 분노와 온화, 용기와 절제 그리고 이와 같은 것과는 정반대되는 모든 기질과 그 외의 성품의 제기질(諸氣質)의 모방을 들려주는 것이며, 이것은 우리 자신의 경험에서 아는 바와 같이 실제의 감정과 거의 다를 것이 없는 것이다. 그것은 그와 같은 곡조를 듣고 있으면 우리의 영혼에 변화가 일어나게 되기 때문이다. 단순한 표상에서 쾌락과 고통을 느끼는 버릇이란 실제에 대해서도 그와 같은 감정을 느낄 것임에 틀림없다. (…) 미각이라든가 또는 촉각과 같은 감각의 대상만이 어떤 도덕적인 기질과 흡사한 것이 있고

---

39) 이런 폐해는 연습기간 중에 대본 읽기(reading) 기간을 너무 길게 잡거나 작품 분석에 너무 많은 시간을 할애하는 우리나라 특유의 연습형태에서 기인하기도 한다. 보통 대본 읽기가 끝나야 행동선 만들기로 들어가는 연습과정의 순서 때문에, 대본 읽기의 기간이 길면 행동선 만들기의 시간을 줄어들 수밖에 없게 된다. 그 결과는 무대 위에 정적인 그림으로 나타난다. 심지어 두 명의 등장인물이 의자에 앉아 심각하게 대사를 건네는, 라디오 드라마와 거의 차이가 없는 그림을 얻게 된다. 이 경우 그 장면의 리듬과 템포는 최악이 되고 관객은 곧 지루함을 느끼게 된다.

가시적인 대상에 있어서는 있다 하더라도 극히 적다. 그것은 가시적인 것에 도덕적인 성격을 띤 형상이 있기는 있지만 극히 근소하며 또 만인이 다 그와 같은 것을 느끼는 것은 아니기 때문이다. 또한 형상이나 색채는 도덕적 모방이 아니라 상징인 것이며 육체가 주는 가정의 상태를 표시하는 것이다.[40]

위의 인용에서 아리스토텔레스는 리듬과 선율 또는 템포가 단순히 청각적 자극들에 의한 창조가 아닌, 감정(정서)과 성격의 특질을 모사하는 것에서 생겨난다고 주장하고 있다. 한 장면의 정서적 표현이 리듬과 템포의 창조에 영향을 끼치는 것은 바로 이러한 이유 때문이다.

긴장은 다가오는 사건에 대해 아는 것이나 모르는 것에 의해 생겨나지 않는다. 긴장은 결국 시간에 근거한다. 즉 드라마의 부분들이 미래와 연관되어 있다는 것과, 선취를 통해 생겨난 어느 정도 확정되어 있고 그리고 가까이 다가오는 부분(Punkt)에 대한 관객의 기대감은 긴장감을 불러일으킨다.[41]

리듬·템포는 긴장의 신축, 즉 이완과 축약에 의해 나타나는 바, 관객에게 극의 리듬·템포를 느끼게 하는 것은 바로 극의 내용 전개에 따른 사전 암시와 그 실행의 시간차라는 의미이다. 따라서 사전 암시에 의한 내용의 인지는 그 실행이 지나치게 늦거나 빠르면 긴장이 풀리거나 조성되지 않아 결국 리듬·템포의 창조에 실패하게 되고 극은 지루한 상태에 빠지게 된다.

이러한 작은 결론은 다시금 반복되어 진술되는 커다란 결론으로 이끌려진다. 즉 한 장면 안에서 리듬과 템포를 창출하는 요소들은 보이는 요소로서의 고정요소들과 보이지 않는 요소들로서의 다양한 요소들이 상호 작용

---

40) Aristotle, 앞의 책, 325-326쪽.
41) Peter Pütz, 앞의 책, 129쪽.

과 그 반복의 패턴인 것이다.

4.6. 단락의 구분과 장면들 간의 충돌: 장면 사이의 연결과 암전

　장소의 고정성을 파괴하고 리듬을 형성하는 마지막 요소는 '일정한 장면의 연속(sequence)'에서 나타나는 장면의 충돌이다. 앞에서 언급한 '장면 안에서의 내용과 상황의 변화'와 그 장면 안에서의 대사와 감정 그리고 움직임의 상호관계가 영화에서 미장센(mise-en-scène)과 같은 기능을 한다면, 장면과 장면의 충돌은 몽타쥬(montage)와 같은 기능과 효과를 갖는다. 연극은 영화처럼 초당 24개의 프레임이 연속되어 영상을 형성하지는 않지만 관객의 인식에는 동일하게 일종의 음화(陰畵)처럼 각인된다. 따라서 앞 장면과 뒤 장면은 관객의 인식이라는 필름 안에서 서로 충돌하여 새로운 의미를 낳는다.

　물론 연극은 영화에 비해 장면의 표현과 이동에 있어서 훨씬 더 많은 제약을 갖고 있다. 그러나 이것은 다시 오히려 적극적인 리듬과 템포의 창출 수단으로 활용될 수도 있다. 그것은 화가가 자신의 제한된 화폭에서 사용하는 것으로써 "(…) 캔버스 위의 정보량을 삭감함으로써 투사의 매커니즘을 자극하는 방법"[42]이다. 즉 무대 위에 나타낼 수 있는 정보의 양(공연 요소)은 그 양에 있어서 많은 것보다 오히려 삭감(제한)될 때 관객의 투사(상상)를 자극한다는 것이다.

　장면과 장면의 충돌에서 연출자가 심각하게 고려해야 하는 것은 암전의 길이와 각 장면의 고유한 '정서의 높이(emotional key)'의 상호연결이다. 암전은 장면에 있어서 일종의 마침표의 기능을 한다. 따라서 "암전의 지시가 일

---

42) E. H. Gombrich, 앞의 책, 215쪽.

시 중지의 표시로써 무대적 실천을 요구하거나, 그와 동시에 독자를 겨냥하는 이중적 기능을 하는"[43]에 여기에서 암전의 길이는 특히 관객에게 상황에의 몰입을 끝내고 다시 현실을 느끼게 하거나 다음 장면에 대한 기대로 앞 장면의 긴장을 지속하는 효과를 갖는다. 즉 단락의 구분으로 인한 이러한 일탈을 원하지 않는 경우 연출자는 암전 속에서 음향—음악, 비명소리, 대사 등—을 이용하여 관객의 의식을 붙들어 놓거나 뒤 장면을 바로 시작하여 암전의 시간적 길이를 최소화해야 한다. 따라서 장면과 장면 사이의 암전의 시간적 길이는 수학적인 정밀함으로 계산되어야 한다.

　　장면과 장면 사이의 암전이 시간적 길이는 장면끼리의 정서의 높이를 조절하는 데에도 결정적인 영향을 미친다. 정서의 높이는 해당 장면의 긴장도로 설명될 수 있다. 만일 앞 장면이 단위 1에서 10단위의 정서의 높이 중 8단위 정도의 높은 단계에서 끝났다면 뒤 장면의 암전의 길이는 뒤 장면의 정서의 높이의 단위를 고려해서 결정되어야 한다. 왜냐하면 일반적으로 긴장은 시간의 흐름에 따라 이완되기 때문이다. 그래서 만일 앞 장면이 정서의 높이 8단위에서 끝났다면, 그리고 뒤 장면의 정서의 높이가 4단위라면 이 두 장면의 연결을 위한 암전은 충분한 시간을 가져야 한다. 그 시간동안 정서의 높이가 낮은 단계로 낮아져야 뒤 장면을 이완된 상태에서 시작할 수 있기 때문이다. 마찬가지로 앞 장면의 정서의 높이가 8단위인데 뒤 장면의 정서의 높이가 7단위 또는 9단위라면 장면 사이의 암전의 시간적 길이는 매우 짧다. 연출자는 두 장면을 거의 암전이 없는 상태로 바로 연결해야 정서의 높이가 바르게 연결된다.

　　전체적으로 보면 일정한 길이의 장면의 연속은 긴장과 이완의 반복으로

---

43) Jean-Pierre Ryngaert, 앞의 책, 51쪽.

이루어진다. 부분적인 정서의 높이의 연결은 또한 전체적인 흐름 속에서 다시 조정되어야 하는 것은 자명하다. 이러한 상태에서 비로소 한 작품은 끊어지지 않는 흐름을 형성할 수 있고 그 흐름이 갖는 리듬과 템포가 관객에게 목적하는 의도를 확실하게 전달할 수 있다. 연출자는 대사를 통해 목적하는 의도를 직접적·의식적으로 전달할 수 있고 리듬과 템포를 통해 간접적·무의식적으로 전달할 수도 있다. 관객에게 미치는 영향력의 세기는 오히려 후자가 더 강렬할 것이다. 한 장면의 리듬과 템포의 창조와 활용을 심각하게 고려해야 하는 이유가 바로 여기에 있다. 다만 이 모든 리듬과 템포는 결코 기계적인 반복에 의해서는 결코 창조되지 않는다는 사실은 자명하다.

(…) 기계적으로 암기하는 방식보다도 자발성과 상상력에 더 무서운 적(敵)이 어디 또 있겠는가.[44]

리듬·템포가 시·공간 속에서 일정한 형태의 반복으로 이루어질 수밖에 없다 하더라도 기계적인 반복은 리듬·템포의 창조에 조금도 기여할 수 없음은 자명하다. 여기에 연출자의 기술적·예술적 창의성이 필요할 것이다.

5. 나가는 글

지금까지 살펴본 것은 한 장소의 고정요소들이 어떤 연출 기법을 통해 그 고정성을 극복하여 추상적인 장면의 창조에 활용되며 또 결국 한 장면의 리듬과 템포로 표현되는지에 대해 살펴보았다. "텍스트의 공간적 세계는 존재하는 모든 것을 통해 존재하지 않는 모든 것과의 대립으로 정의된다"[45]는 단

---

44) E. H. Gombrich, 앞의 책, 157쪽.

언을 받아들인다면 극장 안에서의 고정성은 연극예술의 고유성이며 따라서 그것은 객석과 무대로 구성된 구성요소에 이미 내재하는 것이라 할 수 있다. 물론 그리스 연극이나 신고전주의 연극과 같이 자체의 고유한 연극미학에 따른 규칙에서 비롯되는 경우도 있긴 하지만 그 외의 작품에서도 이러한 고정성(존재)과 비고정성(비존재)의 상호관계는 명확하게 관찰할 수 있다. 따라서 연출자는 장면 연출을 위한 고려에서 먼저 고정성에 유의하고 그 다음 그 고정성에 영향을 끼칠 수 있는 요소들을 활용해야 한다는 것을 살펴보았다.

결과적으로 논구를 통해 드러난 것은 장소의 고정성은 리듬과 템포의 창조에 부정적으로 작용하는 요소가 아니라 오히려 그 고정성을 파괴하려는 극작의 여러 장치와 연출자의 극적 장치로 인해 관객을 다른 상상의, 심리적 시·공간으로 데려간다는 점을 확인했다. 어떤 면에서 장소의 고정성이 강화될수록 한 장면에서의 다변성과 다양성은 풍부해져서 관객을 자극하고 그래서 리듬과 템포의 강화된 형태가 생성된다는 점도 확인하였다. 한 장면에 기울이는 연출자의 최종적 노력이 리듬과 템포의 점검과 수정·보완을 통한 일정한 이미지(image)임을 생각하면 장소의 고정성에 대한 고려는 이 마지막 노력을 좀 더 손쉽게 만들어주는 마지막 수단이 될 것이다.

어떤 의미에서 연출자에게 있어서 리듬과 템포의 창조는 모든 예술이 목표로 하는 기원에로의, 모체에로의 회귀본능을 확인하려는 확인의 과정일 것이다. 아피아가 말한 것처럼 "전체 작품은 공연을 우선 예술적 형상으로 만드는 것이며, 이것이 바로 전 작품의 리듬"[46]이라면 연출자의 작품 창조는 전체 작품 속에 내재한 혹은 부여한 리듬의 창조에 다름 아닐 것이다.

---

45) Jean-Pierre Ryngaert, 앞의 책, 103쪽.
46) 위의 책, 63쪽.

그리고 이것은 또다시 우리가 의식적·무의식적으로 인식하는 우리 신체의 리듬과 템포 그리고 우주적 리듬과 템포가 서로 일치할 때 느끼는 안정감과 유대감은 오직 예술을 통해서만 가능할 것이라는 결론으로 이끈다.

> (…) 연극 행위에서 리듬과 하모니를 통해 앞서 언급한 것과 같은, 마치 고향에 돌아온 듯한 느낌과 즐거움을 얻을 수 있다. 그리고 또 다시 같은 경험을 하고 싶은 충동을 느끼는 것이다. 이것은 인간이 모체로 회귀하고 싶은 본능에 내재된, 자기 확인의 욕구를 충족시켜 주는 체험이기도 하다. 리듬과 하모니의 창조자인 연출 예술 또는 그 외의 역할로 연극에 참여함으로써 얻는 이러한 체험은 세상의 무엇과도 바꿀 수 없는 소중한 감동으로 남게 되는 것이다.[47]

연극예술이 여타의 다른 장르의 예술, 예를 들어 영화와 비교해보았을 때 많은 부분에서 제한이 많은 것을 발견할 수 있다. 특히 장소의 고정성은 표현수단의 고정성과 리듬·템포의 고정성으로 곧바로 연결될 것이라는 생각은 일반적인 경향일 것이다. 그러나 논구를 통해 이러한 장소의 고정성이 오히려 적극적인 리듬과 템포의 조성에 기여할 수 있다는 확인은 연극예술의 또 다른 특징과 장점을 발견한 것이라고 하겠다. 다만 장소의 고정성과 장면의 다변성·다양성 그리고 그것들을 둘러싼 극적 요소들의 배치에 관한 것은 좀 더 상세하고 세밀한 연구를 필요로 할 것이다.

---

47) 안민수, 앞의 책, 21쪽.

제3장

장면 연출과 시 · 공간의 리듬

1. 들어가는 글

> 기대가 환영을 창조해냈다.
>
> —E. H. Gombrich, 『예술과 환영』

희곡의 한 장면을 연출하는 작업은 구체적 장소인 무대 위에 희곡의 내용인 일련의 사건을 시각화하는 것이다.[1] 이때 연출자가 사용할 수 있는 시

---

[1] 본 장에서 '한 장면'은 문맥에 따라 'a scene' 혹은 'a place'로 표현된다. 실제 연출 작업에서 한 장면은 보통 등장인물(character)의 등 · 퇴장, 동기(motivation), 주제 혹은 상황(theme or situation) 등의 변화를 기준으로 나뉜다. 이때의 '한 장면'이 연출 작업의 최소 단위가 된다. 이렇게 보면, 한 장면은 보통 '한 장소(a place)'에서 일어나지만, 이것을 자세하게 살펴보면, 경우에 따라 한 장소에서 여러 장면이, 또는 여러 장면이 한 장소에서 일어나는 것을 알 수 있다. 관객은 보통 한 장면과 한 장소를 연결해서 생각하는 경향이 있는데, 연출자는 관객의 이러한 '생각의 관성'을 전제하여 작업한다.

각화의 도구는 배우를 필두로 한 무대 장치, 조명, 의상, 음향, 대·소도구 등의 가시적인 것들이다. 사실 연출자가 되기 위한 배움은 이러한 도구 혹은 수단들을 효과적으로 그리고 완벽하게 다룰 수 있는 기교를 습득하는 것으로 시작해야 한다. 이는 시각화를 직접적으로 담당하는 연출자나 그것을 향유하는 관객 모두 눈에 보이는 요소들에 자신의 눈과 의식이 먼저 닿기 때문에 일면 당연하다고 할 것이다.

그러나 바그너(R. Wagner)의 말처럼, 모든 예술의 궁극적인 목표가 리듬의 창조에 있다면, 위에서 말한 무대 위에서의 시각화는 눈에 보이는 시각화만을 목표로 하는 것이 아닌, 어떤 새로운, 다른 지향점을 목표로 설정해야 할 것이다. 즉 연출자의 작업이 의미하는 '희곡의 시각화'는 단순히 희곡이 지시하는 내용의 물적 재현이 아니라, 눈에 보이는 여러 시각적 요소들을 수단으로 하여 눈에 보이지 않는 어떤 것—주제, 리듬—을 창출해내야 한다. 하르트만(N. Hartmann)은 문학과 연극을 "현실적 지각 가능태"를 기준으로 비교하면서 그 특징들을 다음과 같이 설명한다.

> 위에서 말한 문학의 불리는 극예술에서 보충된다. 그러나 그러기 위해서는 본래의 문학과 독자와의 중간에 제2의 예술가, 즉 극예술과 배우가 개입되어야 한다. 그렇게 되면 중간층이 실재로 변용하며 재생산적 환상을 떠나서 현실적 지각 가능태로 옮아가게 된다. 비실재적인 전경이 실재화하고 문학적 형상들을 시간·공간적으로 움직여온 대상층이 말을 하며, 그 표정들이 전개되어서 우리가 보고 듣고 직접적으로 경험할 수 있게 되고 독자는 관객이 된다.[2]

문학이 텍스트의 지시 대상을 상상 속에서 형상화하는 것이라면, 연극은 중간 예술 계층의 개입으로 그 상상속의 형상을 현실화하는 것으로 이해

---

2) N. Hartmann, Ästhetik(Berlin, 1953), 전원배 옮김, 『미학』 (서울: 을유문화사, 1995), 123쪽.

된다. 그러나 연극의 지향점은 여기에 머무는 것은 아니다. 즉 연출 작업에서의 '시각화'는 일차적으로는 "현실적 지각 가능태"이지만 최종적으로는, 전경을 통한 후경의 감상으로 정리하고 있는 하르트만의 주장과 같이 또는 그 주장을 넘어 다시 현실적 지각 가능태를 통한 후경에로의 초대를 목표로 해야 한다.[3]

이렇게 되었을 때 '한 장면의 연출'은 단순히 희곡의 내용을 시각화하는 것이 아닌, 관객을 후경으로 실어 나르는 일종의 매개체가 된다.[4] 즉 연출자의 일차적 목표는 시각화에 있으나 최종 목표는 눈에 보이지 않는 후경에 있게 된다.

무대 위의 시각적 요소들과 그 예술적 배치, 배열, 변용이 연출자의 최종 목표가 아니라면 그것들은 관객들을 후경으로 인도하기 위한 일종의 자극체여야 한다. 물론 이것을 직접적인 언급을 통해 할 수 없기 때문에 연출자와 관객 사이에는 시각적 요소들만을 통한 상호소통이라는 전제가 존재한다.

> 예술가는 직접적으로 오직 실재적 형상만을 형성할 수 있다. 그 밖의 모든 것은 이 전경의 형성을 통해서 나타나게 하는 것이므로 간접적인 것에 불과한 것이다. 그러나 예술가는 원칙적으로 가시권을 멀리 떠난 인생과 성격에 이르기까지의 모든 후경이 나타나도록 선과 색채를 배합할 수 있다.[5]

하르트만이 간접적이라고 표현한 것에서 의미되는 것은, 연극을 포함한

---

3) 이럴 경우 관객의 미적 대상의 감상은 현실적 지각 가능태(중간 계층) → 전경(희곡의 전경) → 후경(작품 - 희곡/공연)의 지향점으로 나아가게 된다.

4) 역시 이러한 의미에서 '벌거벗음(naked)'과 '나체(nude)'를 구별할 수 있을 것이다. 이것은 다시 무대 위에서의 성적 표현이 어떤 지향점을 갖고 있느냐에 따라 값싼 라이브 쇼(live show)와 진지한 예술 작품으로 구별할 수 있게 한다.

5) N. Hartmann, 앞의 책, 112쪽.

모든 예술은 간접적으로 관객을 자극하고 관객으로 하여금 자신의 상상력 속에서 직접 후경을 완성하는 것을 최종 목표로 하고 있다는 것이다. 따라서 무대 위의 공연은 연출 작업의 최종적 산물이라기보다는 관객의 적극적 관극 행위의 결과물이다. 만일 예술적 창조 행위를 통해 무엇인가—환영— 를 창조해냈다면 그것은 연출자의 기대와 관객의 기대가 서로 상호 교통하여 만들어낸 일종의 기대의 산물일 것이다. 이것이 '만남'으로서의 연극이 갖는 재미일 것이며 또 이 재미는 단순히 연극에만 머물지 않고 예술 전반의 창조와 수용 행위에 재미를 주는 요소일 것이다.

> 실제로 우리가 즐기는 것이 이러한 작품들을 떨어져서 보는 것이라기보다는, 뒤로 물러나는 행위 그 자체, 그리고 우리의 상상력이 발동하여 그 색깔들의 혼합을 완성된 이미지로 변형시키는 것을 바라보는 것이라는 사실에 대한 인식이 날로 더해 가고 있다.[6]

이것을 전제하면, 연출자는 무대 위의 시각화를 일종의 가능태로 만들어야 한다. 즉 관객의 상상이 개입할 여지가 없는 완성태보다는 관객의 상상력이 더해져야 완성되는 가능태로 희곡의 시각화를 끝내야 한다. 따라서 어떤 의미에서 무대 위의 묘사는 언제나 어느 정도의 빈틈을 내포한 채 완성되어야 한다. 그리고 그 빈틈은 관객의 자리로 예약되어 있어야 함은 분명하다. 이렇다면 한 장면의 시각화는 작가에 의해 주어진 텍스트라는 재료와 연출 작업을 통한 가공의 재료 그리고 마지막으로 관객의 참여로 인해 주어지는 재료들의 상호연관과 그 상호작용으로 창출되어야 할 것이다.

---

6) E. H. Gombrich, *Art & Illusion: A Study in the Pshychology of Pictorial Representation*, 6th ed. (London: Phaidon press, 2002), 차미례 옮김, 『예술과 환영: 회화적 재현의 심리학적 연구』 (서울: 열화당, 2003), 197쪽.

이런 생각을 바탕으로 본 장은 연출 작업의 과정에서 최우선의 작업 대상이면서도 그동안 상대적으로 고려의 대상이 되지 못했던 시·공간의 문제를 다루려고 한다.[7] 물론 눈에 보이는 공간을 논의의 출발점으로 삼겠지만 본 장이 지향하는 바는 극장 공간, 무대 공간이 갖는 시·공간성의 의미와 연출 작업, 즉 장면 연출과의 상관관계이다. 이 상관관계는 다시 공연과 관객과의 상관관계를 통해 조절되어 최종적으로 연출자가 자신의 작업에서 전제해야 할 또는 지향해야 할 목표점을 좀 더 실제화하고 구체화하는데 사용될 수 있기를 기대한다. 따라서 본 장에서는 텍스트의 의미 분석이라든가, 주제의 구체화에 관한 실례, 배우의 등장인물의 형상화 등 기존의 다른 논문에서 다룬 주제들은 상세하게 다루지 않을 예정이다. 장면 연출과 시·공간의 상관관계가 리듬의 창출에 있다는 대전제를 검증해보고 그 과정을 무대 위의 모든 것을 하나의 구성 요소로 보고 논의를 진행할 것이다.

그동안 공연과 관련된 글들은 보통 작품의 주제에 관련된 문학적인 것이든지, 장면 연출과 관련되어 있어도 주로 드러난 시각적 요소들의 배열, 배치에 관련된 미학적인 것이든지, 아니면 연출자의 시각화의 특징에 관련된 것이 대부분이었다. 본 장은 이러한 것에 주목하여 그동안 잘 다루어지지 않았던 부분, 즉 장면 연출에 있어서 연출자에게 주어지는 시·공간의 보이지 않는 측면의 특성에 관해 논의하려고 한다. 논점의 주된 방향은 그 시·공간이 연출자와 관객이 함께 만들어가는 시·공간이며 또 연출자는 자극으로 그리고 관객은 그에 부응하는 상상력으로 서로 교호한다는 점을

---

7) 물론 무대디자이너들의 작품은 이러한 문제에 대한 고민과 해답의 결정이다. 다만 문제는 그들의 생각이 논문이 아니라 작품으로만 나타나 있어 그 구체적인 생각의 흐름이나 과정이 잘 드러나 있지 않다는 것이다. 또 학문적 방법론으로 자신의 작품과 작업 과정을 구체화한 무대 디자이너도 드물다.

논증하려고 한다. 그리고 이러한 논의의 결론으로써 극장에서 이루어지는 연출자와 관객의 상호작용이 결국 어떤 형태의 리듬을 창출한다는 전제를 확인할 것이다. 이러한 전제가 충분히 논증된다면 지금까지 주로 눈에 보이는 시각적 요소들에 치우쳐 있는 연출 작업의 대부분을 눈에 보이지 않지만 작품의 최종 목표인 리듬의 창출로 전환할 수 있으리라는 기대를 갖는다.

2. 장면 연출의 시·공간적 특성

창조는 무질서에 질서를 부여하는 행위이다.
—M. Eliade, 『종교형태론』

공연의 형식(style)을 결정하는 가장 중요한 요소는 공연과 관객이 만나는 형식(form)에 대한 고려이다. 물론 희곡의 형식(style, form)도 연출가에게 하나의 전제 조건일 수 있지만, 연출자가 고려하는 공연 형식은 우선적으로 '어떤 형식으로 관객과 만나느냐'는 질문에 대한 답변으로 결정된다. 그리고 이때 우선적으로 고려해야 할 것이 극장의 형태(form)이다.

극장의 형태는 전통적으로 원형, 사진틀, 돌출 그리고 마지막으로 창의적 공간으로 나뉜다. 이 중 돌출 무대와 창의적 공간은 원형 무대와 사진틀 무대의 창조적 변용 또는 응용이라고 본다면 원형 무대와 사진틀 무대의 특징은 고정되어 있는 극장(무대)의 특징을 대표한다고 하겠다. 원형 무대와 사진틀 무대의 특징은 다음과 같다.

원형 무대는 무대와 관객의 거리가 가깝고 친밀감이 생길 수 있는 구조이므로 상징이나 생략을 이용한 비사실주의 극에 적합하고, 사진틀 무대는 관객으로 하여금 객관적으로 떨어져서 보게 하므로 직접적인 교류를 의도하는

연극 형식에는 부적합하다.[8]

이미 주어진 조건으로서 극장이 갖는 위와 같은 특징들은 연출자로 하여금 장면 연출을 할 때 하나의 한계로, 부담으로 작용할 수 있다. 오랜 시간을 통해 쌓여온 전통을 뛰어넘기란 그리 쉬운 작업이 아니기 때문이다. 그러나 동시에 자신의 작업을 전혀 새로운 시·공간에 펼쳐 놓기를 희망하는 연출자는 이러한 선재 조건들을 반드시 새로운 형태로 변형시켜야 한다.

작품과 극장의 형태에 우선하여 공연의 형태를 결정하는데 고려해야 할 또 다른 요소는 관객과의 만남의 형태에 대한 고려이다. 물론 위에서 언급한 원형 무대와 사진틀 무대 역시 관객과의 만남의 형태를 기준으로 분류한 것이고 또 그에 따른 특징들을 갖고 있지만, 여기에서 말하는 관객과의 만남의 형태에 대한 고려는 아무런 전제 요소를 갖지 않은, 마치 백지와도 같은 시·공간에서 관객과 만날 때 펼쳐질 수 있는 수천 가지의 다양한 가능성에 대한 고려이다.

> 공연 형식을 결정하는 데 있어서 관객의 양과 질, 관객의 참여 형식의 문제 역시 반드시 고려되어야 할 사항이다. 무대가 어떠한 관객과 만나느냐에 의해서도 극장 선택이나 공연 형식이 달라질 수 있기 때문이다.[9]

여기에서 관객의 양과 질이 문제가 되는 것은, 관객들이 극장에 오면서 갖게 되는 기대와 관련이 있다. 여러 경로를 통해 관극을 결정한 관객이 갖는 기대는 극장이라는 구체적인 공간과 만나면서 의식적·무의식적으로 충족 또는 실망을 맛보게 된다. 연출자가 작업을 시작해야 하는 최초의 시·

---

8) 안민수, 『연극 연출: 원리와 기술』 (서울: 집문당, 1998), 157쪽.
9) 같은 곳.

공간적 출발점은 바로 이곳일 것이다. 즉 연출자는 자신이 연출하려는 장면을 반드시 관객의 기대라는 요소를 고려하여 시작해야 하는 것이다.

관객의 기대 중 가장 흥미로운 것은 관객이 갖는 극장이라는 시·공간에 대한 기대이다. 일상과 구분되는 극장에서의 시·공간은 일상에서 경험하는 시·공간과 유사하면서도 다른 시·공간의 경험을 가능하게 하기 때문에 관객이 갖는 기대는 일상에서의 그것과 같으면서도 다른 이중적 기대를 포함하고 있다. 우선 관객은 극장 안에서의 자신의 존재를 느낀다. 그리고 관극하는 동안에는 극중 시간에 침잠하여 현재(일상)의 시간을 잊는다. 이것은 공간에도 그대로 적용된다. 즉 관객은 극장 안이라는 특수한 공간에 존재하는 자신을 느끼지만 무대 위에 펼쳐지는 가공의 공간에 침잠하여 현재(객석)를 잊는다. 물론 공연이 진행되는 두 시간 정도의 시간이 모두 완벽한 가공의 시·공간으로 채워지는 것은 아니기 때문에 결과적으로 관객은 일상의 현실적 시·공간과 가공의 시·공간을 교차적으로 경험하게 된다. 그리고 이러한 교차적 경험은 무대 위에 창출된 가공의 시·공간을 파괴하는 것이 아니라 오히려 더 강화하는 보색으로 작용한다. 따라서 관객의 기대는 극장을 일상과 구분하고 극장 안의 시·공간을 일상의 그것과 구별하는 중요한 요소가 된다.

이렇게 보면 극장이 차지하는 시·공간은 일상의 시·공간을 일시적으로 차단하고 새로운 시·공간을 창출하는 일종의 구별된 장소가 된다. 그래서 구별된 장소로서의 극장은 현실과 일상에서 할 수 없거나 금지된 여러 가지 일들을 허용한다. 그것이 성화(聖化)이든 비속화이든 일상과 구별된다는 점에 있어서는 동일한 것이다. 이런 점에서 고대 그리스의 극장이 신전(神殿)과 인접하여 존재했다는 점은 시사하는 바가 크다고 하겠다. 요컨대 성소도 역시 극장과 마찬가지로 일상과 구별된 장소로서 그곳의 시·공간은 일상의 그것과 구별된다. 이 구분 또는 구별이 자신을 성화하는 특징적인 차이점인 것이다.

> 사실 성소라는 개념은 어떤 장소를 변용하고 특수화하여, 요컨대 주위의 세속적인 공간으로부터 그곳을 분리함으로써 그 장소를 성별하는 원초의 히에로파니를 반복하는 개념을 포함하고 있다.[10]

신전처럼 구별된 시·공간은 이미 일상의 공간이 아닌 성화된 공간이다. 그리고 그 공간은 성화로 인한 특수한 힘을 갖는다. 이것은 신전 자체에 어떤 특수한 힘이 있다는 의미가 아니라 신전이 사제와 제의의 참여자들에 의해 구별되었기 때문이다.[11] 이와 동일하게 극장도 자신을 변용하고 특수화한다. 아니 관객의 기대는 극장을 일상과 다른 어떤 특수한, 변용된 시·공간으로 인식하고 기대한다. 따라서 극장에서의 시·공간은 변용된, 특수화된 시·공간으로서 그곳에서 이루어지는 사건에 대해 특수한 성격을 부여하게 된다. 연출자가 장면 연출에서 고려해야 하는 시·공간은 바로 이러한 시·공간인 것이다.

관객이 존재하는 극장에서의 공간은 현실적, 일상적 공간이면서 동시에

---

10) Mircea Eliade, *Patterns in Comparative Religion* (New York: 1958), 이은봉 옮김, 『종교형태론』, (서울: 한길사, 1996), 472쪽. 여기에서 히에로파니는 그리스어의 hieros = 성, phainein = 나타내다의 합성어로, '성을 나타낸다'는 말의 가장 넓은 의미로 사용한다. M. Eliade, 앞의 책, 47쪽 이하 참조.

11) 엘리아데는 신전의 성화가 외부로(신, 초월자)로부터 온 힘에 의해 성화된다고 설명한다. 그러나 극장과 똑같이 신전 역시 사제와 제의의 참여자들에 의해 성화되었다고 보는 편이 좀 더 객관적 사실일 것이다. Mircea Eliade, *Cosmos and History, The Myth of Eternal Return*, trans. from the French by Willard R. Trask, Harper Torchbooks, *The Bollingen Library* (Harper & Row, Publishers, New York, 1959), 정진홍 옮김, 『宇宙와 歷史 —永遠回歸의 神話—』 (서울: 현대사상사, 1976), 14쪽 참조.

비실재적, 가공의 공간이다. 의식적 또는 무의식적 기대의 충족을 꿈꾸며 앉아 있는 관객이 존재하고 또 바라보는 공간은 일상의 공간과는 전혀 다른, 특수한 힘을 가진 공간이 된다.

이 점은 극장에서의 시간을 관찰하면 좀 더 분명해진다. 극장에서의 공간과 마찬가지로 극장에서의 시간도 일종의 이중적인 성격을 갖고 있다. 즉 극장 안에서는 관객이 관극하는 객관적인 시간 외에도 극중 시간과 그와 더불어 심리적인 시간이 더해진다. 첫 번째의 극중 시간은 사실주의 시대를 제외하면 현실적 시간과 전혀 다르다는 것은 자명하다. 여기에서 중요한 것은 심리적인 시간이다. 왜냐하면 이 심리적인 시간은 현실적인, 객관적인 시간과 극중 시간 모두를 관통하여 변형하는 힘을 갖고 있기 때문이다.

> 모든 작품에서 시간의 연속은 결코 언제나 같지 않다는 것을 관객은 알고 있다. 한 작품 내에서조차 연결의 속도는 바뀔 수 있고, 그리고 그것은 가속화(Beschleunigungen)와 지체(Verzögerungen)로 나타날 수 있다. 마치 사이를 두지 않고 흐르는 시간의 연속이 긴장을 고조시키고, 모든 휴지기가 긴장을 해소시키는 것처럼 보일 수 있을 것이다. 그러나 실제로 실상은 훨씬 복잡하다. 어려움은-음악에서의 속도와는 다르게-확정되어 있지 않은 드라마 속도를 측정하는 데 있다. 드라마의 속도는 관객의 주관적인 체험에 달려있는 것은 아닐까?[12]

문제는 극중 시간을 느끼는 관객의 주관적인 체험이 연출자의 장면 연출을 위하 고려 하에서 이루어진다는 것이다. 다시 말하면 극장 안에서의 시간은 관객의 주관적 느낌에 의존하는 시간이기도 하지만, 연출자의 계산

---

12) Peter Pütz, *Die Zeit im Drama: Zur Technik dramatischer Spannung*, 2. Aufl. (Göttingen: 1977), 조상용 옮김, 『드라마 속의 시간 -극적 긴장 조성의 기법』 (서울: 들불, 1994), 74쪽.

에 의해 발생하는 조작적 성격도 강하다는 것이다. 따라서 극장에서의 시 · 공간은 일종의 왜곡이다. 그러나 이 왜곡은 만드는 측과 그것을 수용하는 측의 상호소통과 수용을 전제로 한 왜곡이다. 연극사상 가장 현실에 충실하도록 규정한 사실주의 연극마저도 이러한 왜곡에서 비켜갈 수 없다. 굳이 "리얼리즘은 현실의 왜곡이다"13)라는 말을 빌지 않아도 극장 안에서, 무대 위에 표현된 사건은 관객의 기대와 왜곡에 대한 승인을 받은 일종의 가공품 즉 예술품임은 두말할 나위가 없는 것이다. 여기에 연극에 예술이 될 수 있는, 즉 관객의 협조로 예술이 될 수 있는 가능성이 있다.

> 우리는 미적 대상의 구성에 관조자가 협동하는 것을 분명히 간취한다. 후경은 물론 전경 '중'에서 '현상'한다. 그러나 오직 예술적으로 충분히 관조하는 자에게 대해서만 그러한 것이다.14)

그렇다면 연출자의 장면 연출은 전경을 만들되 관객이 '선택'하여 '현상'할 수 있도록 제시하는 것에 불과한 것인가? 그림이나 노래와는 달리 제작자의 의도만으로 완성될 수 없는, 관객의 참여를 절대적으로 필요로 하는 것인가? 만일 연극의 장면 연출이 그렇다면 그것은 해프닝(happening) 같은 일종의 과정의 예술이 되고 만다. 연극이 해프닝과 구별되는 일정한 차이를 갖고 있다면, 거기에는 분명 과정에 머무르지 않고 그것을 지난 자체 완성의 자족적 요소들이 있을 것이다.

연출자에게 제시되는 재료로써 이미 창조된 작품이 있다는 점에서 연출자를 희곡 작가와 달리 창조적 예술가가 아닌, 해석적 예술가로 규정하기도

---

13) Damian Grant, *Realism* (Norfolk: Cox & Wyman, 1970), 김종운 옮김, 『리얼리즘』 (서울: 서울대학교 출판부, 1978), 86쪽.

14) N. Hartmann, 앞의 책, 109쪽.

한다. 그러나 희곡에 제시된 내용을 어떻게 다시 극장(무대)라는 시·공간에 펼쳐 놓을 것인가라는 문제는 단순히 해석에만 머무르는 행위라고 볼 수만은 없다. 위에서 살펴본 것처럼, 극장에서의 시·공간이 아무것도 규정되지 않은, 광대하게 펼쳐진 원초적 재료라고 한다면, 분명 그것에 질서를 부여하는 행위는 그것이 해석, 왜곡, 축약, 암시 등의 행위라고 할지라도 하나의 창조적 행위임에 분명하다.

분명 극장에서의 시·공간은 이중적 특징을 갖는다. 관객의 존재가 갖는 수용자와 창조자의 이중성, 연출자의 존재와 부재의 이중성, 현실(일상)적 시간과 허구적 시간의 이중성, 객관적 시간과 심리적 시간의 이중성, 현재와 허구의 이중성 등은 무대 위의 사건에도 전경과 후경이 겹쳐 나타나는 것으로 표현된다. 연출자의 장면 연출은 이러한 이중성의 비율과 관객과의 접점의 수위를 조절해야 비로소 그 장면에서 목표하는 효과를 얻을 수 있는 것이다. 즉 연출자의 장면 연출은 희곡 내용의 시각화나 보이는 시각적 요소들의 예술적 나열만이 아닌 것이다. 오히려 보이는 요소들을 수단으로 보이지 않는 것들을 표현하는 것이 장면 연출의 올바른 이해일 것이다. 여기에 관객의 참여가 포함되는 것은 물론이다.

3. 시·공간의 가시성과 비가시성

> 나는 네가 내가 너를 바라보는 것을 보는 순간에 너를 바라본다.
> —Jacques Derrida & Marie-Françoise Plissart, 『시선의 권리』

극장의 시·공간은 텅 빈 공간이다. 그것은 비어 있기 때문에 분명 존재하면서도 부재하는 독특함을 갖는다. 연출자가 장면을 만드는 순간, 즉 무대 위에 배우가 서고 그가 움직이며 그것을 바라보는 한 사람의 존재가 있는 그 순간, 극장에서의 시·공간은 비로소 텅 빈 공간에서 무엇인가가 존재하며 움직이는 가시적 시·공간으로 변화한다.

가시적 시·공간은 연출자가 자신의 장면을 꾸미는 일차적인 수단이다. 배우와 무대 장치, 대·소도구와 의상, 조명 그리고 여기에 색과 톤(tone), 질감(texture) 등이 연출자의 의도에 따라 배치되고 배열된다. 이것이 관객이 극장에서 볼 수 있는 가시적 요소들이다. 이 가시적 요소들은 일정한 형태를 갖고 있다는 공통점이 있다. 또 일정한 형태를 갖기 때문에 극장 공간에서 차지하는 시·공간적 영역을 갖고 있다. 한 장면의 예를 들면, 고정된 무대 장치와 대·소도구는 사건의 배경, 즉 환경을 제공하여 배우로 하여금 이곳에서 움직일 수 있게 한다. 따라서 한 장면(a scene)은 한 장소(a place)에 고착되고 고정된다.

장면과 장소의 일치를 극단적으로 추구한 예는 프랑스 신고전주의 연극에서 살펴볼 수 있다. 사실주의와는 또 다른 의미에서의 '사실성'을 추구한 신고전주의는 일상의 시·공간과 허구의 시·공간을 일치시키려는 극단적인 노력으로 이해된다. 그래서 신고전주의 연극은 때때로 재현에 있어 많은 제약을 가진, 불편한 형식으로 생각되어왔다. 그러나 한편 신고전주의에서의 수많은 제약들은 일종의 '고정성(fixity)'이어서 오히려 이러한 고정성으로 말미암아 창조적 상상이 가능하다고 보는 관점도 있다. 예를 들면 삼일치의 법칙 중 가장 극단적인 장소의 일치에 대한 새로운 해석은 다음과 같다.

> 장소의 일치는 주어진 장소와 공간을 정착시키지만 더 큰 정신적 공간으로 도약하게 하는 트램펠린 역할도 하는 것이다.[15]

장소의 고정은 많은 제약을 갖고 오지만 이러한 제약이 오히려 더 큰 상상의 공간을 가능케 한다는 것이다. 관객들은 고정된 요소들을 보지만 그것에 머무르지 않고 그것은 발판으로 장면에 내재한 더 넓은 상상의 공간으로 뛰어든다는 것이다. 그렇다면 이러한 고정성이 강하면 강할수록 상상의 큰 공간에 대한 관객의 욕구는 강렬해지는 것일까?

일반적으로 밝고 어둡다는 느낌, 좁고 넓다는 느낌 등은 일종의 상대적인 느낌이다. 위에서 살펴본 극중 시간의 개념도 심리적·상대적 느낌이다. 일상에서 빠져나와 극장을 찾은 관객의 심리 상태는 일상에서 답답함에서 벗어나 허구의 시·공간을 자유롭게 유영하고 싶은 것이다. 관객 자신이 객석의 고정된 좌석에 앉아 있으면서 '불신의 자의적 중지'를 통해 기꺼이 허구의 시·공간에 침잠하는 것은 이러한 욕망의 한 표현일 것이다.

이러한 이유로 연출자의 장면 연출은 가시적인 시각적 요소와 그 고정성에 머물러 있어서는 안 된다. 가시적 요소들을 통해 사건을 시각화하되 다시 눈에 보이지 않는 비가시적 세계로 관객을 인도해야한다.[16] 그리고 물론 이 비가시적 세계는 관객에게 전혀 낯선 것이 아닌 관객의 무의식에 존재한 그러면서도 관객이 깨닫고 있지 못한 세계이어야 한다. 무대 위의 사건을 바라보면서 그것으로 연상한 무엇인가가 나에게 낯설면서도 친숙한 그 무엇일 때, 그리고 그것이 하나의 유의미로 다가올 때 관객은 그 장면과 작품 전체를 이해할 수 있게 된다. 그리고 그 이해는 자신에게 선재한 욕구

---

15) Seth L. Wolitz, 「장소의 일치와 연극적/정신적 공간의 자유: 동·서양의 비교」, 『한국연극학회 2003 서울 국제연극학 심포지움 발제집』, 서울, 2003년 10월 11일, 83-84쪽.

16) 연출자가 대면하는 최초의 극장 공간이 텅 빈 카오스적 공간이라면 무대 위에 표현된 가시적 공간은 연출자의 창조 행위로 말미암아 질서가 잡힌 세계이다. 그리고 마지막으로 이 가시적 공간은 하나의 발판으로 작용하여 관객으로 하여금 다시 눈에 보이지 않는 상상의 세계로 뛰어들게 한다.

임은 분명하다.

　이렇게 보면 연출자의 장면 연출은 관객으로 하여금 관극을 통해 자신의 욕구를 재발견할 수 있도록 가시적 재료를 통한 비가시적 세계에의 초대일 수도 있다. 한 장면이 관객에게 즐거움을 주었다면 그것은 단순한 소비적 즐거움이 아닌 창조적 행위에 대한 즐거움일 것이기 때문이다. 이것은 다시 "'안다'는 기분을 느끼는 것은 언제나 기분 좋은 일"[17])이기 때문에 관객이 무엇인가 창조 행위에 참여한다는 느낌을 주고 그래서 더 쉽고 강렬하게 연극에 대해 즐거움을 느낄 수 있게 한다. 연극이 갖고 있는 매력 중 가장 강력한 것이 바로 이것일 것이다.

　　(…) 보는 사람을 창조라는 이름의 마술무대 안으로 끌어들이고, 그 전에는 미술가만이 누릴 수 있는 특권이었던 '만드는' 쾌감을 어느 정도 맛보도록 허락해 준다. 그것은 우리의 창의성을 자극하여 우리로 하여금 모호하고 불분명한 것을 우리의 마음속에서 찾아내게 만든 20세기 예술의 그 시각적 수수께끼로 연결되는 전환점이다.[18]

　비가시적인 것들은 모호하고 불분명하다. 그렇기 때문에 연출자의 장면 연출이 관객의 참여로 완성된다고 할 때 그 결과를 미리 확신할 수 없는 애매함으로 어려운 것이다. 연출자는 관객의 기대와 욕망을 알아야 가시적 도구를 사용해 비가시적 세계를 창출할 수 있는 것이다.

　장면에서의 시각적 요소들은 일종의 관성적 상징, 기호들로 이루어져 있다. 따라서 연출자는 자신의 의도를 실천하기 위해 이러한 관성적 상징과 기호들을 어떤 형태로든 변화시켜야 한다. 이것은 관객의 인식의 관성을 변

---

17) E. H. Gombrich, 앞의 책, 197쪽.
18) 위의 책, 199쪽.

화시켜야 하는 것을 의미하기도 한다. 인식의 관성은 모호성에 대한 일방적, 무의식적 스키머(schema)의 투사의 변화, 즉 다른 것으로의 대체를 의미한다. 이러한 관성적, 관습적 해석에서 벗어나기 위한 장치 중 하나가 바로 브레히트의 '소외 효과' 또는 '소외를 불러일으키는 기법'이다. 그러나 이것은 동시에 일상 속에서 예술을 인식할 수 있는 방법이기도 하다. 장면 연출에 있어서 연출자의 노력은 바로 이러한 관객의 인식의 관성을 파괴하고 다른 상상 속의 의미로 관객을 이끌려는 노력인 것이다. 효과적으로 연출된 장면은 따라서 관객의 눈을 새롭게 하여 묘사의 대상에 내재한 또 다른 의미를 발견하게 한다.

만일 연극이 재현의 예술이라면, 연출자의 작업은 위에서 언급한 것처럼, 일상적이고 진부한, 또는 결정되어 있는 일방향의 해석을 비일상적인 예술적 해석으로 바꾸는 작업일 것이다. 이것은 또 그것을 성취하 방법에 있어서 시나 노래가 가진 힘이 일상어를 능가하는 이유를 생각하면 쉽게 도출할 수 있다. 그것은 바로 리듬과 템포를 이용하는 것이다. 장면 연출에 있어서 리듬과 템포는 비가시적 세계로 관객을 초대하는 구체적인 수단임과 동시에 최종적 목표가 된다.

4. 시 · 공간의 창출과 리듬

> 모든 재현은 소위 '유도 투사'에 어느 정도 의지하는 것이다.
> —E. H. Gombrich, 『예술과 환영』

연출자의 장면 연출은 일차적으로 일상생활의 모방 또는 재현으로부터 출발한다. 무대 위에 재현된 사건(상황)과 일상생활의 유사성은 관객이 여행을 시작하는 출발점이 된다.

> 한마디로 말해, "연극이란 우리를 괴롭히는 곤경의 모방적 재연이며, 또 재
> 연을 통한 곤경으로부터의 해방이다"라고 한 아리스토텔레스의 개념이 모
> 든 게임, 춤, 놀이에 그대로 적용되는 것이 아닐까? 사람들의 환영을 받으려
> 면 게임과 놀이는 우리의 일상생활을 모방한 내용을 담고 있어야 한다.[19]

그러나 앞에서 말한 바와 같이 이 일상생활과 유사해보이는 장면은 일
상생활과 구별된, 성별된 장면이다. 확장과 생략, 상징과 암시를 통해 구성
된 장면은 이미 일상생활의 그것과 다른 어떤 것을 갖고 있다. 즉 눈에 보
이는 유사성과 눈에 보이지 않는 차별성을 갖고 있는 것이다.

한 장면 안에서의 시각적 요소들은 눈에 보이는 것이 전부가 아닌, 자극
과 암시, 상징과 사인으로 가득 찬, 보이는 세계에서 보이지 않는 세계로 가
기 위한 일종의 정거장에 불과할 수도 있다. 만일 연출자의 지향점이 보이
지 않는 세계에 있다면 이 정거장이 화려하거나 자체 목적적일 수는 없을
것이다.[20] 따라서 연출자의 장면 연출은 일차적으로 관객의 시각에 호소하
되 보이지 않는 여러 감각을 자극해야 한다. 배우의 연기도 먼저 관객에게
들려서 이해되고 난 후 보여야 한다.

> 우선 관객들의 귀를 만족시키고, 그 다음 눈을 만족시켜야 한다. 들은 후에
> 관객들이 보기 시작하는 바로 그 순간 연기는 나무랄 데 없을 것이다. 예를
> 들어 '우는' 행위에 있어서 배우가 얼굴을 소매로 가리기 전에 '운다'는 단어

---

19) Marshall McLuhan, *Understanding Media: The Extensions Of Man* (Massachusetts: MIT Univ.
   Press, 1994), 김성기·이한우 옮김,『미디어의 이해: 인간의 확장』(서울: 민음사, 2002), 333쪽.
20) 이런 점에서 아리스토텔레서가 극의 6가지 요소 중 '볼거리를 최하위로 놓은 것은 플롯이나 성
   격에 집중되어야 할 관객의 의식을 볼거리가 방해할 수도 있다는 우려의 표명이라고 생각한다.

를 듣게 한다면, 연기는 제스처로 완성된다.[21]

노(能)의 완성자인 제아미의 연기에 관한 위의 소론은 장면 연출에 있어서 연출자가 집중해야 하는 것이 가시적 요소보다는 오히려 비가시적 요소임을 훌륭하게 보여주고 있다.

비가시적 요소 중 장면 연출의 최종적 목표가 되는 것은 바로 리듬이다. 리듬은 눈에 보이지 않지만 장면을 지배하며 관객으로 하여금 무의식중에 장면을 넘어선 또 다른 세계로 진입하게 한다. 리듬의 연출적 정의는 다음과 같다.

> 리듬이란 어떤 사물이 존재하여 그 운동이 만들어내는 궤적을 의미한다. 사물의 운동은 항상 일정한 방향으로 반복되고 규칙적으로 벌어지는데 이때 만들어지는 그 궤적의 단위를 모아서 리듬이라고 하는 것이다.[22]

위 정의에 따르면, 한 장면의 모든 존재는 리듬을 구성하는 요소가 된다. 즉 가장 눈에 띄는 배우의 존재와 움직임으로부터 무대장치의 형태와 색, 대·소도구의 배치와 그 형태 등의 가시적 요소와 귀를 자극하는 배우의 대사, 음악과 음향 등의 청각적 요소 그리고 마지막으로 극장 전체의 분위기와 옆자리 관객을 비롯한 사람들의 존재감 등 모든 개별적 요소들은 하나의 흔적으로, 흐름으로 리듬을 형성한다.

리듬은 보이지 않는다. 감지할 뿐이다. 리듬의 형성에는 일정한 형태와

---

21) Monique Borie, Martine de Rougemont & Jacques Scherer, *Esthétique Théâtrale: Textes de Platon a Brecht* (Paris: SEDES, 1982), 홍지화 옮김, 『연극미학: 플라톤에서 브레히트까지의 텍스트들』(서울: 동문선, 2003), 53쪽.
22) 안민수, 앞의 책, 261쪽.

그 반복이 중요하기 때문에 보통 한 장면 안의 리듬은 다른 장면과의 연계 속에서 형성된다. 따라서 연출자는 장면 연출에서 내용의 연결만 아니라 장면끼리의 리듬의 연결도 고려하여야 한다. 왜냐하면 리듬 역시 추상적인 그 무엇이 아니라 희곡 내용의 구체적인 느낌들을 담아내야 하기 때문이다.

> 본래 리듬과 선율은 노여움과 온화, 용기와 인내(반의어로서의), 그리고 그 밖의 다른 모든 성격의 특질들을 모사한 것이다. (…) 다른 감각기관, 예를 들어 우리가 보는 것을 제외하고 촉각이나 미각으로 우리가 지각하는 것은 이러한 복사들은 아니다. (…) 왜냐하면 형태들도 실제로는 아주 사소하지만, 이러한 성격을 지니고 있기 때문이다.[23]

위의 인용에서 아리스토텔레스는 리듬과 선율 또는 템포가 단순히 청각적 자극들에 의한 창조가 아닌, 감정(정서)과 성격의 특질을 모사하는 것에서 생겨난다고 말하고 있다. 그렇다면 한 장면의 리듬은 그 장면의 내용이 함유한 감각적 표현의 또 다른 표현에 불과한 것일까? 장면 연출이 평면적인 이야기 서술의 완수에 있는 것이 아니라 입체적인 시·공간의 창출에 있다면 리듬은 내용의 감각적 표현 외에 또 다른 중요한 기능을 가져야 한다. 그리고 그것은 당시대 관객들이 공유하고 있는 시대정신 또는 원형적 리듬의 표현이어야 한다. 한 장면의 정서적 표현이 리듬과 템포의 창조에 영향을 끼치는 것은 바로 이러한 이유 때문이다.

리듬이 "어떤 물체의 운동 법칙에 의해 규칙적이고 반복적으로 만들어내는 강세의 시간적, 공간적 궤적"[24]이라면 관객은 모체와 자신의 심장 박동으로 시작되어 지구의 자전과 공전, 사계절의 순환과 낮과 밤의 교체 등

---

23) Aristoteles, *Politics VIII*, 1340A.
24) 안민수, 앞의 책, 261쪽.

우리 삶의 일상을 흐르는 리듬에 대한 기억을 갖고 있다. 현실의 삶이 각박하여 산문처럼 딱딱한 무미건조할수록 극장 안에서의 관객의 기대는 무의식 깊숙이 자리한 리듬의 재확인을 꿈꾸는 것이다. 그것이 의식의 표면에 떠오르지 않아도 무의식 속의 욕망은 더 강렬해진다. 그래서 연출자가 제공한 리듬과 자신의 원형적 리듬이 일치되면 관객은 말할 수 없는 쾌감을 느끼는 것이다.

원형적 리듬으로의 회귀, 모태에서 느꼈던 박동의 재확인은 어느 개인에게만 국한되는 특수한 상황은 아니다. 동·서양을 막론하고 현대인들이 느끼는 막연한 불안감은 원형으로 회귀하려는 욕망의 좌절에 대한 하나의 징후일 것이다.

> 이 전통사회(traditional societies)를 연구함에 있어서 우리가 충격을 받는 하나의 특징적인 사실이 있다. 그것은 그 사회가 구체적이고 역사적인 시간에 대하여 반항하고 있다는 사실, 곧 사물(事物)이 비롯된 태초의 신화적 시간, 즉 "위대한 시간"(Great Time)에로의 주기적인 복귀(復歸)에 대한 향수(鄕愁, nostalgia)를 지니고 있다는 사실이다. 우리는 이 같은 사실의 의미와 기능을 "원형과 반복"(archetypes and repetition)이라고 부른 바 있다.25)

따라서 연출자는 장면 연출에서 시·공간의 창출과 그 결과인 리듬의 형성에 최대한의 주의를 기울여야한다.26) 사실주의 연극의 장면들이 갑갑

---

25) Mircea Eliade, 『宇宙와 歷史 —永遠回歸의 神話—』, 7쪽.
26) 한국 현대 연출가 중 시·공간의 창출과 리듬의 활용을 작업의 주된 과제로 삼고 있는 사람이 바로 한태숙이다. 그의 공연에 나타난 시·공간은 텅 빈 공간과 가로지르는 경사, 검은 색을 주된 톤으로 하고 장면들, 장면과 장면을 연결하는 음악은 모두 일정한 리듬의 형성을 목표로 하고 있다. 《레이디 멕베드》, 《서안화차》, 《꼽추, 리처드 3세》 등의 공연은 모두 이러한 특징을 공유하고 있다. 한태숙의 이러한 경향은 엘리아데의 다음 글에서 그 목적을 유추할 수

하고 지루하게 여겨지는 것은 장면 연출이 가시적 요소들의 세밀한 묘사나 배열에 그치고 있기 때문일 것이다.

연출자의 장면 연출은 일차적으로 가시적 요소들의 예술적 배치이다. 그러나 연극이 우리 삶을 모방, 재현하고 있기 때문에 그 장면은 의미뿐만 아니라 감정과 감각도 담아내고 있다. 우리의 삶이 눈에 보이는 것에 목표를 두고 있지 않은 것처럼, 장면 연출 역시 지향해야 할 어떤 지점을 갖고 있다. 그리고 그것은 눈에 보이지 않는 리듬으로 표현, 완성된다. 이때 지향점으로서의 리듬은 연출자와 관객을 포함한 당시대인 모두의 무의식적 기억에 자리한 원형적 리듬이다. 그것은 생명의 탄생과 자연의 순환 그리고 우주의 신비를 포함하는 근원적인 것이다. 따라서 연출자의 장면 연출은 관객의 근원적 리듬을 자극하고 일깨우는 일종의 유도이어야 한다. 이러한 유도에 따라 관객은 장면을 보고 듣고 이해해서 그 장면을 뛰어넘어 상상의 세계로 건너가는 것이다. 장면 연출이 재현의 예술이라면 역시 관객의 투사는 절대적으로 필요하다. 그래서 연출자는 장면을 재현하면서 관객에게 내용을 강요하지 말고 리듬으로 자극하고 펼쳐놓아 원하는 세계로 이끄는 것이다.

있다. "생명의 실인 운명은 짧고 긴 차이는 있지만 '시간'의 기간을 말한다. 여기서 대여신은 시간의 주인이 된다. 시간은 대여신이 마음대로 창조한다. 산스크리트어로 시간은 칼라(kala)라고 하는데, 이 말은 대여신의 이름 칼리(kālī)와 대단히 흡사한 말이다(사실상 이 두 단어 사이에는 관련성이 있음이 확실하다). 칼라는 또 검은 것, 어두운 것, 더럽혀진 것을 의미한다. 시간이 검은 것은 시간이 불합리하고 가혹하고 무자비하기 때문이다. 시간의 지배하에 사는 사람들은 온갖 종류의 고통을 당하게끔 되어 있다. 따라서 자유롭게 되고자 하는 사람은 우선 시간을 폐지하고 변화의 법칙에서 도피해야 한다. 인도 전승에 의하면 인류는 현재 칼리유가(kālīyuga), 즉 '암흑시대'에 있다고 한다. 그것은 모든 혼란의 때, 극심한 영적인 퇴폐, 우주적인 순환이 완료되는 최종단계인 것이다." Mircea Eliade, 『종교형태론』, 259-260쪽 이하 참조. 한태숙의 무대가 텅 빈 공간을 지향하고 또 그 색이 검은 것은 바로 이 칼리와 연관되어 있을지도 모른다. 따라서 텅 빈 공간을 채우는 것은 필연적으로 시간(리듬)이어야 한다.

5. 나가는 글

장면 연출이 가시적 요소들을 사용한 비가시적 세계의 창출에 있다는 생각은 무대 위에 창출된 시·공간의 특성을 살펴보면 그 정당성을 획득할 수 있다. 무대 위의 장면은 일상의 형태를 재현하고 있지만 그것이 지향하는 것은 가시적 세계를 발판으로 한 비가시적 세계이다. 따라서 장면 연출의 성패가 사실적 모방이나 그 재현에 있지 않음은 분명하다.

관객은 일상을 벗어나 구별된 시·공간으로서 극장을 찾는다. 그가 기대하는 것은 일상을 다시 보는 것이 아닌, 일상의 재발견 또는 일상의 초월이 주는 즐거움이다. 따라서 연출자의 장면 연출은 관객의 기대와 그의 초대가 만나 벌이는 일종의 예술적 유희이다. 이러한 이유로 연출자의 장면 연출은 표면적으로는 완성되어 있을지라도 그것은 늘 관객의 참여를 요구하는, 빈틈이 있는 완성이다. 관객의 참여로 그 장면은 현실을 뛰어넘어 상상의 세계로 완성된다. 이것이야말로 연극을 포함한 모든 예술 향유자들이 갖는 즐거움일 것이다. 따라서 연출자의 작업은 관객이 즐길 수 있도록, 또는 관객을 즐겁게 해줄 수 있도록 완성된 이미지를 제공할 것이 아니라 관객들이 무대 위의 이미지의 완성에 개입할 여지를 만들어주는 것이라고 할 수 있다. 무대가 어떤 형태를 가지고 있든지 언제나 관객을 향해 열려 있는 것은 장면의 이러한 시·공간적 특성에서 비롯된다고 본다.

남아 있는 문제는 연출자 자신과 관객을 관통할 수 있는 리듬의 발견과 그 창출에 있다. 개별화되고 상대화되어 있는 현대의 일상은 모든 소통을 의미 없음으로, 불가능으로 만들고 있다. 내가 이해한 것과 남이 이해한 것이 동일하다는 확증은 그 어디에도 없다. 이런 시대에 하나의 장면을 통해 궁극의 리듬을 창출하는 것은 과연 가능할 것인가? 아니면 불가능하기에 오히려 그것을 예술이라는 이름으로 욕망하고 꿈꾸는 것일까? 장면의 시·공간에 무수히 던져지는 의미와 욕망의 그물망이 시리도록 선명하다.

제3부

장면 연출과
행위현장

장면 연출과 행위현장
장면 연출의 추상적 평면화

제1장

장면 연출과 행위현장
장면 연출의 추상성과 시뮬라시옹을 중심으로

1. 들어가는 글

19세기 말 연출자의 등장과 함께 연극은 보다 정교하고 사실적인 장면 연출이 가능하게 되었다. 조명과 의상 등 보조 수단들은 과학기술의 발전과 함께 연극의 보다 풍부한 표현을 가능하게 하는 요소가 되었다. 연극예술의 창조자로서 연출자의 기능과 임무는 보다 정교해지고 복잡해졌다.

이러한 상황은 1960년대 실험극의 시대를 거치면서 연출자의 기본적인 임무를 단지 텍스트를 시각적인 형태로 만든다는 것보다는 훨씬 더 깊은 심오한 작업으로 보게 되었고 이후 "연출가 연극"[1]의 등장은 원 텍스트의 해

---

[1] 김형기, 「범람하는 해외초청공연을 바라보는 비평의 한 관점」, 『연극평론』, 복간 18호(2005 가을), 119쪽 이하 참조. 이곳에서 김형기는 배우에 의존하여 드라마 텍스트를 원작에 충실하게 재현하는데 치중하는 연극을 희곡적 연극으로 그리고 그 대극에 서 있는 연극을 연출가 연극으로 구분하고 있다.

체·변형·재구성 등의 방법을 통해 점차 이해하기 어렵거나 추상적인 표현들의 집합으로 나타나게 되었다. 그래서 기존의 전통적인 연극과 함께 뒤섞인 이러한 연극들로 말미암아 일반 관객들에게 연극은 너무 어렵든지 또는 너무 쉬워 따분한 것이 되어가고 있다.

그러나 이러한 현상은 비단 연극에만 국한된 것은 아니다. 오히려 현대 예술 전반이 나타난 전반적인 특징/경향이라고 할 수 있을 정도로 그 양과 질의 변화는 넘쳐흐르고 있다.

> 현대 미술은 두 종류의 탄식을 불러일으킵니다. 팝아트의 경우에는 '이렇게 쉬워도 되는 건가?'라는 탄식을, 추상표현주의 미술의 경우에는 '이렇게 난해해도 되는 건가?'라는 탄식을 말이지요. 하지만 수수께끼는 시대를 막론하고 사람들을 매혹시킵니다. 더러는 꿈꾸는 자보다 해석하는 자가, 수수께끼 출제자보다 수수께끼를 풀이하는 사람이 행복한 법이니까요.[2]

연출자의 장면 연출도 팝아트 또는 추상표현주의와 마찬가지로 전통적인 방법에서 벗어나 새로운 표현과 변화를 시도하는 것들이 점차 빈번해지고 있다. 이는 우리 삶의 반영으로서 연극과 장면 연출이 당연하게 가질 수 있는 현상으로 해석된다. 문제는 우리 현대 사회가 전통사회에 비해 급격한 변화를 보이고 있다는 점에 있다. 현대 사회를 비판적 시각으로 조망한 이들에게 있어서 "사회는 어떤 지주를 중심으로 움직이는 것이 아니라 단순히 주어진 의미 없는 요소들을 조작하는 것으로 그친다. 오늘날은 조작의 사회다"[3]라는 선언은 우리 사회가 전통적인 요소들과 얼마만큼 멀리 떨어져 있는지를 보여주는 단적인 예라고 할 것이다. 물론 이에 따라 연극의 의미와

---

2) 박동수, 「현대 예술 숨은 그림 찾기」, 『하나은행』, 108(2012), 41쪽.

3) Jean Baudrillard, 『시뮬라시옹』, 하태환 옮김 (서울: 민음사, 2001), 265쪽.

관객과의 소통에 관한 고민들도 시작되었다.

> 연극을 이런 일련의 교류 네트워크로 보는 것은 문학·연기·연출에 관한
> 전통적인 연구를 넘어서 우리의 연극적 접근 방법을 확장해 준다. 우리는
> 여기서, 작품 요소들 사이 공연자들 사이나 청관중 사이 혹은 전체적인 작
> 품과 공간 사이의 '부차적인 교류들'뿐만 아니라, 공연자들 사이 청관중들
> 사이 혹은 두 집단들 사이의 '근본적인 교류들'을 고려해야 할지도 모른다.[4]

이런 점을 염두에 두고 본 장에서 현대 사회에서 연출자가 행하는 장면
연출이 전통적인 것에 비해 어떤 지향점의 변화와 장면 연출의 가능성을 가
질 수 있는지를 살펴보려고 한다. 이것은 지금까지 연출 또는 장면 연출과
관련된 논의들이 주로 전통적인 담론에 머물고 있다는 판단에서 출발한다.
즉 장면 연출에 있어서 논의된 연출의 기능은 주로 '시각화'와 관련되어 있
다. 주로 프로시니엄 무대를 기본으로 전제한 장면 연출의 관습(convention)
은 따라서 무대 구성(stage composition)에 필수적인 구도, 비례, 패턴, 비율,
공간, 크기 등의 요소들을 '일상의 재현'이라는 목표에 합치하는 최적의 수
치를 찾아내는 것에 집중되어 있다. 이문원의 논문들, 「무대 블록킹 연출:
통합적 교육 모델 개발의 필요성 ―알렉산더 딘(Alexander Dean)과 앤 보거
트(Anne Bogart)의 상호보완성을 중심으로」(『한국연극학』 31호, 2007), 「국내의
연출 교재들의 상호참조를 위한 영역별 분류와 비교연구」(『연극교육연구』 12
집, 2006), 「뷰포인트를 활용한 앙상블 연출의 재발견」(『연극교육연구』 18집,
2011)은 기존의 논의들을 정리하고 상호비교를 통해 보다 효율적인 방법을
제시한 것들이다.

---

[4] Marvin Carlson, 『연극의 이론』, 김익두·최낙용·김월덕·이영배 옮김 (서울: 한국문화사, 2004),
608쪽.

연출자들의 장면 연출에 관련된 논의 중 또 다른 논의는 주로 미학적 측면에 관한 것들이다. 원 텍스트와 내용(story)의 효과적인 드러냄, 강조, 선택 등이 연출 기법을 통해 어떻게 실현되었는지를 밝히는 논의들이다. 김효경의 「한국 현대 음악극의 실제 −연출·연기적 측면」(『한국연극학』 제5집, 1993), 심상교의 「오태석·김광림의 연출기법 연구」(『한국연극학』 제12호, 1999) 그리고 안민수의 「연극의 시간과 공간」(『연극교육연구』 4집, 1999)와 김대현의 「장면 연출과 리듬·템포」(『한국연극학』 22호, 2004)를 비롯한 일련의 논문들이 대표적인 논의들이다. 또 연출의 기술과 기능 등은 신영섭의 「배우의 개성을 활용한 연출가의 리허설 테크닉」(『연극교육연구』 11집, 2005) 등에서 주로 논의되었다.

연출자의 장면 연출에 관한 논의가 제한적 범위에 머무르고 있는 이유는 연출자의 장면 연출을 대부분 원전으로서의 텍스트를 전제하고 있거나 그것의 시각화를 당연시하고 있다는 사실에 기인한다. 이는 국내에서 연출 작업을 그 자체로 창조적인 작업이라기보다는 주어진 텍스트를 해석하는 일종의 "해석 예술가(interpretative artist)"5)로만 인식하고 있기 때문이기도 하다. 주어진 텍스트는 원전으로서의 권위를 갖게 되고 연출자는 이 텍스트에 제시된 일종의 '세상'을 보다 효과적이고 사실적으로 재현하는 것을 주 임무로 삼을 수밖에 없는 것이다.

보다 복잡해지고 정교해진 연출 작업은 20세기 후반을 거치면서 또 다른 필요성에 직면하게 된다. '연출가 연극'이 말하는 것처럼, 연극 작업 전반에 전제적 권위를 행사하던 연출가들은 주어진 텍스트를 재현하는 단순한

---

5) 안민수, 『연극 연출』 (서울: 집문당, 1998), 27쪽. 안민수는 여기에서 연출가를 크게 해석 예술가와 창조 예술가로 구분한다. 그러나 해석의 창조성을 고려하면 해석 예술가 역시 큰 의미의 창조 예술가라고 할 것이다.

기능에 머물기보다는 텍스트를 해체하고, 부정하고 새롭게 재창조하는 창조적 작업에 몰두하는 경향을 나타냈다. 물론 이들의 작업이 연극과 연출 작업의 주류를 차지한 것은 아니지만 이미 보편화된 연출 작업에 새로운 방향을 제시하고 있다는 점에서 주목할 필요가 있다고 본다.

연출가의 작업과 기능에 새로운 변화의 필요성이 등장한 것은 60년대 이후 등장한 '포스트 모더니즘'의 세계관에 힘입은 바 크다. 특히 재현과 이미지의 구축에 있어서 이전 세대와는 구별되는 입장을 가진 일련의 포스트 모더니스트들의 주장은 그에 영향 받은 연출가들의 작업에 이전과는 확연하게 구분되는 어떤 변화들을 초래했다. 즉 스토리의 효과적 전달이나 주어진 주제를 돋보이게 만드는 제 요소들의 조화로운 사용들에 관심을 가졌던 연출가들은 파편적이고 추상적인 이미지의 구축에 그들의 힘을 집중하여 사용하기 시작한 것이다.

타 예술 장르에 비해 영향과 변화가 늦을 수밖에 없는 연극 예술의 특성을 생각하면 이러한 변화는 좀 더 빨리 다른 예술 장르에 출현했음을 짐작할 수 있다. 특히 미술 영역의 경우 사실적 재현의 포기와 이미지의 구축을 목표로 한 작업 기능의 변화는 우리가 충분하게 감지할 수 있을 정도로 그 시작이 빠르고 영향의 폭은 넓다.

> 그 길은 현대 미술이 전통 미학과 단절하면서 열린 길입니다. 그것은 언어가 혹은 이미지가 재현하려고 노력했던 자연과 같은 실체나 이성과 같은 정신적 가치가 아니라 이미지를 이미지로 모방하는 일이며, 이미지에서 비롯되어 다시 이미지로 회귀하는 이미지를 만드는 일입니다.[6]

---

6) 박동수, 같은 책. 41쪽.

대상을 모방의 원전으로 보고 그것을 충실하게 재현하는 작업에서 벗어나 하나의 이미지로 구축하려는 노력은 그 이전 작업과는 질적으로 다른 속성을 가질 수밖에 없다. 따라서 본 장에서는 예술의 원칙으로서의 모방을 포기했을 때 연출자가 가질 수 있는 새로운 지향점과 또 다른 표현의 가능성을 모방 원칙을 대체하는 추상 본능을 중심으로 살펴보려고 한다. 즉 재현이 가능한 원전에 대한 신뢰를 잃어가는 현대에서 기계적 모방은 더 이상 관객들의 기대를 충족할 수 없다. 또 신뢰할만한 원전을 갖지 못한 현대 관객은 모방을 통한 카타르시스 그리고 그것을 통한 자기만족을 대신할 또 다른 '무엇'을 필요로 하고 있다. 이미지의 끊임없는 반복과 흔들리는 차이들을 통한 환상, 개인 판타지와 사이버 공간을 향한 투사 등이 혼합되어 나타나는 현상들은 바로 이러한 현대 관객의 기대를 반증하는 것이라고 할 것이다. 연출가의 경우에도 그 자신 전통 미학이 더 이상 장면 연출에서 효용성을 잃었다고 느낀다면 그것을 대체할 다른 원칙이 필요할 것이다. 본 장에서 논구할 내용은 바로 이러한 장면 연출의 새로운 지향점과 새로운 표현 가능성에 관한 논의이다.

본 장에서는 먼저 모방 본능을 대체할 새로운 예술 원칙으로서 추상 본능을 검토해볼 것이다. 이러한 논의의 출발점의 출발점을 제공한 독일의 미학자 빌헬름 보링어(Wilhelm Worringer)의 학위논문 「추상과 감정이입」(Abstraktion und Einfühlung)의 내용과 주된 논점의 소개를 통해 새로운 장면 연출의 지향점으로서의 가능성을 타진해볼 것이다.[7] 논의를 통해 추상 본능

---

7) 보링어의 추상과 감정이입은 1906년에 박사학위논문으로 탄생하였다. 발표 당시부터 커다란 화제를 몰고 온 이 논문은 단기간에 3판을 인쇄할 정도로 지식계층에게 압도적인 영향을 끼쳤다. 본문에서 사용하는 번역본은 권원순 계명대 교수가 번역한 『추상과 감정이입』 (대구: 계명대학교 출판부, 1982)이다. 1953년 New York에서 출판된 영역본 *Abstraction and Empathy: A Contribution to the Psychology of Style*을 번역한 것이니 일종의 중역본인 셈이다. 중역본의 한

이 모방 본능을 대체할만한 예술 원칙으로 판명된다면 이것을 연출자의 실제 작업인 장면 연출에 적용하여 어떤 변화가 나타날 수 있을 것인지를 살펴볼 것이다. 즉 현실의 모사로서의 장면 연출이 아닌 현실의 추상이 장면 연출에서 어떻게 나타날 수 있는지를 살피는 것이 주된 논의가 될 것이다.

두 번째로 살펴볼 것은 추상과 달리 장면 연출의 또 다른 가능성인 시뮬라시옹에 대해 검토해볼 것이다. 재현을 위해 원본의 유사성을 목적으로 하지 않고 이미지의 또 다른 복사인 상사(相似)가 장면 연출에 어떤 의미를 갖고 있으며 관객에게 끼치는 영향은 어떤 것이 있는지 중점적으로 살펴볼 것이다.

세 번째로 살펴볼 것은 이러한 장면 연출의 지향점의 변화가 무대에 어떻게 타나나는지에 관한 고려이다. 특히 추상원칙의 무대화는 필연적으로 모방과 감정이입, 원근법과 사진틀 무대의 포기를 초래하는데 이러한 포기 이후의 새로운 형태가 어떻게 나타나는지를 살펴볼 것이다. 장면의 평면화로 나타나는 이러한 변화는 장면의 시뮬라시옹과 함께 현대적 장면 연출의 주요한 특징이 될 것으로 기대한다.

마지막으로 살펴볼 것은 이러한 장면 연출의 변화가 "행위현장"[8)과 어

계를 고려해 본 장에서는 위 책들 외에 1911년 München에서 출판된 독일어판 *Abstraktion und Einfühlung*도 함께 참고했다. 이 장에서는 출간된 지 100년이 넘도록 국내에 제대로 소개되지 않은 점을 불식하고 논문의 내용이 갖고 있는 새로운 담론의 배아들을 논의의 연장에서 상세하게 소개하고자 한다. 국내에는 1982년에 중역본이기는 하지만 일차 번역된 상황에서도 후속 연구와 구체적인 현장 적용이 없다는 것은 매우 이례적이고 놀라운 일이라고 할 것이다. 조형 예술 분야를 우선적으로 고려하고 있는 개념이기는 하지만 연출 작업 특히 장면 연출에 있어서 새로운 원칙의 설정을 가능하게 할 개념이라고 판단해 논의를 시작하려고 한다. 이에 관련된 본격적인 후속연구를 기대한다.

8) '행위현장(Action-spot)'은 필자에 의해 만들어진 개념으로 그 정의는 '과거와 미래를 결합하는 그래서 현재를 다시 새로운 현재로 생성하는 행위가 벌어지는 시·공간으로 규정한다. 보다 자세한 논의는 다음 논문을 참조하라. 김대현, 「'-되기'의 배역 창조와 '행위현장'의 생성성」, 『연극교육연구』 16집, 2010.

떤 관련을 맺고 있는지, 그리고 그 의미는 무엇인지를 무대와 객석의 소통/
교류라는 측면에서 살펴보려고 한다. 단순한 수용자로서의 관객을 넘어서
는 새로운 의미가 장면 연출에서 도출되기를 기대한다. 다만 논의의 합리적
추론으로 제시한 이론에 대한 현장의 구체적 예들이 몇 개의 예를 제시하는
것에 그치고 있는 것과 그 예들을 통해 새로운 장면 연출의 가능성과 한계
점을 상세히 살피지 못한 것은 본 장의 부족한 부분이다. 후속 연구를 통해
심화하려고 한다.9)

2. 모방충동과 추상충동

아리스토텔레스가 시학에서 비극을 "행동의 모방"10)으로 선언한 이후
모방은 모든 재현과 예술적 성과를 담보하는 원칙이 되었다. 즉 "모방의 기
술이 곧 재현이고, 재현은 모든 예술의 원칙"11)이 되었던 것이다.

르네상스 이래 19세기 사실주의 미술에 이르기까지 서양 미술을 지배했던
것은 재현의 법칙이었다. 재현이란 동일하게 존재하는 대상을 비슷하게 모

---

9) 연극 예술에서의 재현의 한계성과 새로운 가능성으로서의 추상과 복사/복제에 관련된, 보다
   심화된 내용은 197쪽 이하의 「재현적 연기, 시뮬라크르적 연기」에서 추상과 시뮬라시옹의 구
   체적 적용에 관한 실례들을 보다 세밀하게 살펴보면서 다루게 될 것이다.
10) Aristotle, *Poetics* (London: Malcolm, 1996), 10쪽. '행동의 모방'은 보통 'an imitation of an
    action'의 번역이다. 학자들의 논쟁에 따라 '행동의 재현'으로 번역해야 한다는 주장도 있다. 이
    는 그리스 원어 mimésis를 imitation으로 번역하는 것이 옳으냐 아니면 representation으로 번
    역해야 옳으냐의 논쟁이다. 다만 몇몇 학자들은 representation이 아리스토텔레스가 시학에서
    사용하려했던 전체적인 concept과 맞지 않는다는 점을 들어 불만족스럽기는 하지만 여전히
    imitation을 사용해야 한다고 주장하고 있다. Roselyne DUPONT-ROC & Jean LALLOT, *La
    Poétique d'Aristote*, 김한식 옮김, 『아리스토텔레스 시학』 (서울: 웅진 씽크빅, 2010), 141쪽 이
    하 참조: Aristotle, 앞의 책, 서론 12쪽 이하 참조.
11) 박정자, 『마그리트와 시뮬라크르』 (서울: 기파랑, 2011), 162쪽.

방하여 그린다는 의미다. 재현은 사물인 동일자의 재현이었다.[12]

아리스토텔레스 이후의 전통 미학에서 중시하는 모방과 재현에는 필연적으로 감정이입이 전제되어 있다. 모방의 대상이 사물이나 "행동"[13] 그 무엇이 되었든지 모방의 목적은 그것을 지켜보는 관객들에게 '사실감'을 불러일으켜 그들의 감정을 환기, 이입하여 카타르시스를 행하는 것이 최종적인 목적이기 때문이다.

이에 따라 연출가의 장면 연출은 전통적으로 '행동의 모방'을 얼마나 사실적으로, 미학적으로 아름답게 그리고 기능적으로 효율적으로 나타내는 것에 집중되어 있다. 이는 현장 작업뿐만 아니라 연출 교육의 기초에서도 분명하게 사용되는 목표들이다. 결국 연출가의 장면 연출은 "행동의 모방을 통한 카타르시스의 성취"[14]라는 아리스토텔레스의 원칙에서 아직도 머물고 있는 것이다. 따라서 성취된 장면 연출은 얼마나 현실의 장면과 유사한가 여부가 장면 연출의 성취도를 측정하는 기준이 되고 만다.

연출된 장면이 현실에서의 그것과 유사해야 한다는 조건은 이 유사성을 통해서만 연출가는 관객의 장면에의 감정이입을 이끌어낼 수 있다는 전제에서 비롯된다. 감정이입은 대상과 자신을 동일시하는 기본적인 심리기제로서 이 동일시와 감정이입을 통해 관객은 비로소 카타르시스를 느낄 수 있다는 것이다.

---

12) 위의 책, 180쪽.

13) 배역 창조와 관련하여 '행동(Action)'에 대한 자세한 논의는 다음의 논문을 참조하라. 김대현, 「배역 창조에 있어서 '행동에 관한 연구 (1-4)」, 『연극교육연구』 3(1999), 4(1999), 9(2003), 12(2006).

14) Aristotle, 앞의 책, 10쪽. 역자는 이곳에서 카타르시스(Katharsis)를 purification으로 번역하고 있다. 카타르시의 또 다른 번역으로는 purgation(배설), exaltation(고양) 등이 있다. 마빈 칼슨, 같은 책, 5쪽 이하 그리고 463쪽 이하 참조.

이에 반해 보링어는 모방과 감정이입에 양극적으로 대립하는 것으로서 추상작용을 들고 있다.[15) 그는 우선 예술 약식에 있어서 두 개의 축을 설정한다. 하나는 자연주의 즉 전통적 예술이고 다른 하나는 반대에 서 있는 추상충동인 것이다.

> (…) 자연주의의 개념을 감정이입과 결합한 까닭에, 이번에는 양식의 개념을 예술 감정의 다른 극(極), 즉 추상충동과 결합하려고 하는 것이다.[16)

물론 보링어도 전통적 예술에서의 모방과 감정이입이 인간에게 행복감을 준다는 것은 인정한다. 다만 그것이 인간의 본능적 심리기제이기에 근원적 예술충동과는 아무런 관계가 없다는 선언이다.[17)

> 자연주의의 심리적 전제가 감정이입작용임은 말할 것도 없이 자명한 사실이다. 감정이입작용의 가장 명백한 대상은 언제나 유기체와 유사한 것이기 때문이다. 환언하면 인간 내부에 있어서의 자연적·유기적 경향에 합치하는 형식 활동, 즉 미적 직관에 의해 내적인 생명감, 내적인 활동욕구(를) 가지고 하등의 장애 없이 이와 같은 형식 생성의 흐름 속에 들어가서 행복감을 획득함을 인간에게 허용하는 형식 활동은 예술작품의 내부에서 행해지는 것이며, 따라서 인간은 이름붙이기도, 이해하기조차도 어려운 운동에 부하(負荷)되어 그 무욕성(無慾性)을 감득한다. 그러나 이 무욕성은 인간이―

---

15) Worringer, *Abstraction and Empathy: A Contribution to the Psychology of Style*, trans. Michael Bullock (New York: International Universities Press), 권원순 옮김, 『추상과 감정이입』 (대구: 계명대학교 출판부, 1982), 58쪽 이하 참조.

16) Worringer, 같은 책, 49쪽.

17) 보링어가 모방과 감정이입에 상대극으로 설정한 추상충동은 브레히트의 '낯설게 하기' 기법과 비교할 수 있다. 보링어의 그것이 감정에서의 반대극인 것에 반해 브레히트의 그것은 '이성을 강조한, 모방과 감정이입에 대한 반대이다.

그의 개인적 의식의 잡다성에서 행방되어－순수하게 유기적인 존재의 흐리지 않는 행복감을 향수할 수 있는 즉시 나타나는 것이다.[18]

감정이입을 자연스러운 심리기제라고 보는 것은 인간에게 있어서 모방이 본능적인 충동이고 또 모방하는 것과 그것을 보는 것 모두가 쾌감을 준다는 아리스토텔레스의 시학에서의 기술[19]에 기대고 있음이 분명하다. 이제까지 아무런 의심 없이 받아들였던 이러한 전제를 보링어는 "모방충동이라는 인간의 원시적 요구는 본래의 미학 밖에 선다는 것, 그리고 그와 같은 요구의 충족은 원칙적으로는 예술과 아무런 관계가 없다"[20]고 선언한다.

엄밀한 의미로 예술이라 불릴 것은 모든 시대에 있어서 어떤 심각한 심리적 요구의 만족을 구한 것이었지, 순수한 모방충동의 자기만족이나 그 자연원형이 모사(模寫)에 대한 유희적 즐거움을 구한 것은 아니었다.[21]

보링어에게 예술은 일상의 자기만족 또는 유희적 즐거움과는 어떤 심각한 심리적 요구에서 비롯된 것이어야 했다. 그리고 이것은 이전까지 예술로 받아들였던 행위들은 단순한 자기만족 또는 유희적 즐거움으로 평가절하 하는 시대에 접어들었음을 간접적으로 의미하는 것이기도 하다.

이것은 예술에 대한 시대의 판단 기준이 현대에 들어 급격한 파격을 보이고 있음을 의미한다. 모방에 의한 재현에 머물던 예술은 현대에 이르러 재현의 거부와 이성 대신 본능적 충동 그리고 시각을 통한 이성적 감상 대

---

18) Worringer, 같은 책, 47-48쪽.
19) Roselyne DUPONT-ROC & Jean LALLOT, 앞의 책, 88쪽 이하 참조.
20) Worringer, 같은 책, 22쪽.
21) 위의 책, 23쪽.

신 촉각적 향수를 통한 조작에 더 큰 심리적 경사를 보이고 있다. 관객들의 관극 태도와 심리적 경사의 변화가 느껴지는 부분이다.

> 그들의 관람 태도는 전통적인 시각적 관람이 아니라 촉각적 관람이다. 그들은 전시물들을 마치 만지듯이 본다. 물론 눈으로 보지만 그들의 시선은 촉각적 조작(操作)이다. 왜냐하면 시각적 응시는 주체와 대상의 거리를 전제로 하는 것이고, 주체가 이성적으로 대상을 통제함을 의미하기 때문이다. 그것은 재현의 질서다. 주체와 대상 사이의 거리두기를 전제로 하는 재현의 질서는 이성적이고 담론적인 세계지만 촉각적 세계는 주체와 대상이 완전히 한 몸이 되어 돌아간다. 대중이 넘쳐흐르는 그곳은 더 이상 시각적 혹은 담론적 세계가 아니라 촉각적 세계다.[22]

아리스토텔레스는 참혹한 사건이 자신에게 발생했을 때 공포감을 느끼고 타인에게 발생하는 것을 보았을 때 연민을 느낀다고 했다. 그러나 앞에서 살펴본 것처럼 오늘날 연출자들의 장면 연출은 관객들에게 공포와 연민을 불러일으키려는 노력에서 벗어나 있다. 문제는 인간 심리의 기본적인 기제인 감정이입과 동일시를 어떻게 통제하느냐는 방법에 있을 것이다.

> 근원적 예술충동은 자연의 재현과는 하등 관계가 없다. 그것은 순수한 추상을 세계상(世界像)의 착잡성과 불명석성 가운데 있는 유일한 인식 가능성으로서 추구하는 것이다. 그래서 그것은 본능적인 필연성을 가지고 자기 스스로의 속에서 <u>기하학적 추상을 만들어내는 것</u>[23]이다. 기하학적 추상은 완성된 표현이며, 인간이 이해할 수 있는 유일한 표현이며, 또한 모든 우연성과 시간성으로부터의 해방의 표현이다.[24]

---

22) 박정자, 같은 책, 208-209쪽.
23) 밑줄 강조는 필자의 것

근원적 예술충동이 자연의 재현과 하등 관계가 없다는 보링어의 선언은 매우 충격적이다. 우리는 '기하학적 추상을 만들어내는 것'은 근원적 예술 충동이며 본능적 필연성을 갖고 있는 것이라는 보링어의 주장에서 그것이 예술형식으로서 유일한 완성된 표현이며 우연성과 시간성으로부터의 해방의 표현이라는 언급에서 장면 연출의 새로운 지향점을 설정할 수 있을 것이다.

3. 장면 연출의 새로운 지향점

3.1. 추상과 시뮬라크르(Simulacres)

연출자가 장면의 사실적 재현을 포기했을 때 취할 수 있는 가능성은 두 가지이다. 하나는 전 항에서 언급한 추상 본능을 좇는 것이고 다른 하나는 새로운 이미지를 창출하는 것이다. 먼저 추상은 원전으로서의 한 대상에서 무엇인가를 "도출하거나 제거하는 작업"[25]으로 구성된다. 원 대상에서 무엇인가를 도출하거나 제거했을 때 남는 것이 바로 추상 작업의 결과인 것이며 또한 "모든 기호와 예술 활동은 일종의 추상작업"[26]이라는 선언을 가능하게 한다. 비록 추상 작업이 원전에서 벗어나 있으나 여전히 '도출과 제거'라는 단어에서 암시하듯 원전을 전제하고 있다는 한계를 갖고 있기는 하지만 무대 위의 한 장면은 더 이상 현실의 핍진성을 추구하는 것은 분명히 아니다.

추상은 원본으로서의 실재를 도출하거나 제거하는 방법을 통해 나타난다. 경우에 따라 나타난 결과는 다소 충격적이거나 혐오의 외양으로 나타나기도 한다. 즉 기존 재현의 질서가 무너진 예술 세계는 필연적으로 변화를

---

24) Worringer, 같은 책, 60쪽.

25) Baudrillard, 같은 책, 10쪽, 역주 3.

26) 위의 책, 11쪽.

초래하고 또 그 변화는 연출가들의 작업에도 일정한 변화로 나타난다. 전통적인 장면 연출을 포기하고 자신의 의도와 관객의 수용을 소통의 한 점을 통해 한꺼번에 표현하려는 시도들은 바로 그 예들이다.

> 내가 장면을 연출할 때 목표하는 것은 스토리의 전개나 내용의 변화 그리고 그것들을 전달하는 것이 아니라 한 장면에 내포되어 있는 불길함과 추함이다. 이것은 필연적으로 이성보다는 감각에 그리고 이해보다는 놀람이나 경악, 충격으로 나타난다. 따라서 내가 완성한 장면은 일종의 추상화처럼 한꺼번에, 전체(면)적으로 거부할 수 없는 힘과 함께 나타난다.[27]

따라서 무대 위에 펼쳐진 장면은 관객에게 스토리를 전달하거나 미학적으로 아름다운 시각적 질서와 비율을 전하지 않는다. 오히려 전통적 의미에서 보면 충격적일 정도로 추한 장면들이 눈앞에서 펼쳐진다. 이른바 추한 아름다움의 등장이다. 인류 역사상 오랫동안 중심의 위치를 차지했던 아름다움과 그의 주요 속성인 비례와 조화는 오히려 시대성의 한계에 갇힌 정치적, 사회적 기준에 의한 편견일 수 있다.[28] 따라서 아름다움의 추구는 오히려 본질을 가리는 인간의 욕망을 집대성한 껍데기일 수 있는 것이다. 이렇게 보면 현대에 드러나 추상과 추한 아름다움은 "인간 심리가 끊임없이 추에 매혹되어온 역사"[29]를 이제야 숨기기를 포기하고 드러내는 것일 것이다.

어쩌면 인간 본성에 대한 탐구의 길은 욕망으로 덧칠된 미를 통하기보다는 오

---

27) 연출가 채승훈의 개인 인터뷰, 2013년 1월 20일.

28) Umberto Eco ed., *Storia Della Bruttezza* (『추의 역사』), 오숙은 옮김 (서울: 열린책들, 2008), 10쪽 이하 참조.

29) 오숙은, 「옮긴이의 말」, in: Umberto Eco ed., *Storia Della Bruttezza* (『추의 역사』), 오숙은 옮김 (서울: 열린책들, 2008), 441-442쪽.

랜 시간 외면당하고 거부되어 왔던 추를 통하는 것이 더욱 가깝지 않을까.[30]

장면 연출에 있어서 추상이 기존의 시각에서는 왜곡이나 결핍으로 보일 수 있으나 그것은 오히려 부수적인 것을 제거하고 본질적인 것만을 표현한 것이라고 할 수 있다. 특히 보링어는 원근법을 통한 장면의 입체화, 환상의 창조, 감정이입 등이 근원적 예술 원칙에서 벗어나 있다고 보고 오히려 '평면화'를 주장했다. 장면의 평면화는 다음 항에서 상세히 살펴볼 것이다.

연출자가 선택할 수 있는 장면 연출의 또 다른 가능성은 시뮬라크르의 창조, 즉 시뮬라시옹이다.[31] '가공의 새로운 이미지'를 의미하는 시뮬라크르는 원전에의 핍진성에 대한 압박에서 벗어난 자유로운 표현을 가능하게 한다. 시뮬라크르가 의미하는 것이 모방이든 재현이든 아니면 추상이든 시뮬라시옹하는 연출자가 참조하는 일차적 대상으로서의 현실은 모방의 대상으로서의 오브제가 아닌 '참조에 불과한 또 하나의 이미지'일 뿐이다. "현대는 시뮬라크르(simulacres), 곧 허상(허상)들의 세계이다"[32]라는 선언은 모방의 대상으로서의 원전의 권위를 잃은 현대의 이러한 변화를 갈파하고 있는 것이다. 따라서 무대 위의 한 장면은 현실의 모습을 외양으로 갖고 있다고 하더라도 그것은 이전과는 다른 의미와 지향점을 갖게 되는 것이다.

결국 재현을 포기할 수밖에 없는 연출자에게 장면 연출은 추상이거나

---

30) 오숙은, 같은 책, 443쪽.

31) 시뮬라크르는 위장(僞裝) 또는 가장(假裝) 그리고 허상(虛像) 등으로 번역, 표기할 수 있다. 그러나 위장과 가장이 어떤 원본을 전제하고 있기 때문에 본문에서는 '가공의 새로운 이미지'로 표기한다. 시뮬라시옹(simulation)은 시뮬라크르의 동사적 의미로 '시뮬라크르 하기' 정도로 활용할 수 있다. 시뮬라크르와 시뮬라시옹의 개념 자체에 관한 자세한 논의는 다음을 참조하라. Baudrillard, 같은 책, 9쪽 이하 역주 1 참조.

32) Gilles Deleuze, *Différence et Répétition* (Paris: Presses Universitaires de France, 1968), 『차이와 반복』, 김상환 옮김 (서울: 민음사, 2004), 18쪽.

시뮬라시옹 이외의 다른 선택은 없다. 다음 항에서는 이러한 지향점이 무대 위에서 어떤 외양으로 나타나는지를 살펴보도록 하자.

3.2. 장면의 평면성과 원본 없는 상사성의 의미

재현으로서의 장면 연출은 가능한 한 최선의 핍진성(逼眞性)을 추구한다. 무대 구성(stage composition)을 포함한 미장센(mise en scène)의 모든 기법들은 이러한 목적을 위해 고안되고 실행된다. 따라서 무대 위에 나타난 '한 장면'은 연출자에 의해 모사된 원전의 재현인 것이다. 물론 이 재현은 '시작과 중간과 끝'이 유기적으로 결합된 구조를 갖게 되는데 바로 이 "유기적인 형식이 즐거움을 준다"[33]는 주장은 전통 미학의 분명한 기반이었다.

과거 전통 극장에서 관객들은 이러한 즐거움을 위해 극장을 찾았다. 그러나 현대 사회의 변화는 관객들의 수요마저도 변화시켰는데 그것은 현대 사회의 극심한 경쟁과 개인의 소외 그리고 불안과 밀접한 관련이 있다. 즉 현대 관객은 불안이 자신의 내부에 자리하는 것을 견디지 못하는 것이다.

> 우리는 선택할 수만 있다면 감정적 갈등이 외부에서 일어나기를 원한다. 실제로 이것이 우리가 극장에 가는 주요한 이유 중 하나이다.[34]

전통사회에서 연극은 현실에서 일어날 법한 신기하고 놀라운 행동들을 모방했다. 그러나 현대에 이르면 현실이 연극보다 더 참혹하고 놀라운 일들로 가득 차 있다. 놀라움과 신기함을 보고 즐거움을 찾았던 관객들은 오히려 불안한 현실에서 안정감과 휴식을 찾을 수 있는 근원적 질서에 대한 선

---

33) Worringer, 같은 책, 42쪽.
34) Declan Donnellan, 『배우와 목표점』, 허순자·지민주 옮김 (서울: 연극과 인간, 2012), 221쪽.

호를 드러내고 있는 것이다.

① 장면의 평면성

장면 연출에서 추상을 선택했을 때 나타나는 대표적 현상은 첫째, 공간의 억압으로 인한 평면화를 들 수 있다. 이것은 대표적인 무대 공간인 사진틀 무대로서의 프로시니엄 극장과 원근법의 포기를 의미한다. 사실주의 연극을 포함한 재현주의 연극의 대표적인 장면 연출의 장(場)인 프로시니엄 무대의 포기는 "존재하지 않는 것, 실물이 아닌 것을 실물처럼 제시하는 소위 사실주의적 수법이 객관성을 가장한 주관적 이데올로기의 산물"35)이라는 인식의 실천인 것이다. 선의 생략과 음영에 의해 나타나는 깊이와 공간적 묘사를 억압하는 것으로 나타나는 추상 본능의 표현은 비로소 예술적 형식을 획득할 수 있다.36)

장면 연출의 평면화는 두 번째 특성인 공간의 입체성과 그에 따르는 감정이입의 회피로 나타난다. 즉 "공간적 묘사의 회피와 깊이 관계의 억압은 묘사의 평면으로의 근접, 즉 묘사를 높이와 폭에로의 연장에 제한하는 일이라는 하나의 같은 결과를 초래"37)하게 되는 것이다. 따라서 무대 위의 장면을 '사실'이며 '실재'라는 착각을 불러일으키려는 노력, 예컨대 프로시니엄 무대의 '사진틀'을 포기한다. 이것에 의해 비로소 "사실주의 기법의 비사실성"38)이 드러나고 무대 위 장면의 현장성은 생생하게 되는 것이다. 따라서 일단 "감정이입충동은 모든 인간에 잠재하고 '공간공포', 즉 추상충동에 의

---

35) Baudrillard, 같은 책, 68쪽.
36) Worringer, 같은 책, 34쪽 이하 참조.
37) 위의 책, 55쪽.
38) Baudrillard, 같은 책, 15쪽.

해서만 억제되는 것"[39]이기에 연출자의 장면 연출은 모방충동보다는 추상충동에 의지해야 하는 것은 오히려 당연한 결론이 된다.

그리고 이것은 한 장면(대상)의 추상성을 획득하는 것임과 동시에 기하학적 평면성을 표상하는 것이기도 하다. 이러한 원칙이 장면 연출에 실제로 적용된 예를 오태석의 작품들에서 찾을 수 있다. 그의 연출작 ≪기생비생 춘향전≫에서 무대 위 배우들은 입체적이라기보다는 평면적으로 세워진 배경 앞에서 대화의 상대자가 무대 어디에 있든지 모두 관객을 향해 대사한다. 일종의 "정면성의 원리"라 할 수 있다. 랑게(J. Langer)와 에르만(A. Erman)에 의해 발견된 인체묘사의 법칙인 "정면성의 원리"는 주로 고대 이집트 예술에서 추출한 원리로서 인체가 어떤 자세를 취하든지 간에 가슴의 평면만은 그 전부가 감상자 쪽으로 향하도록 묘사된다는 것이다.[40] 물론 이것은 관객을 향한 적극적인 표현의 일종으로 볼 수도 있겠으나 장연연출의 평면화가 추상적 합법칙성을 추구하게 되는 논리의 근거는 "이 추상적 합법칙적 형식은 이것에 의해서 인간이 세계상의 무한한 혼돈상태에 직면해서 평정을 얻을 수 있는 유일하고도 최고의 형식"[41]이기 때문인 것이다.

대상의 추상성은 표상 때문에 어떤 전체적인 것을 조형하여 관조자에 대해

---

39) Worringer, 같은 책, 64-65쪽 그리고 104쪽 이하 참조. 공간 공포는 3차원적, 입체적, 공간적 대상에 대한 자연적인 감정이입에 대한 공포를 의미한다. 이것은 대상의 평면화를 의미하는 것이며 대상의 평면화를 통해 인간은 우주적 질서를 느끼고 그 속에서 평안과 안정감을 획득할 수 있다. 보링어는 이것을 오히려 근원적 예술충동으로 보고 있다. 그가 입체 조형인 환조(丸彫)보다도 고대 이집트의 예술 특히 이집트 부조를 평면 원리가 예술을 지배하고 있는 구체적인 예로 들고 있는 것도 이러한 이유에서이다.

40) 작품에 적용한 논문으로는 다음을 참조하라. 김대현, 「전통연희의 현대적 변형과 그 의미」, 『연극교육연구』 8(2002), 72쪽 이하 참조.

41) Worringer, 같은 책, 31쪽.

안심의 의식을 줄 수 있었기 때문이다. 그래서 이것은 오직 평면의 범위 내에서만 가능했다. 거기서는 묘사의 촉각적인 관계가 가장 엄밀히 인지(인지)될 수 있었기 때문이다.[42]

장면 연출의 추상성, 그리고 평면화로의 경사는 또 다른 특징인 장면 연출의 상사성과 일정한 관련을 맺고 있다. 이것은 주로 시각에 의존한 것이 아닌 촉각에 의존한 표현들이다. 이 추상성을 획득하면서 동시에 감지되는 촉각성은 보드리야르가 파악한 현대 사회의 일회성, 감각성과도 일맥상통한다. 다만 그에게 있어서 촉각성은 추상적 의미를 벗어난, 보다 부정적인 것으로서의 말초적이고 감각적인 것이다.

표피적이고 일회적 현재적으로 변한다는 것은 추상적 의미보다는 지극히 말초적이고 감각적으로 변하도록 한다. 감각 중에서도 촉각적인 것이 된다.[43]

이 촉각은 입체적인 것이라기보다는 평면적인 것에서 감지된다. 따라서 장면 연출에서 "'입체적인 것에서 번잡함을 없앨 것' 즉 입체적인 것을 평면적 인상에 옮기는 것이 중요한 문제"[44]가 된다. 왜냐하면 관객들은 이러한 표현에서만 우주적 질서와 합류하는 행복감을 느낄 수 있기 때문이다.

우리의 입체적 인상을 어디까지나 부조적(浮彫的)으로 포착함으로써 표현은 비로소 그 존엄을 얻는다. 그래서 우리가 예술작품에서 취하는 신비적인 행복감은 오로지 이 같은 표현에만 존재하는 것이다.

---

42) 위의 책, 57쪽.
43) Baudrillard, 같은 책, 264쪽.
44) Worringer, 같은 책, 114쪽.

이제 장면의 추상화, 즉 평면화와는 또 다른 형태와 의미를 갖는 장면의 시뮬라시옹에 대해 살펴보자.

② 장면의 시뮬라시옹: 상사(相似)

장면의 시뮬라시옹은 외형적으로 재현적 장면 연출과 큰 차이를 발견할 수 없다. 유사와 상사의 차이는 외형적 차이라기보다는 지향점과 의미의 차이이기 때문이다. 즉 상사로서의 장면 연출은 원본에의 유사성을 지향하지 않는다. 모사의 정확성과 유사성을 지향하는 것에서 이미지로서의 장면의 허구성과 일회성, 촉각성 등을 지향하는 것이다.

장면 연출이 재현을 포기할 수밖에 없는 이유는 현대 사회에 만연한 시뮬라크르의 존재 때문이다. 즉 원본의 복사라기보다는 이미지의 복사 또 그것의 복사물인 시뮬라크르는 필연적으로 장면 연출까지도 또 다른 시뮬라크르로 변질시키고 있는 것이다. 시뮬라크르가 넘쳐흐르는 사회는 기댈 수 있는 절대 진리를 찾아볼 수 없다. 모방할 필요가 있는 원본이 없는 것이다. 그리고 원본이 없는 곳에서는 조작이 만연해진다.

> 사회는 어떤 지주를 중심으로 움직이는 것이 아니라 단순히 주어진 의미 없는 요소들을 조작하는 것으로 그친다. 오늘날은 조작의 사회다.[45]

모방의 시대에서 연출자의 장면 연출은 의미와 진정성이 중요했다. 그러나 원본이 없는 시대에서 연출자와 관객에게 남는 것은 그들의 불안을 숨길 수 있는 감각적 자극이거나 불안을 호도할 수 있는 튼튼한 지지대이다.

---

45) Baudrillard, 같은 책, 265쪽.

> 오늘날은 니힐니즘[46])의 시대이기에 이 니힐리즘을 가리기 위한 시뮬라크르
> 적인 실재가 절실히 필요하다.[47])

　절대 진리의 부재, 신뢰할 수 있는 대상의 부재, 상대적 진리의 혼용이
넘쳐흐르는 오늘날 절대 부재를 가리기 위한 수많은 시뮬라크르들은 이미
우리 주변에 너무 많이, 깊숙이 자리하고 있다. 따라서 연출자의 장면 연출
은 단순한 현실의 모사/재현에서 벗어나—비록 그것이 시뮬라크르일 수밖
에 없지만—관객에게 안정감과 휴식을 통한 행복감의 전달이라는 새로운
목표를 지향하게 된다. 그리고 만일 연출자가 현실의 충실한 모사를 포기했
을 때 연출자는 필연적으로 원전으로서의 현실을 어떤 방법으로든 변형해
야할 필요성을 느끼게 된다.

　이는 모방본능에 의한 재현을 포기했을 때 보링어가 추상본능을 그 대
체물로 삼아 관조자에게 안심감을 주고 했음에 비해 보드리야르는 다른 쪽
의 부정적인 얼굴을 보고 있기 때문이다. 즉 시뮬라크르는 현실의 외양을
하고 있으나 그것은 원본/실재를 복사한 유사의 형태가 아닌, 복사의 복사
인 상사의 형태를 갖고 있게 된다. 한 장면의 외양이 상사로 표현된다는 의
미이다. 이렇게 되면 즉 재현을 포기했을 때 나타나는 모든 것들은 '상사'를
통한 시뮬라크르이며 이것은 결국 원본/실재가 존재하지 않는다는 참혹한
발견을 고백하는 일이라고 할 것이다. 무대 위의 모든 허상들은 우리가 기
댈 수 있는 모든 진리, 가치의 부재를 반증하는 참혹한 이미지에 다름 아닌
것이다. 따라서 무대 위의 허상을 대하는 관객들은 또 다른 허상을 좇아가
거나 어차피 모든 존재가 허상이라는 사실을 담담하게 직시하게 된다.

---

46) 인용문의 '니힐니즘'은 바로 뒤에 나오는 '니힐리즘(nihilism)'의 오타인 듯하다.
47) Baudrillard, 같은 책, 267쪽.

그렇다면 오늘날 우리 주변에 존재하는 무수한 시뮬라크르들은 왜 자꾸만 생겨나는 것일까? 그리고 현실에 넘쳐흐르는 허상들을 우리는 왜 다시 무대 위 장면 연출을 통해 확인하는 것일까?

> 만일 가치가 무너졌음을 보여주면 시스템이 붕괴되기를 시스템이 무서워하기 때문에 끝없이 시스템은 죽은 가치를 부활한다. 그러므로 변화된 사회 사이의 단절의 틈을 이용해 이익을 취하는 종교적, 교육적, 도덕적, 애국적, 인류애적 허구가 오늘날은 판을 치고 있다고 할 수 있다.[48]

이것은 일종의 악순환일 수 있다. 원본이 없다는, 우리가 기댈 수 있는 진리가 부재한다는 사실은 우리의 불안을 크게 야기하기에 이 불안을 지우기 위해 끊임없이 또 다른 시뮬라크르의 존재가 필요하게 되는 것이다. 연출자들의 장면 연출은 이런 의미에서 진리를 파악하여 그것에 기대려고 추상 본능에 따르거나 허상에 실망하여 만족을 찾아 또 다른 허상을 만들어내는 브레이크 없는 질주인 것이다.

4. 행위현장에서의 관객의 투사와 장면 연출의 상호 생성성

꿈과 욕망의 실현 장소로서의 극장은 주네(J. Genet)의 《발코니(Le Balcon)》에서 벌어지는 또 다른 유희들을 닮아 있다. 그러나 3.2.(154쪽)에서 살펴본 것처럼, 무대 위의 한 장면이 관객의 욕망을 실현하기보다 오히려 그 욕망 실현의 부질없음을 보여주는 부재와 결핍의 허상으로 드러날 때 관객의 욕망은 더욱 가속된다. 실현되지 못한 욕망의 가속화된 강렬함인 것이다.

---

48) Baudrillard, 같은 책, 267쪽.

우리가 극장에 가는 주요한 이유들 가운데 하나는 극중 인물들의 위험수위가 대단히 높은 상황에 직면하는 것을 보기 위한 것이다. 연극은 통제된 상황 속에서 우리에게 극단적인 경험을 탐구하는데 도움을 준다. 우리는 개인적인 세계에서 지나치게 괴로울 정도로 높은 위험수위를 좋아하지 않을 수 있지만, 의도적으로 다른 사람들이 극단적으로 격렬한 경험을 하는 것을 보고 싶어 한다. 거기서 우리는 안전한 공동체 안에 사는 우리가 감히 시도하지 않던 일들을 실제가 아니라는 확신 속에서 엿볼 수 있다.[49]

현대 관객이 갖는 불안은 상대적으로 모방의 즐거움 대신에 안정감과 휴식을 줄 수 있는 대상을 추구하게 되었고 이것은 다시 극장에서 관객들이 주로 추구하는 특징이 되었다.

외계현상의 혼돈하고 불안한, 변화무쌍한 상태에 직면해서 정지점, 안정의 가능성, 즉 여러 가지 지각(知覺)의 자의성에 의해 소모된 정신이 그것을 관조함으로서 휴식을 얻을 수 있을 것 같은 필연성을 창조하려는 충동을 우리는 예술적 창작본능의 출발점으로 보고, 절대적 예술의욕의 내용으로 본다는 것 (…) 그 충동은 최초의 만족을 순수 기하학적 우상에서 찾아야만 했다. 그것은 순수 기하학적 추상이 우리를 모든 외적인 세계와의 관련에서 분리해서 우리에게 행복감을 주기 때문이다.[50]

위 인용문에서 보듯이 보링어는 현대 사회가 불안할수록 휴식과 행복감을 줄 수 있는 대상에 몰두하게 되는데 그것이 바로 순수 기하학적 추상이라고 주장한다. 시뮬라크르에로의 경사(傾斜)는 또 다른 현대 사회의 부정적 측면을 드러낸다.

---

49) Donnellan, 같은 책, 93쪽.
50) Worringer, 같은 책, 49-50쪽.

예술품은 어떤 참조물로 되돌아가는 것이 아니다. 즉 예술작품 이외의 것을 재현하는 것이 아니다. 작품은 스스로 독립적인 것이다. 여기서는 모든 사회학적인 반영도, 신적인 이상도, 천재적인 재능의 표현도, 무의식 세계의 반영도 아니다.[51]

장면 연출이 원전을 충실히 복사/재현하는 것, 즉 참조물로 되돌아가는 것이 아닌 독립적인 것이 되면 그것은 일종의 기호로서 존재하게 되는데 그 기호는 현대에서 모순적인 기능으로 우리에게 또 다른 의미를 노정한다.

기호는 언제나 지금 그 기호의 자리에 없는 그 지시물을 가리키는 것이다. 즉 기호 속에는 언제나 대상의 소멸, 결핍이라는 이상한 모순이 내재하고 있는 것이다. 따라서 기호가 정작 지시하고 있는 것은 지시물이 아니라 그 지시물의 부재, 사라짐, 죽음을 지시하고 있다는 말이다.[52]

관객의 존재는 장면 연출에 또 다른 기능과 의미를 부여한다. 즉 극장 안, 배우의 행위가 구체적으로 벌어지는 무대 위의 장면은 실제의 시 · 공간 속에 포함된 다양한 허구의 시 · 공간이 중첩되는 곳이다. 연출자에게 이러한 공간은 물론 장기간의 연습 과정을 거친 후의 일종의 완결된 장면을 표현하는 것이겠지만 관객에게 한 장면은 언제나 일회적인 만남/사건일 수밖에 없다. 그리고 관객과의 만남은 정해진 틀과 계산에 따라 진행되는 고정된 것이 아니라 매순간 변형되고 생성되는 창조적 과정의 한 순간이다.

장면 연출을 텍스트가 제시/암시하는 내용의 시각화이기는 하지만 그것은 단순한 복사/모방이라기보다는 일종의 과정 속에 진행되는 창조행위 또는

---

51) Baudrillard, 같은 책, 258쪽.
52) 위의 책, 260쪽.

생성 운동으로 보아야 한다.[53]

따라서 연출자의 장면 연출은 실제 공연 상황 속에서 변형·생성되는 것까지 고려한 일종의 미완성의 것이어야 한다. 장면 연출의 완성은 바로 관객의 응시를 통해 완성되기 때문이다. 연출자의 장면 연출이 관객의 응시를 통해 완성되는 순간을 "행위현장"[54]이라고 정의했을 때 그 때의 특징은 바로 '생생한 살아 있는 시·공간성'일 것이다.

> 무수히 반복되는 연습 과정과 공연 속에서의 배역 창조가 매순간의 생성성을 지향점으로 삼는다면 바로 그 시·공간에서의 '행위현장'은 과거와 미래를 결합하는 그래서 현재를 다시 새로운 현재로 생성하는 행위(가 벌어지는 시·공간)인 것이다. 연습 과정과 공연에서 반복되는 연기가 반복이 아니라 언제나 새롭게 변형되는 살아 있는 것이어야 하는 이유가 바로 여기에 있다.[55]

사실 "사람들이 한 공간에 모여 두 그룹으로 나뉜 다음, 한쪽이 다른 한쪽을 위해 스토리를 연기하는 것이 곧 연극[56]"이라고 정의하기도 하고 또 "연극을 만든다는 것은 이야기를 하는 것이다"[57]라고 하여 마치 무대 위의 존재들

---

53) 예술에 있어 모방이 단순 복사이냐 아니면 과정 속에서 진행되는 창조 행위이냐의 논란은 이미 플라톤과 아리스토텔레스의 이데아와 그 모방을 둘러싼 입장 차이에서 확인할 수 있다. 본 글의 기본적인 착상은 바로 이러한 차이에서 기인했으며 논점은 아리스토텔레스 미학의 이전 또는 이후의 추상 본능과 시뮬라크르로서의 장면 연출에 관한 것이다. 플라톤과 아리스토텔레스의 상반된 입장 차이를 확인하기 위해서는 다음을 참고하라. Marvin Carlson, 같은 책, 2쪽 이하 참조.
54) '행위현장(Action-spot)'은 필자에 의해 만들어진 개념으로 그 정의는 '과거와 미래를 결합하는 그래서 현재를 다시 새로운 현재로 생성하는 행위가 벌어지는 시·공간'으로 규정한다. 145쪽 각주 8)의 논문을 참조하라.
55) 김대현, 같은 논문, 25쪽. 괄호 안의 첨언은 필자에 의한 것임.
56) Donnellan, 같은 책, 17쪽.
57) Donnellan, 같은 책, 323쪽.

은 이야기하고 관객은 수동적으로 듣는 상황을 연극이라고 말하는 것 같지만 여기에는 장면 연출의 협업자로서 관객의 역할을 간과한 감이 없지 않다.

관객은 한 사람의 개인과는 차별되는 존재이다. 프란시스 베이컨은 "참으로 위대한 비밀이긴 한데, 집단으로 있을 때의 인간의 마음은 혼자 있을 때보다도 감정이나 인상에 대해서 좀 더 개방적이다"[58]고 말했다. 이러한 집단으로서의 관객은 극장 안에서는 개인으로서의 인간과 구별되는 욕망과 소원을 보다 적극적으로 드러낸다. 연극을 보면서 관객이 즐기는 것은 또는 관객을 즐겁게 해줄 수 있는 것은, 한 장면의 완성된 이미지의 제공이 아니라 어쩌면 관객들이 무대 위의 이미지의 완성에 개입할 여지를 만들어주는 것일 수도 있는 것이다.

> 실제로 우리가 즐기는 것이 이러한 작품들을 떨어져서 보는 것이라기보다는, 뒤로 물러나는 행위 그 자체, 그리고 우리의 상상력이 발동하여 그 색깔들의 혼합을 완성된 이미지로 변형시키는 것을 바라보는 것이라는 사실에 대한 인식이 날로 더해 가고 있다.[59]

따라서 어떤 의미에서 무대 위의 묘사는 언제나 어느 정도의 빈틈을 내포한 채 완성되어야 한다. 그리고 그 빈틈은 관객의 자리로 예약되어 있어야 함은 분명하다. 이렇다면 한 장면의 연출은 작가에 의해 주어진 텍스트라는 재료와 연출 작업을 통한 가공의 재료 그리고 마지막으로 관객의 참여로 인해 주어지는 재료들의 상호연관과 그 상호작용으로 창출되는 협력의

---

58) Francis Bacon, *The Advancedment of Learning*, ed. Joseph Devey (New York, 1905), 116쪽, 마빈 칼슨, 『연극의 이론』, 94쪽에서 재인용.

59) E. H. Gombrich, *Art & Illusion: A Study in the Pshychology of Pictorial Representation*, 6th ed. (London: Phaidon press, 2002), 차미례 옮김, 『예술과 환영: 회화적 재현의 심리학적 연구』 (서울: 열화당, 2003), 197쪽.

결과물일 것이다. 왜냐하면 "'안다'는 기분을 느끼는 것은 언제나 기분 좋은 일"[60]이기 때문에 관객이 무엇인가 창조 행위에 참여한다는 느낌을 가진다면 보다 더 쉽고 강렬하게 연극에 대해 즐거움을 느낄 것이기 때문이다.

(…) 보는 사람을 창조라는 이름의 마술무대 안으로 끌어들이고, 그 전에는 미술가만이 누릴 수 있는 특권이었던 '만드는' 쾌감을 어느 정도 맛보도록 허락해 준다. 그것은 우리의 창의성을 자극하여 우리로 하여금 모호하고 불분명한 것을 우리의 마음속에서 찾아내게 만든 20세기 예술의 그 시각적 수수께끼로 연결되는 전환점이다.[61]

물론 집단으로서의 관객은 연출자의 '유도 투사(guided projection)'[62]에 쉽게 현혹될 수 있는 존재이다. 그러나 행위현장에서의 장면 연출은 현혹된 존재의 수동적 참여가 아니라 상호 생성성을 담당할 수 있는 적극적인 참여자로서의 기능을 필요로 한다. "예술은(이) 객관화된 자기 향수"[63]임에 분명하다면 연출자의 장면 연출은 관객의 투사를 기다리는 미완성의 어떤 것이어야 한다.

(…) 투사는 '스크린', 즉 우리의 기대에 아무것도 모순되지 않는 어떤 공백을 필요로 한다. 이것이 바로 정성스러운 세부묘사보다는 약간 힘찬 붓놀림이 운동감, 생동감을 얻는 데 더욱 큰 효과가 있는 이유이다.[64]

---

60) 위의 책, 197쪽.
61) 위의 책, 199쪽.
62) 위의 책, 200쪽.
63) Worringer, 같은 책, 42쪽.
64) Gombrich, 같은 책, 221쪽.

이러한 스크린으로서의 '한 장면'에는 관객의 욕망과 소원이 함께 어우러지고 있는 것이다. "기대가 환영을 창조"[65]하는 것이다. 그리고 이런 의미에서 본다면 관객은 장면의 소비자가 아닌, 연출자와 함께 행위현장에서 장면을 완성해가는 일종의 공동 창작자인 셈이다. 1970년대 독일의 파울 포트너(Paul Pörtner)는 '총체연극(total theatre)'의 대안으로 '자율 연극(antonomous theatre)'을 제시했는데 이때 '함께 놀기(Mitspiel)'라는 개념을 사용하였다. 총체 연극이 무대와 객석의 구분, 격리를 전제한다면 자율 연극은 이 거리를 없애고 함께 연극을 만들어가는 개념이다.[66]

물론 관객의 참여는 장면 연출에 있어서 자의성과 모호성을 증가시킨다. 또 집단으로 묶일 수 있는 다중이면서 동시에 개개인의 욕망을 개별적으로 투사하는 복합적인 존재로 변질된 관객은 장면 연출과 그 장면이 갖는 함의의 해석에 어려움을 증가시키는 존재가 된다. 특히 대중문화의 특성 상 행위현장의 경향은 일회적이고 감각적인 장면이 될 확률이 많다.

> 표피적이고 일회적 현재적으로 변한다는 것은 추상적 의미보다는 지극히 말초적이고 감각적으로 변하도록 한다. 감각 중에서도 촉각적인 것이 된다.[67]

시각에서 촉각으로의 전이는 이성적 해석에서 감각적 느낌으로 장면을 받아들이는 것을 말하며 이것은 다시 보다 무의식적인 욕망의 지배에서 벗어나기 힘들다는 것을 의미하는 것이기도 하다. 연출자의 장면 연출은 관객에게 이러한 자기 향수와 인식의 관성에서 벗어나 새로운 의미를 찾을 수 있도록 자극하고 도와주는 것이어야 한다.

---

65) 위의 책, 201쪽.
66) Carlson, 같은 책, 610쪽 이하 참조.
67) Baudrillard, 같은 책, 264쪽.

추상 또는 시뮬라크르로서의 장면이 갖는 안정감과 휴식의 제공 그리고 더 나아가 행복감의 전달은 연출자와 관객의 기대 지평일 것이다. 무대 위 연출된 한 장면은 더 이상 실재의 모사이거나 재현이 아니다. 그것은 연출자와 관객의 욕망이 투사된 추상이거나 시뮬라크르인 것이다. 다만 안정과 휴식 더 나아가 행복을 찾기 위한 장면 연출이 오히려 소멸, 결핍, 부재, 사라짐, 죽음 등을 지시하는 이 모순적인 상황은 현대 사회에서 예술품과 예술가의 기능과 의미를 다시 생각하게 한다. 그리고 이러한 지점에서 행위현장의 '살아 있음(Liveliness)'은 추상과 시뮬라크르로서의 장면이 갖는 한계를 극복하게 하는 새로운 의미로 다가온다.

　주지하다시피 한 장면은 연습 과정이든 실제 공연이든 반복이라는 특성을 갖는다. 물론 이 반복은 기계적인, 죽어 있는 반복이 아니라 그 현장에서 새롭게 생성되는 창조적 반복이다.

> '노력하고, 실패하고, 뭔가 다른 것을 해보는' 이 삼 단계는 매우 중요하다. 우리는 똑같은 일을 두 번 할 수 없다. 똑같은 강물에서 두 번씩이나 헤엄을 칠 수 없는 것처럼 똑같은 반응을 두 번 연기할 수는 없는 노릇이다. 인간의 조건은 영원한 상실, 그리고 영원한 재생과 함께 하는 삶의 일부이다.[68]

　보다 큰 의미에서 우리 예술 활동 그리고 장면 연출이 우리 삶의 재현이라면 그것은 지류적 즐거움이나 말초적 감각적 쾌감보다 현장에서의 살아 있음을 지향해야 하는 것은 분명하다. 실재 삶에서보다 극장에서 우리는 살아 있음을 강렬하게 느끼고 확신할 수 있는 것이다.

　무대 위 연출된 한 장면은 더 이상 실재의 모사이거나 재현이 아니다.

---

68) Donnellan, 같은 책, 275쪽.

그것은 연출자와 관객의 욕망이 투사된 추상이거나 시뮬라크르인 것이다. 다만 안정과 휴식 더 나아가 행복을 찾기 위한 장면 연출이 오히려 소멸, 결핍, 부재, 사라짐, 죽음 등을 지시하는 이 모순적인 상황은 현대 사회에서 예술품과 예술가의 기능과 의미를 다시 생각하게 한다.

5. 나가는 글

지금까지 장면 연출의 변화된 지향점을 중심으로 그 변화가 초래하는 새로운 장면의 의미에 대해 살펴보았다. 앞에서 살펴본 것처럼 우리의 인식은 더 이상 모방을 실재의 재현으로 그리고 예술 감상의 대상으로 여기지 않는다. 오히려 우리는 모방의 즐거움이라는 단순한 것에서 현대 사회에 방만한 불안을 해소하기 위해 안정과 휴식이라는 새로운 욕망을 좇는다. 한 장면의 연출에서 연출자가 중요하게 처리해하는 주 기능과 목표가 핍진성에서 욕망을 투사할 수 있는 스크린으로서의 무대/장면을 제공하는 것으로 변화한 것이다.

모방을 통한 재현을 포기했을 때 연출자가 가질 수 있는 장면 연출의 가능성은 추상과 라시옹이다. 전자는 원본의 존재를 전제하고 그것의 도출 또는 삭제의 결과이지만 시뮬라시옹은 원본의 존재를 부인하는 복사물의 복사행위이다. 그러나 이 두 행위 모두 현실 그대로의 장면 연출과 그 핍진성을 포기한다는 점에서 장면 연출은 새로운 지향점을 갖는 셈이다.

이러한 현상의 이면에는 우리가 살아가고 있는 세계가 이미 고전적, 전통적인 세계관에서 벗어나 있음이 전제되어 있다. 시각을 통한 이해와 이성적 감상의 대상에서 촉각적 감각을 활용하는, 안정과 휴식에의 희구는 그만큼 현대를 살아가는 현대인들의 불안이 짙게 반영되어 있음을 본다.

추상으로서의 장면 연출은 근원적 예술 충동으로 추상을 받아들이는 것이다. 입체적 자연주의에서 비롯하는 모방과 그것에의 감정이입을 포기하고 평면성을 획득하는 것이기도 하다. 왜냐하면 이러한 평면성이야말로 우주적 질서에 연관되는 안식의 가능성을 제공하기 때문이다.

장면 연출의 또 다른 가능성은 시뮬라시옹이다. 시뮬라크르의 동사적 활용인 시뮬라시옹은 조작된 사회의 원본 없음을 드러내는 행위이다. 그러나 가치가 전도되고 진리가 부재한 사회에서 시뮬라시옹은 오히려 더 많은 빈도로 행해지며 이러한 현상은 욕망을 충족하지 못한 사람들에 의해 더욱 심화될 수밖에 없다. 시뮬라시옹으로 연출된 장면이 일회적, 감각적, 촉각적인 이미지로 반복해서 나타나는 이유가 여기에 있다.

추상으로서의 장면 연출과 시뮬라시옹으로서의 장면에서 '행위현장'이 의미를 갖는 지점이 바로 여기이다. 시뮬라시옹이 드러내는, 우리 사회의 가치 없음, 진리의 부재를 그대로 인식하고 그것을 받아들이는 것 외에는 다른 선택의 여지가 없을 때 행위현장에서 나타나는 무대와 객석의 상호소통 그리고 그 '현재'에서 발생하는 '살아 있음'의 생명성은 장면 연출에 관련하는 모든 사람들에게 그대로 전이될 수 있는 것이다. 특히 추상이든 시뮬라시옹이든 연출자의 장면 연출이 관객의 투사와 협력을 받아들이는 새로운 지향점을 가질 때 한 장면의 연출은 전통적인 장면 연출의 의미에서 벗어나 관객과 함께 만들어가는 장면 연출로 변화하는 것이다. 현대의 관객은 오히려 이러한 점에서 만족하고 장면을 즐길 수 있을 것이다.

인식의 관성은 모호성에 대한 일방적, 무의식적 쉐마(schema)의 투사의 변화, 즉 다른 것으로의 대체를 의미한다. 이러한 관성적, 관습적 해석에서 벗어나기 위한 한 가지 예가 바로 브레히트의 '소외 효과' 또는 '소외를 불러일으키는 기법'이다. 그러나 이것은 동시에 일상 속에서 예술을 인식할 수 있는 방법이기도 하다. 장면 연출에 있어서 연출자의 노력은 바로 이러한 관객의 인식의 관성을 파괴하고 다른 상상 속의 의미로 관객을 이끌려는 노력이기도 하다. 효과적으로 연출된 장면은 따라서 관객의 눈을 새롭게 하여 묘사의 대상에 내재한 또 다른 의미를 발견하게 한다.

> 재현이란 항상 두 갈래 길의 작업이다. 그것은 하나의 해석에서 또 하나의 해석으로 교체하는 방법을 우리에게 가르쳐줌으로써 유대를 형성하는 것이다.[69]

만일 우리의 예술이 넓은 의미의 재현의 예술이라면, 우리의 작업은 위에서 언급한 것처럼 일상적이고 진부한 또는 결정되어 있는 일방향의 해석을 비일상적인 개별적, 예술적 해석으로 바꾸는 작업일 것이다. 이것은 정형화된 것보다 추상적 형태가, 일상어나 산문보다 시나 노래가 관객에게 더 강력한 힘을 행사하며 더 큰 자극으로 다가선다는 것을 증명하는 것이기도 하다.

추상이든 시뮬라시옹이든 장면 연출에 참여하는 관객은 이미 자신의 욕망을 무대라는 스크린에 투사함으로써 만족감과 즐거움을 얻는다. 특히 행위현장에서의 '살아 있음'은 무대와 객석 모두를 일종의 화학적 변화를 경험할 수 있게 할 것이다. 연극 예술이 '지금 여기(Here and Now)'를 특징으로 하는 순간의 예술인 점을 고려하면 새롭게 설정된 장면 연출의 지향점은 오히려 쉽게 그 특징들을 공유하는 동일한 지반 위에 설 수 있을 것이다. 다만 추상의 평면화와 시뮬라시옹의 허상을 장면 연출에서 어떻게 관객들과 공유할 수 있는 것인지에 대해서는 계속되는 심화 연구가 필요할 것이다.

---

69) Gombrich, 같은 책, 233쪽. 이곳에서의 '재현'은 모방에 의한 재현만을 의미하는 것은 아니다. 연습과 공연이라는 연출 작업은 어쩔 수 없이 연습한 것의 재현이라는 반복성을 가질 수밖에 없다. 행위현장에서의 재현성은 어떤 것도 깰 수 없는 공연 예술의 근원적 전제인 것이다. Theodore Shank, 『연극미학』, 김문환 옮김 (서울: 서광사, 1986), 232쪽 이하 참조.

제2장

장면 연출의 추상적 평면화

1. 들어가는 글

장면 연출의 목표가 모방충동에 따른 사실/현실의 재현/재연이 아니라 추상충동에 따른 우주적 진리의 표현[1]이라면 이제 그것을 어떻게 성취할 것인가를 고민해야 할 것이다. 현실의 정확한 모사/재현을 목표로 하는 사실주의 스타일은 우리나라에서 20세기 초반에 도입된 이후 90년대 중반까지 대표적 스타일로 군림했으나 20세기를 넘어서면서 그 세력이 점차 약화되고 있다. 사실주의 연극이 유독 우리나라에서 맹위를 떨쳤던 것은 스타일 자체가 갖는 힘이라기보다는 우리나라 개화기의 역사적 배경과 70년대 이후의 군사독재 시대의 정치적 유산이 빚은 일종의 특수한 경향으로 보인

---

1) 이에 관한 자세한 논의는 김대현, 「장면 연출과 행위현장」, 『연극교육연구』 22(2012), 5쪽 이하를 참조하라.

다.[2] 그리고 재현의 주요 수단으로써의 모방은 '사실 그대로의 재현'이라는 암묵적 동의를 전제로 하는 특유한 힘이 있는 것 같지만 사실적 재현에는 형식과 지향점 사이의 모순이라는 본질적 괴리[3]가 있어 사실적 묘사를 통한 재현의 지향점에 도달하기는 쉽지 않다고 생각한다. 여기에서는 다만 "재현 그 자체의 특징은 종속적인 것을 종속적인 것으로, 열등한 것을 열등한 것으로 유지하는 것이었다"[4]라는 언급을 인용하는 것으로 재현 예술에 관한 논의를 일단락하려고 한다.

본 장에서 전개하려는 논의는, 하나의 장면을 연출하는데 있어 연출가가 지향하는 목표점을 장면의 추상화, 평면화에 놓는다면 그것을 어떻게 실행할 수 있는지, 그 가능한 수단으로 어떤 것이 있는지 살펴보는 것이다. 즉 지금까지의 연출기법에 관한 대부분의 논문들이 효과적인 블로킹을 통한 장면의 사실적 재현에 집중되어 있다면 이 글에서는 오히려 시·공간의 입체성과 자연스러움을 파괴/왜곡하여 관객으로 하여금 장면을 추상적으로 그리고 평면적으로 인식하게 하는 여러 가능한 방법들을 논의하고자 한다.

이러한 논의의 출발점은 장면 연출의 추상화, 평면화에 관한 선연구를 찾아보기 힘든 국내 관련 학계의 상황으로 공간이라는 입체보다는 2차원적 평면을 보다 나은 예술적 대상으로 생각했던 헤겔 미학에 둘 수밖에 없다. 이런 측면에서 생각하면 헤겔이 말한 '예술의 종언'은 오히려 모방을 전제한

---

2) 사실주의 연극에의 맹목적 경도에 관한 선연구는 찾기 어렵지 않을 정도로 많다. 그럼에도 불구하고 여전히 강한 힘을 갖고 있는 사실주의 스타일의 배경에는 위에서 말한 역사, 사회, 정치적 원인 외에도 텔레비전 드라마에의 경도가 있다고 본다. 이에 관한 논의는 이후의 논문 「내면연기 연구」에서 보다 상세하게 전개할 예정이다.

3) 사실주의 연극은 연극을 사실로 재현한다는 본질적 괴리를 안고 있다. '사실주의 연극만큼 사실에서 먼 연극도 없다'는 언급은 이러한 특성을 지적하고 있다고 하겠다.

4) Edward W. Said (김성곤·정정호 옮김), 『문화와 제국주의』 (서울: 창, 1995), 159쪽.

재현적 예술의 종언으로 해석할 수밖에 없다.

> 피핀은 '예술의 종언'이라는 헤겔의 명제에 동의하는데, 다만 한 가지 단서를 붙이고 있다. 즉 그것은 예술 자체가 아니라 오직 재현적(표상적) 예술, 즉 예술이 감각적 소재라는 매체 속에서 반영하고, 재현해야 하는 어떤 전주체적인 실체적 '현실' 개념에 기반하고 있는 예술을 가리킨다는 것이 그것이다.[5]

재현적 예술의 종언은 필연적으로 추상적 예술의 탄생으로 전환된다. 장면 연출의 입체성과 구체성이 재고되어야 하는 지점인 것이다. 따라서 연출에 관한 기존 논문에서 중요한 원칙으로 간주되었던 것들은 본 글에서 비판적 비교대상으로 재고될 수밖에 없다. 그리고 이러한 논의의 진행은 필연적으로 포스트 드라마와의 외적 형태의 유사성으로 인해 현대연극의 트렌드로 자리한 '포스트 드라마'의 특성들과 그 특징적 현상들에 내재한 이론적 근거들을 살펴보게 될 것이다. 이를 통해 포스트 드라마의 연출에 어떤 이론적 근거가 가능할 것인지 또는 추상적 평면화가 포스트 드라마의 범주에서 어떤 위치를 차지할 수 있는지를 가늠할 수 있을 것이란 기대를 갖는다.

2. 모방의 입체성과 추상의 평면성

고대 그리스 극장은 옆으로 길게 뻗은 무대(skene)와 그것을 반원형으로 둘러싼 객석(theatron)을 중심으로 구성되어 있다. 특히 옆으로 긴 무대는 배우들의 대면 연기를 허락하지 않아 그들은 관객을 정면으로 '향해' 서서 대사를 낭송할 수밖에 없었다. 오늘날의 시각으로 보면 이상한 모습이지만 그

---

5) Slavoj Zizek(조형준 옮김), 『헤겔 레스토랑: 헤겔과 변증법적 유물론의 그늘』(서울: 새물결, 2013), 458쪽.

당시에는 귀족 중심의 계급사회의 시대상을 반영한 아주 자연스러운 공연 형태였다. 이러한 공연형태는 르네상스 시대의 원근법 무대에서도 큰 변화가 없었다. 비록 원근법을 이용해 무대 공간을 입체로 인식시키려는 시도가 있었지만 배우들의 활동 범위는 1:1의 실측 공간이었던 '거리(street)'에 국한되었기 때문이다.

사실주의 연극에 와서야 무대 공간은 실제 현실과 같은 3차원의 공간으로 활용되기 시작했다. 오늘날 우리가 이해하는 블로킹의 필요성이 대두되기 시작한 것이다. 이런 면에서 본다면 서양 연극의 무대는 평면성에서 입체성을 획득하려는 노력에서 그 변화가 시작되었고 할 수 있다. 아우어바흐 (E. Auerbach)는 이것을 '총제적 실체'를 파악하려는 노력의 결과로 본다.

> 항상 우리 마음속에는, 우리 자신에 대한 어떤 공식화된 定義 및 해석을 찾는 작업이 진행되고 있기 때문이다. 우리는, 부단히 우리의 과거, 현재, 미래 또는 우리의 환경, 및 우리가 사는 世界에 意味와 질서를 주려고 노력하고 있는 것이 사실이다. 결과적으로 우리의 인생은 우리 자신한테 하나의 總體적인 實體로 파악이 된다.[6]

보다 현실적으로, 보다 사실적으로 현실을 파악하려는 노력은 구체적 대상의 사실적 재현으로 나타났고 결국 그것을 담는 그릇/무대의 입체성으로 나타나게 된 것이다.

그러나 그리스 연극무대의 평면성은 내용적 지향점 즉 사실성의 추구와 모순된다. 무대 및 무대장치가 한 사회의 정신적 가치를 유형화한 것이라는 사실을 전제하면 그리스 연극무대의 형식적 평면성은 그 사회의 귀족적 특

---

6) Erich Auerbach(김우창·유종호 옮김), 『미메시스: 서구문학에 나타난 현실묘사 —근대편』, 개정 4판 (서울: 민음사, 1991), 269쪽.

징 즉 일방향적 의사소통형태와 무관하지 않은 것이다. 이러한 그리스 연극의 형태적 평면성이 사실주의 무대까지 입체성의 획득으로 진행된 것은 르네상스 시대의 시학의 재발견과 오해에 기인한 바가 크다. 즉 '모방(mimesis)'에 대한 과도한 집중이 모방대상의 단순한 유사성 추구로 이어졌던 것이다. 엄밀한 의미에서 고찰하면 아리스토텔레스가 말한 '미메시스'가 모방대상의 유사성에 의미를 두기보다는 '보다 나은 재현'에 강조점이 놓여 있음을 생각하면 표현의 목표가 단순한 모방을 초월한 근원적 형태의 추상적 표현일 것이란 결론은 오히려 당연하다고 할 것이다.[7]

이런 의미에서 본다면 고대 그리스 무대의 형태적 양식성과 내용적 사실성은 르네상스 원근법 무대를 거쳐 사실주의 무대의 환영무대를 끝으로 일차적 완성을 마치고 그 생명력을 소진한 것으로 보인다. 따라서 "회화적, 그리고 실로 감각적인 재현들은 이미지(또는 감각)를 통해 대상 자체를 처리한다는 어떤 미메시스적 모델에 기반해서는 이해 불가능하게 되는 결과를 가져왔다"[8]는 진단은 전통적 자연주의적 입체성을 마감하는 선언임과 동시에 새로운 추상적 평면성을 향한 고지이기도 할 것이다. 왜냐하면 일상의 기계적 재현에 그치는 사실주의 연극/무대는 이제 "추상, 즉 영원화에 향하는 예술의욕의 요구"[9]에 이르러 더 이상 그 형태를 고집할 힘을 잃고 새로운 가능성의 단초를 향해 스스로를 개방할 수밖에 없기 때문이다.

한 장면의 추상성은 먼저 위에서 언급한 입체성, 실제성을 넘어 공간의 압축과 시간의 논리를 나누어 다시 평면으로 복귀하는 것을 의미한다. 다만 형식과 내용에 모순을 드러냈던 그리스 연극무대에서의 평면성이 아닌, 형

---

7) Aristoteles (김한식 옮김), 『시학』 (서울: 웅진씽크빅, 2010), 295쪽 이하 참조.
8) Slavoj Zizek, 『헤겔 레스토랑: 헤겔과 변증법적 유물론의 그늘』, 461쪽.
9) W, Worringer (권원순 옮김), 『추상과 감정이입』 (대구: 계명대학교 출판부, 1982), 106쪽.

식과 내용에 있어서의 평면성의 추구이다. '환조보다는 부조'를 선호하는 태도와 일치하는 이러한 선호는 결국 모방 대신에 추상을 그리고 입체화 대신에 평면화를 선택한다는 것을 의미하는 것이기도 하다. 환조가 입체적 형상을 갖고 있기에 감각적, 구체적이라면 부조는 평면이기에 입체에서 평면으로 진행하면서 이러한 감각성을 덜어낼 수 있는 것이다.

> 동방정교회 전통에서 오직 평평한 또는 얇은 돋을새김을 한 형상만이 사용되어온 것은 이 때문이다. 3차원적인 조상의 감각적 특징은 성령의 성스러운 속성보다는 육체의 인간적 측면을 찬미하기 위한 것이다.[10]

따라서 추상적 평면화는 대상과 그 감각성에 집중하기보다 평면에 제시된 대상 너머의 보이지 않는 지점을 바라보게 한다. 에두아르 마네(Edouard Manet, 1832-1883)가 목표했던 캔버스는 이러한 평면으로의 회귀가 구체적으로 이루어진 현장이기도 하다.

> 그는 눈앞의 현실을 캔버스의 질서에 맞추어 최대한 사실적으로 그렸다. 왜냐하면 그에게 캔버스는 현실과 다른 독립된 세계이며, 회화는 자연을 모방한 현실에 대한 환영이 아니었기 때문이다. 당연히 화가는 자연을 바라보는 듯 그림을 바라봐서는 안 되었다. 즉 입체의 자연을 벗어나 평면의 캔버스를 우선시해야 했다.[11]

눈앞의 현실은 입체로서 구체성을 띤다. 그러나 캔버스의 질서는 현실과 다른 평면의 질서를 갖고 있다. 따라서 평면으로의 회귀는 먼저 입체적

---

10) Slavoj Zizek(조형준 옮김), 『라캉 카페: 헤겔과 변증법적 유물론의 그늘』 (서울: 새물결, 2013), 1,500쪽.
11) 이동섭, 「마네, 풀밭 위에 등장한 회화의 신세대」, 『하나은행』 114(2014), 37쪽.

인 것에서 번잡함을 없애는 것으로부터 출발한다. 즉 입체로서의 대상을 평면적 인상으로 옮기는 것이 주된 작업이 되는 것이다.[12] 그리고 이것은 표현의 대상과 그 결과에 존엄성과 신비로운 행복감을 제공한다.

> 우리의 입체적 인상을 어디까지나 부조적(浮彫的)으로 포착함으로써 표현은 비로소 그 존엄을 얻는다. 그래서 우리가 예술작품에서 취하는 신비적인 행복감은 오로지 이 같은 표현에만 존재하는 것이다.[13]

우리가 자연스럽다고 여기는 것, 사실주의 또는 자연주의 연극에서 추구하는 일상과의 유사성이 목표가 아니라 비켜가야 할 장애가 되는 것은 바로 이러한 인식의 전환에 있는 것이다. 따라서 대상의 기계적 모방은 사물의 존재를 그대로 드러내는 입체로 나타나지만 그 존재의 존엄과 결과적 신비로운 행복감은 오직 추상 즉 평면적 추상을 통해 드러난다.

대상의 사실성, 구체적 입체성을 벗어난 추상은 당연히 구성적, 양식적 형태를 통해 자신을 드러낸다. 즉 기하학적 명료성은 일상의 자연 형태를 벗어나 새로운 표현의 가능성을 추구하는 것이다.

> 모더니즘 예술은 여전히 어떤 실체적 매체 또는 현실에 대한 무반성적 수용에 의존하고 있는 전통적 예술과는 반대로 철저하게 자기반성적이다(자기대면적이다). 즉 자기 자신의 매체를 의문시한다는 철저한 의미에서 자기성찰적이다. '추상화(抽象化)'가 의미하는 것이 바로 그것이다. 예술적 재현의 매체 자체에 대해 자기성찰적 질문을 던지고, 그리하여 이 매체가 자연적 투명성을 잃어버리도록 만든다. 현실은 단지 '저 바깥에' 있으며, 예술에 의

---

12) Worringer, 같은 책, 114쪽 참조.
13) 같은 곳.

해 반성되거나 모방되는 것이 아니다. 그것은 구성되는 것이며, 우연적인 것이며, 역사적으로 제약된 것이다.[14]

예술은 현실의 단순한 모방행위 이상이 되어야 한다. '모방대상과 얼마나 유사한가?'라는 질문보다 '무엇이 본질인가?'라는 질문이 예술가에게 더 중요하게 다가오는 전환이 이루어지고 있는 것이다. 이런 점에서 한 장면의 연출은 대상과의 유사성이 아닌, 자기성찰적 질문과 그 질문에 대한 근원적 고민인 것이다.

3. 추상적 평면화의 무대 실천

입체적인 것에서 번잡스러운 것을 제거하려는 노력, 즉 무대 공간을 추상적 평면 공간으로 만드는 연출의 노력은 먼저 형식과 내용의 양 측면에서의 변화에서 시작된다. 앞선 논의에서 그리스 연극이 형식적으로는 제시적이나 내용적으로는 재현적이었다는 전제는 추상적 평면화의 무대실천에서 구체적 행동의 방향을 결정짓는다. 즉 형식과 내용에 있어서의 추상화 그리고 평면화인 것이다.

3.1. 형식적 측면

전통적인 장면 연출의 목표는 '일상의 사실적 재현'이다. 제시적 형식을 내용의 사실적 재현에 맞추려는 노력이 빚은 결과인 것이다. 그래서 한 장면의 "연출기법의 핵심"[15]은 다음과 같은 구체적 행위로 나타난다.

---

14) Slavoj Zizek, 『헤겔 레스토랑: 헤겔과 변증법적 유물론의 그늘』, 461쪽.
15) Katie Mitchell(최영주 옮김), 『연출가의 기술』 (서울: 태학사, 2012), 328쪽.

'배우들이 지금 하고 있는 것이 관객의 시야에 따라 구축되었다'같은 확신을 주면서, 그들을 상황에 몰입하게 만드는 것이 그것이다. 언제나 나를 매료시켰던 것은 바로 실제 삶 같은 어떤 것을 창조하는 것과 인위적인 어떤 것을 구성하는 것 사이의 이러한 멋진 균형감이다. 이상적인 면에서 연출가는 매우 조심스럽게 이 두 가지 과제의 균형을 잡는 것을 목표로 해야 한다.[16]

특히 '실제 삶 같은 어떤 것을 창조'하려는 노력 중 대표적인 것은 첫 번째는 원근법의 적용으로 그리고 두 번째는 무대배경을 그림에서 환경으로 전환한 것이었다. 실연(實演)이라는 공연의 특성은 원근법과 3차원의 공간을 활용하면서 내용과 실제가 일치되었고 그것은 '사실주의 스타일'로 완성된다. 따라서 형식적인 면에서 추상적 평면화는 먼저 원근법의 포기와 3차원 공연공간의 새로운 활용을 목표하게 된다.

위에서 언급한 원근법의 포기는 이탈리아 르네상스 원근법 무대만을 의미하는 것이 아니라 무대 위 공간을 실제 일상 공간처럼 느끼게 하려는 일체의 입체화 - 행동선 만들기의 포기를 의미한다. 배우들의 자세(bodyposition), 무대 구성(stage composition), 연기구역(acting area), 초점(focus)의 활용 등 연출가에게 활용되던 전통적인 기술들의 포기와 새로운 표현기법의 활용을 요구하는 것이다.

초점과 입체적 무대구성 그리고 배우들의 자세를 활용한 전통적 장면 연출에서 벗어난 한 예를 오태석의 장면 연출에서 엿볼 수 있다. 오태석은 그가 연출한 많은 작품에서 배우들을 관객을 향해 정면으로 서도록 하였고 이것은 그의 트레이드마크가 되었다.[17] 전통연희에서 관객을 향한 강한 지

---

16) 같은 곳.

17) 2015년 10월 21일 공주 문예회관에서 재연된 오태석의 ≪백마강 달밤에≫에서도 이러한 평면적 행동선, 소위 '논두렁 대화' 장면은 빈번하게 나타난다. 더구나 이 무대에는 변변한 세트도 없어

향성에서 비롯된 이러한 정면 자세는 관객들에게 무대 위 사건이 실제 사건인 것 같은 환상을 창조한다기보다는 오히려 연희성을 강하게 드러냄과 동시에 실제가 아니라는 편안함으로 관객들과 함께 호흡할 수 있는 여지를 준다는 장점을 드러낸다.

공간의 입체성을 변화시키기 위해서 공연 공간을 소극장보다는 대극장을 선택하는 것이 보다 많은 가능성을 가질 수 있다. 소극장은 공간의 구체적 사실성이 매우 미묘한 부분까지 드러나기 때문에 미적 거리를 가질 수 있는 대극장이 연출에게는 보다 유리하기 때문이다.[18] 또 대극장의 경우 대부분 프로시니엄(proscenium)을 갖고 있어서 무대를 입체보다는 평면으로 인식하기 쉽다.[19] 물론 전통적 연출 기법에 가장 잘 어울리는 공간이 프로시니엄 극장이기도 하지만 공간의 활용을 다르게 한다면 이 공간은 '환조에서 부조'로 변환될 가능성이 많은 것이다.

극장 자체가 3차원적 입체성을 갖는 공간이기 때문에 이 공간을 2차원의 평면으로 만들기 위해서는 동양화의 기법을 참조하는 것도 한 방법이 된다. 예를 들면 정선(1676-1759)의 〈심화춘감도(尋花春酣圖)〉는 화폭에 뒷산을 배경으로 길 옆에 피어 있는 꽃들을 감상하는 취노(醉老)의 모습을 표현하고 있다. 여기에는 비스듬한 길을 따라 술병을 옆에 둔 노인을 중심으로 커다란 뒷산과 꽃들이 배치되어 있다. 언뜻 보면 쓰러진 술병을 따라 꽃들도 누워 있는 것처럼 보인다. 제법 높은 것처럼 그려져 있는 뒷산과 노인이 주저

서 텅 빈 공간에 나타난 배우들의 '정면서기'는 평면화의 효과를 극대화하고 있다고 하겠다.

18) 소극장은 미적 거리를 갖기에 불편하기 때문에 공간의 사실성이 극단적으로 드러나는 공간이기도 하다.

19) 프로시니엄 극장은 초보 연출에게 기본테크닉을 익힐 수 있는 공간이다. 이 극장의 장면 연출에서는 평면성이 두드러지기 때문에 무대 구성은 주로 입체를 강조하는 '사선'을 중심으로 이루어진다. 김대현,『연극 만들기』(서울: 연극과 인간, 2004), 57쪽 이하 참조.

앉아 있는 굽이진 들길은 거리를 짐작할 수 없을 정도로 그저 막연하게 그려져 있다. 또 뒷산과 노인의 크기도 화폭 상에는 비율이 맞지 않다. 그저 작가가 표현에 있어 중요하게 생각하는 것을 크게 또 중점적으로 그렸을 것이라는 짐작을 가능하게 한다.

신윤복(1758-미상)의 「월하정인」의 경우에는 두 정인과 옆 저택의 크기는 비율이 맞지 않지만 달밤에 해후하는 두 정인의 모습을 강조하기 위해 화폭에 중점적으로 표현되어 있다. 또 「단오풍정」의 경우에는 냇가에서 멱을 감는 여인들과 그네를 타는 여인들에 비해 새참을 나르는 여인은 소인(小人)처럼 그려져 있다. 중요하지 않다는 의미이다.

기타 공간의 구체성과 사물의 3차원적 입체성을 중화/변화시키기 위해서 취할 수 있는 방법으로 아래와 같은 수단을 생각할 수 있다.

(1) 가면의 사용
(2) 유니폼의 사용
(3) 색 조명보다는 백열등의 사용
(4) 극적 음향의 사용금지
(5) 다초점(multi-focus)의 사용

위에서 가면과 유니폼의 사용은 배우/극중 인물을 구체적 형상에서 오브제로 환원시키는 역할을 한다. 색조명과 극적 음향의 사용을 금지하는 것도 상황을 일상의 특정한 시·공간으로 연상시키려는 노력을 포기한다는 것을 의미한다. 이렇게 되면 무대 위 시·공간은 중성적 평면 공간으로 환원되어 비로소 작가/연출을 위한 기본재료로 위치하는 것이다.

3.2. 내용적 측면

추상적 평면화를 위한 내용적 측면의 변화는 모방과 그 대상에 대한 자세의 변화에서 출발한다. 비극을 '행동의 모방'으로 그리고 그 행위의 목적을 '카타르시스의 성취'로 정의했던 아리스토텔레스의 예술에 대한 자세는 추상적 평면화를 위한 새로운 실천으로 바뀌어야 하는 것이다. 아리스토텔레스의 비극과 모방에 대한 자세는 아래와 같다.

> 행동은 행위의 형태로 재현된다. 즉 재현 행위를 실현하는 것은 바로 실제의 행위자—우리가 배우라고 말하는—인 것이다.[20]

그에게 비극/연극은 일상의 모방이었으며 따라서 무대 위에 배우에 의한 행위/행동으로 나타나야만 했다. 이러한 재현은 실제처럼 느껴져야만 했고 따라서 감정은 매우 중요한 기제가 된다.

> 되도록 동작을 사용하면서 완성된 형태를 자세히 그려보아야 한다. 실제로 타고난 재능이 비슷하다면 감정을 강렬하게 느끼는 쪽이 가장 설득력이 있을 것이다. 격정에 사로잡힌 사람이 격정을 가장 진실하게 표현할 것이며, 분노에 사로잡힌 사람이 분노를 가장 진실하게 표현할 것이다.[21]

이렇게 되면 비극/연극은 일종의 닫힌 순환게임이 되고 만다. 즉 배우에 의한 모방을 실제처럼 재현하는 것이 비극이라면 그것은 대상을 전제하고 따라서 그 재현은 유사성의 원칙에 따라 '얼마나 비슷하냐?'에 따라 점점 더 세밀한 부분까지 모방해야 하는 것을 의미하게 된다. 시학을 모방과 재현의

---

20) Aristoteles, 같은 책, 326쪽.
21) 위의 책, 317-318쪽.

근원으로 보고 미래까지 과언하는 아래의 인용은 이러한 예술/비극에 대한 닫힌 자세의 지나친 확대일 것이다.

> 씨앗은 이미 내용과 형식 전체를 품고 있다. 모방 행동이라는 씨앗으로 시작된 비극은 연극의 뿌리이고 『시학』은 비극에 대한 기록인 바, 거기에는 연기 기술의 씨앗과 뿌리가 함께 남겨져 있다. 아니 어쩌면, 『시학』은 현재를 지나 이미 미래에 도달해 있는지도 모른다.[22]

예술이 대상의 모방, 그것도 모방의 대상에 얼마나 유사한가를 따지는 것만이 아니라는 것은 현재까지의 예술의 변화추세로 미루어보아도 자명하다. 위와 같은 태도와 인식은 연극과 연기를 좁은 범주 안에 가두어 버리는 실수 외에도 현재의 다양성과 변화된 문화를 표현하기에 부적절한 보수적 매체로 전락시키는 잘못을 범하게 된다.

추상적 평면화로서의 현재와 미래는 그동안 당연하게 여겨왔던 '이야기'의 재현과 나눔에 제동을 건다. 그것은 아리스토텔레스가 강조한 비극의 6요소 중 핵심이라고 할 수 있는 상위 3개 요소, 즉 플롯과 캐릭터 그리고 사상에 대한 포기를 의미한다.[23]

플롯과 캐릭터 그리고 사상을 포기하면 무엇이 남을 것인가? 아니 포기하고 남은 것을 고려할 것이 아니라 장면 연출에서 연출은 관객과 교감해야

---

22) 오순한, 『시학&배우에 관한 역설』 (서울: 유아트, 2012), 153쪽.
23) 여기에서 플롯을 작시술 전체라고 확대하면 그것 자체를 포기할 수는 없다. 여기에서 의미하는 것은 발견과 급전을 주요 수단으로 그리고 카타르시스를 목표로 하는 극적 구조로서의 플롯의 포기를 의미한다. 같은 의미의 연장에서 캐릭터는 실제처럼 보이려고 노력하는 배우/등장인물의 포기, 사상은 실수를 유발하는 하마르티아(hamartia)로서의 '비극적 판단력의 포기를 의미한다. 사상을 판단력으로 개념 이동하기를 제안하는 내용은 다음 책을 참고하라. 이상섭, 『아리스토텔레스의 『시학』 연구』 (서울: 문학과 지성사, 2002), 158쪽 이하 참조.

할 내용으로써 무엇을 적극적으로 고려해야 할 것인가? 연출이 고민해야하는 '그 무엇, 즉 내용'에 관해 직접적 의견을 제시한다.

> 예술은 그 장르 여부와 상관없이 현실과 관계를 맺어야 하지만 그 관계는 "더는 장식의 차원, 모방의 차원에 있는 것이 아니라" "적나라하게 벗기기, 폭로하기, 벗겨내기, 구멍을 뚫기, 생존의 기본 요소에 이르기까지 폭력적으로 잘라내기 등과 같은 차원이다.[24]

스토리를 포기한 장면 연출은 '얼마나 유사하게?'가 아니라 '얼마나 효과적으로?'가 목표가 된다. 즉 모방 대상의 재현과 그 유사성의 성취가 아닌 내용의 효과적 전달이 목표가 되는 것이다. 왜냐하면 그 내용은 구체적 현실이 아니라 묘사하기 어려운 '모호함', '생동감', '에너지의 응축' 등 일상의 현실이 아닌 보이지 않는 우주적 진실의 편린이기 때문이다. 당연하게도 추상적 평면화의 장면 연출이 고민하는 것은 '어떤 이야기의 실제 같은 재현'이 아닌 '우리를 둘러싼 세계의 응축된 에너지, 생동감 그리고 그것들의 모호함'이 되어야 하는 것이다. 연민과 공포를 불러일으키는 사건과 그것에 의한 카타르시스의 경험이 아니라 우주적 보편자를 마음과 감각으로 경험하는 것이 목표라면 그것은 재현이 아니라 추상과 그것에 의한 생동감의 표출이 핵심이 되는 것이다. 헤겔이 말한 예술의 종언이 재현예술에 관한 것이라면 그 후는 재현이 아니라 추상이 되는 것은 오히려 당연한 논리적 결과일 것이다. 예술이 다루어야 할 관심사와 생동성에 관한 헤겔의 생각은 다음과 같다.

> 그러나 예술적 관심이나 예술 창작에게 일반적으로 요구되는 것은 오히려 생동성(eine Lebendigkeit)이다. 생동성 속에서 보편자는 법칙과 준칙으로

---

24) 사사키 아타루 (안천 옮김), 『야전과 영원』 (서울: 자음과 모음, 2015), 799쪽.

존재하지 않고, 오히려 상상(Phantasie) 속에서 보편적이며 이성적인 것이 구체적이며 감각적인 현상과 통일 상태로 유지되듯이, 보편자는 마음과 감각과 함께 동일하게 작용한다.[25]

이러한 주장이 전달해야 할 내용의 모호함으로 인해 신뢰받지 못할 수도 있다. 그러나 국내의 한 연출가는 자신의 연출 작업에서 전통적 의미의 연출 방법론보다는 자신의 관심사를 직접적으로 무대에 표현하는 것을 중요하게 생각해왔다고 말한다.

나는 입체적 구성이나 추상적 표현 등에 대해 생각해본 적이 없다. 내가 관심을 갖는 것은 한 장면 내에서의 에너지의 응축과 폭발 그리고 그 폭발의 타이밍이다.[26]

그의 무대는 일정한 이야기의 재현된 흐름이 아니라 충격과 에너지의 반복으로 나타난다. 입체적 동작선의 구성과 무대의 사실적 배치는 찾아보기 힘들다. 그의 작품을 관극하고 나면 '어떤 이야기'가 기억 속에 남는 것이 아니라 '충격과 공포'가 신체의 감각 속에 고스란히 남는 것이다.

앞선 논의에서 추상적 평면화가 '무엇'보다는 '어떻게'에 집중해야 한다고 말한 것은 바로 이러한 이유에서였다. 추상적 평면화에서 드러나는 생동감과 에너지는 모호하며 구체적으로 정의할 수 없지만 그것은 오히려 우주적 보편성에 닿아 있는 것이다. 따라서 장면 연출의 구체적 기술은 공간과 형태의 사용으로 집약된다. 여기에서 양식화의 문제가 함께 일어난다.

---

25) Georg W. F. Hegel(서정혁 옮김), *Ästhetik, oder Die Philosophie der Kunst*, 『미학 강의』 (서울: 지식을만드는지식, 2012), 23쪽.
26) 2013년 9월 29일 필자와 연출가 채승훈과의 대담 중 일부.

추상적 평면화에서 양식화의 문제는 두 가지 상반된 태도로 나타난다. 첫 번째는 양식화를 부정하는 입장이고 두 번째는 오히려 양식화로 집약하는 태도이다. 1986년 미국 추상 표현주의 작가 조앤 미첼(Joan Mitchell, 1952-1992)이 한 대담에서 말한 것은 추상의 양식화에 반대하는 입장이다.

> 추상은 양식이 아니다. 나는 단지 표면이 작동하게 하길 원한다. 추상은 단지 공간과 형태의 사용이다. 다시 말해 그것은 형태와 공간의 모호함이다.27)

위의 태도는 현대추상미술에서 견지하고 있는 입장이다. 이 경우 내용의 생동감과 에너지는 그것의 모호함을 그대로 표면에 드러낼 수밖에 없다. 따라서 양식화를 거부하고 형태와 공간의 모호함으로 드러나게 된다. 장면 연출에서 연출가의 고민은 표현의 양식보다는 내용의 모호함이 가진 부정형의 생동감을 어떻게 관객과 교감할 수 있을지에 관한 것이 된다.

양식화에 대한 두 번째 태도는 양식을 추상과 동일시하는 것이다. 물론 여기에서 양식은 내용을 담는 일정한 그릇으로서의 형태를 의미한다. 다만 양식화에 이르는 길은 자연 원형에서 양식화로 진행, 발전된 것이 아니라 오히려 양식화, 다시 말하면 추상적인 것, 선적-비생명적인 것이 최초의 것이라는 입장이다.28) 따라서 무대표현에 있어서 양식화는 사실적 재현 이후 다시 등장한 어떤 표현 양식이 아니라 자연이라는 보편자를 원초적으로 표현하는 직접적 표현수단인 것이다. 초기 아메리카 원주민의 미술에서 발견되는 평면화, 양식화는 이러한 주장의 한 예일 것이다.

시각적 요소를 본질적으로 평면적이고 고르게 배치한 것은 많은 아메리카

---

27) Debra Bricker Balken (정무정 옮김), 『추상표현주의』 (서울: 열화당, 2006), 66쪽.
28) W. Worringer, 같은 책, 96쪽 참조.

원주민 미술의 반복적 특징을 연상시킨다. 그 결과 회화의 신화적 내용이 구성적 배열에 스며들어 통합된다.[29]

양식화에 대한 두 가지 상반된 입장은 연출가의 스타일에 따라 그 활용이 결정될 수밖에 없다. 왜냐하면 이 지점이 연출가의 스타일이 결정적으로 작용하는 곳이기 때문이며 "스타일은 그 자체로써 사물을 보는 절대적인 방법"[30]이기 때문이다. 위의 논점대로라면 한 장면의 연출은 연출가의 스타일에 따라 추상으로 표현되거나 양식화로 표현되는 것이다.[31]

내용적으로 스토리를 포기한 연극과 무대 위에 '현실'을 재현하려는 노력을 포기한 연극을 대략적으로 '포스트 드라마'로 범주화한다면 장면 연출을 추상화 그리고 평면화를 지향하는 연극 역시 포스트 드라마의 하나로 볼 수 있다. 위에서 언급한 형식적 측면과 내용적 측면에서 제시한 무대 실천 방안들이 전통적 연출기법을 포기하고 있는 것은 바로 이러한 특성에 기인한다. 그러나 추상화/평면화를 지향하는 장면 연출과 그에 따르는 연극은 여타의 포스트 드라마와 배타적인 차이를 갖는다. 그것은 바로 핵심 개념으로서의 '행위현장'과 그 기능에 있다. 일반 포스트 드라마 연극과 추상적 평면화를 지향하는 연극의 상이점은 다음과 같다.

4. 추상적 평면화와 행위현장

추상적 평면화가 실천된 장면 연출에서 재현을 위한 스토리는 찾을 수

---

29) Debra Bricker Balken, 같은 책, 35쪽.

30) Erich Auerbach, 같은 책, ―근대편, 201쪽.

31) 물론 추상화 자체를 양식화와 동일시하는 또 다른 시각이 있을 수 있으나 현장에 나타난 표현의 두 형태는 추상적이거나 양식적인 것으로 대별된다.

없다. 무대 장치와 조명 등 표현의 보조수단들은 '실제'를 조성하기 위한 수단이 아니라 다른 목적, 즉 생동감, 에너지, 보편적 흐름 등을 표현하기 위한 적극적 수단으로 변화된다. 여기에 등장인물이 아닌 오브제화 된 배우들까지 가세하면 연출된 장면은 전통적 의미의 연극/장면 연출과 전혀 다른 형태와 내용을 갖게 된다.

논란 중인 '포스트 드라마'의 개념과 범주[32]는 추상적 평면화의 장면 연출을 포괄할 수 있는 여지가 있다. 특히 형태적 유사성이라는 측면에서 포스트 드라마의 다양한 형태는 추상화되고 평면화된 작품을 포스트 드라마의 일종으로 포괄할 수 있다.

먼저 포스트 드라마의 개념은 다음과 같다.

> 포스트드라마 연극은 재현(Repräsentation)이라기보다 현존(Präsenz)이고, 경험을 나누는 것이라기보다 경험을 함께 공유하는 것이며, 결과라기보다 과정인 동시에 취지라기보다 선언이며, 정보라기보다는 에너지 그 자체이다.[33]

특히 포스트 드라마를 "텍스트 모델에서 퍼포먼스 모델로의 중심 이동"[34]으로 파악하는 시각에 의존하면 더욱 그러하다. 전체 공연 중 장면들이 서로 유기적으로 연관을 맺어 일정한 사건을 재현하려는 장면 연출이 아닌 측면에서 추상적 평면화의 장면 연출의 결과를 퍼포먼스 또는 퍼포먼스

---

32) 포스트 드라마의 개념과 범주는 레만의 저서가 국내에 소개된 이후에도 여전히 논란 중이다. 일단 포함하는 범주가 너무 넓어 현대 실험극의 대부분을 포괄하고 있기 때문이기도 하지만 그 때문에 통일된 하나의 이론으로 그것을 정리할 수 없기 때문이기도 하다. 이 장에서 지향하는 장면 연출의 추상적 평면화 역시 이런 면에서 포스트 드라마의 범주에 속할 수도 있다. 다만 장면 연출의 구체적 지향점이 추상화와 평면화에 집중된다는 면에서 포스트드라마의 여타 다양한 연극들과 배타적 차이를 갖는다.
33) Hans-Thies Lehmann(김기란 옮김), 『포스트드라마 연극』(서울: 현대미학사, 2013), 161쪽.
34) 김형기, 『포스트드라마 연극의 지각방식과 관객의 역할』(서울: 푸른사상, 2014), 94쪽.

중심의 장면 연출로 이해할 수 있기 때문이다. 그러나 포스트 드라마를 "포스트드라마 연극의 새로운 글쓰기 방식"[35]이라고 파악하는 한에 있어서는 추상적 평면화와 충돌하게 된다. 왜냐하면 포스트 드라마를 새로운 글쓰기 방식으로 인식하는 체계의 한계에 다시 갇히기 때문이다.

포스트 드라마를 인식론적으로 이해하려는 시도들은 그것을 "무대로부터 출발하는 극작법을 통해 공연미학적 표현에 집중하려는 일련의 움직임"[36]으로 규정한다. 근간에 다시 극작법이 놓이게 되는 것이다. 즉 '퍼포먼스 중심 또는 공연미학적 표현에 집중하려는 움직임'으로 포스트 드라마의 특성을 파악하면서도 여전히 '글쓰기와 극작법'이라는 인식/이해의 틀에서 자유롭지 못한 것이다. 즉 포스트드라마의 새로운 표현기법과 소통방식을 인정하면서도 여전히 그것을 '일종의 글쓰기'로 인식하는 것이다. 글쓰기는 일련의 사고과정을 거치는 순차적 인지과정을 전제한다. 과연 포스트드라마의 무대구성과 표현이 이러한 인지적 과정을 전제하는지에 관해서는 의문의 여지가 있다. 만일 이러한 잘못된 전제가 사라진다면 포스트드라마의 무대표현과 그것의 소통은 오히려 즉각적이며 포괄적인 영상적 기억 그리고 그것의 반복에서 가능할 것이다.

추상적 평면화는 '일정한 이야기, 사건(action)'을 무대 위에 재연하려는 노력이 아니다. 퍼포먼스 중심이며 또 공연미학적 표현을 중시하는 측면도 존재하지만 추상적 평면화에서 핵심인 것은 한 장면들의 연결과 흐름을 통한 이야기의 재현이 아니라 한 장면 그 자체의 "행위현장"[37]이다.

---

35) 위의 책, 356쪽.
36) 김기란, 「2000년대 한국 포스트드라마 연극의 공연텍스트 구성 과정의 실증적 고찰」, 『한국연극학』 56호(2015), 116쪽.
37) 필자의 논문 「장면 연출과 행위현장」, 『연극교육연구』 22(2013), 11쪽에서 행위현장의 정의를

행위현장은 무대가 객석과, 배우가 관객을 만나는 비정형의 시·공간이다. 배우와 관객의 상호작용은 교감을 바탕으로 미리 정할 수 없는 현장만의 생성성을 갖는다. 이러한 시·공간에서 장면 연출의 추상적 평면화는 추상과 평면이라는 독특한 특성을 드러낸다. 이 특성들을 아래의 인용문과 비교해보자.

> (…) 붓으로 그리는 대신 캔버스에 직접 물감을 붓거나 뿌리기 시작했다. 이 방법으로 그는 형상이나 이미지의 어떠한 흔적도 말끔히 제거한 비위계적(非位階的)이고 '전면적(全面的)인' 구성을 만들어낼 수 있었다. 예컨대 율동적이고 굽이치는 물감의 선들이 중복되어 있는 〈성당〉(1947, 도판 4)에는 형태나 특정한 서술적 내용을 암시하려는 어떠한 시도도 없다. 그것은 희미한 시각적 진술, 정지된 상태에서 포착된 우아함과 격렬함의 결합이라고 할 수 있다. 깊이에 대한 어떠한 암시도 없이 폴록은 운동감을 부여했고 동시에 캔버스의 평면성을 드러냈다.38)

잭슨 폴록(Jackson Pollock, 1912-1956)의 작업 과정과 그 결과는 추상적 평면화의 장면 연출의 과정과 결과와 비슷하다. 폴록이 캔버스와 물감으로 부여한 추상적 평면화를 연출은 오브제와 조명 그리고 무대의 시·공간을 활용하여 이룩한 차이뿐이다. 결국 이들이 추구하는 것은 단순한 대상의 모방으로 만족할 수 없는, 표현할 수 없는 비정형의 에너지, 생동감의 직관적, 전면적 형상화이기 때문이다. 헤겔이 아래 인용문에서 지적한 것도 예술의 지향점이 단순한 자연의 모방에 그쳐서는 안 된다는 사실의 적시이다.

"과거와 미래를 결합하는, 그래서 현재를 다시 새로운 현재로 생성하는 행위가 벌어지는 시·공간"으로 규정하고 있다. 행위현장과 관련된 또 논문으로는, 김대현, 「'-되기'의 배역 창조와 '행위현장'의 생성성」, 『연극교육연구』 16(2010), 5쪽 이하를 참조하라.
38) Debra Bricker Balken, 같은 책, 14쪽.

예술은 절대적 개념을 감성적 질료를 통해 감성적 직관에 표현한다. 개념의 이 같은 표현을 위해서 예술은 자연형태들을 이용한다. 그러나 이러한 이용은 자연의 모방과는 거리가 멀다. 만일 이것이 자연의 모방이라고 한다면, 모든 예술형식들에서 예외 없이 이 자연의 형태들은 모방하려는 목적도 생겼을 것이기 때문이다. 그러나 우리는 처음부터 이 [자연의 모방]같은 것은 예술의 목적이 전혀 아니었다는 사실을 역사적으로 이미 잘 알고 있다.[39]

행위현장이 모방 대상의 재현 현장이거나 스토리(사건)의 모방이 아니라 보편적 질서를 드러내는 퍼포먼스 중심의 공연미학적 표현이라면 그것을 통해 무대(배우)와 객석(관객)은 새로운 교감의 목표와 통로를 갖게 된다. 헤겔은 이것을 '신적인 것을 표현하려는 충동, 열망'으로 이해했다.

따라서 우리는 예술에서 처음부터 자연을 모방하려는 것이 아니라 신적인 것을 표현하려는 목적이 있었다는 사실을 알 수 있다. 우리는 이 같은 목적을 자기 자신을 표현하고, 내면을 충만하게 하는 것을 객관화하려는 충동, 열망(Drang)이라고 이해해야 한다.[40]

따라서 행위현장의 소통은 일회적 제시나 표현으로 그 목적하는 바를 성취할 수 없다. 포스트 드라마에 속하는 여러 공연에서 드러나는 영상 배경과 조명의 현란한 활용, 오브제화한 배우들의 행위 등이 특정 스토리(사건)를 재현하려하지 않고 반복적으로 장면에서의 흐름과 생동감을 창조하려는 시도는 바로 이러한 지향점에서 기인할 것이다.[41]

---

39) Hegel, 같은 책, 60쪽.

40) 위의 책, 61쪽.

41) '이미지 연극'과의 차이는, 첫째 장면 연출의 추상화와 평면화는 이미지의 구축만을 지향하지 않는다. 그리고 배우가 없는 연극 또는 배우를 오브제로 취급하는 연극이 아니다. 오히려 추상

한 장면의 추상적 평면화는 유기적 조직체로서 플롯(plot)에 기대지 않는다. 일정한 사건의 재현이 아니기에 처음과 중간과 끝의 기능적 분화/분배도 없다. 대상을 모방/재현하려는 시도를 그치기 때문에 추상적 평면화는 행위현장의 시·공간을 일종의 흐름으로, 생동감으로 그리고 전면적 소통의 시도로 나타난다. 따라서 행위현장의 시·공간은 '실제'를 방불하는 곳이 아닌 공간 속의 평면성이 두드러지는 다초점의 시·공간으로 나타나게 된다.

장면 연출의 행위가 추상화로, 평면화로 특정되는 것은 변화된 현실 인식을 반영한 결과이다. 현실은 고정된 것도 아니고 기계적으로 모방해야 할 대상도 아니다. 상황과 인식에 따라 현실은 때로는 파장으로, 때로는 입자로 인식된다는 양자 역학의 선언은 행위현장이 때로는 파장으로 때로는 입자로 나타나는 이유이기도 하다.[42]

5. 나가는 글

추상적 평면화는 현실 인식의 변화에 따른 필연적 요구라 할 수 있다. 본 장에서 살펴본 구체적 실천들이 전통적 장면 연출의 방법들을 부정하는 것에서 출발하는 것은 바로 이러한 이유에 기인한다. 아리스토텔레스가 말한 '행동의 모방'으로서의 비극/연극은 더 이상 장면 연출의 방법이 아닌 것이다.

추상적 평면화는 행위현장의 추상화, 평면화를 의미한다. 추상화는 구체적 재연의 포기로 인한 개념의 혼란이 아니라 오히려 각양의 구체성을 뛰

적 평면화에서 배우는 '행위현장'을 강조하고 현장에서 관객과의 소통적 생성성을 직접적으로 자극하는 중요한 요소이다. 차가운 이미지의 제시가 아니라 행위현장에서의 뜨거운 생성성을 지향하는 것이 바로 추상적 평면화이다.

42) 박동수, 「입자들의 스펙터클한 운명과 우아한 질서」, 『하나은행』 109(2013), 8쪽 이하 참조.

어넘어 본질적 보편성/사물의 핵심적 측면을 개념화한다. 그리고 평면화는 입체에서 불필요한 것들을 덜어냄으로써 신적인 위엄을 갖게 된다.

어떻게 어떤 대상에 대해 갖는 혼란스러운 인상들의 망으로부터 개념이 출현할 수 있을까? '추상화'의 힘을 통해, 즉 대상의 대부분의 양상에 대해서는 눈을 감고 그것을 구성하는 핵심적 측면들로 대상을 환원시키는 것을 통해 그렇게 된다. 우리 정신의 가장 큰 힘은 더 많이 보는 것이 아니라 정확한 방식으로 더 적게 보는 것이며, 현실을 그것의 개념적 규정들로 환원시키는 것이다―오직 그러한 '눈멂'만이 사물들의 진상에 대한 통찰을 낳는다.[43]

따라서 추상적 평면화는 행위현장의 생성성, 즉 과정으로서의 소통의 중요성과 그 가변성으로 인한 반복적 개념화[44]가 중요해진다. 따라서 행위현장에서의 한 장면의 추상적 평면화는 관객에게 반복적 투사로 나타난다. 마치 어부가 자신의 그물을 반복적으로 던지듯이, 왜냐하면 현실은 이미 '상블랑'이어서 일회적 투사로는 건져 올릴 수 없기 때문이다.

현실은 상블랑이다. 하지만 진정한 존재를 감추고 있는 기만적 가상이라는 단순한 의미에서가 아니라 말이다―현상적 현실의 베일 뒤에는 아무것도, 어떠한 진실한 실체적 실재도 존재하지 않는다. 현실은 그것의 구조가 이미 사회적 적대성의 실재를 흐리는 어떤 환상을 물질화하고 있다는 의미에서 상블랑이다.[45]

추상적 평면화의 무대 실천은 형식적 측면과 내용적 측면에서 이루어진

---

43) Slavoj Zizek, 『헤겔 레스토랑: 헤겔과 변증법적 유물론의 그늘』, 506쪽.
44) 여기에서 '개념화'는 인식의 방법을 가리키는 것이 아닌 지향점의 공유로서의 소통의 방법이다.
45) Slavoj Zizek, 『라캉 카페: 헤겔과 변증법적 유물론의 그늘』, 1378쪽.

다. 그리고 이 두 가지 시도 모두 '실제를 재현'하려는 시도를 포기한다는 공통점을 갖는다. 따라서 한 작품에서 행위현장은 사건의 진행에 따른 의미와 볼거리의 창출이 아니라 한 장면의 행위현장 그 자체의 생성성, 즉 비정형의 에너지, 생동감 그리고 사물의 핵심적 측면을 드러내는 반복적 시도로 가득 차게 된다.

추상적 평면화는 소위 포스트 드라마의 범주에 포괄될 수 있다. 다만 포스트 드라마가 극작법에 기반을 둔 새로운 글쓰기로 규정되지 않는 한에 있어서 그렇다. 왜냐하면 추상적 평면화의 소통방법은 전면적이고 즉각적인 것이며 인식의 한 측면만 다가서는 것이 아니기 때문이다. 온전하게 행위현장에 생성의 한 요소로 참여하는 배우(무대)와 관객(객석)의 상호작용이 행위현장의 추상적 평면화를 완성한다.

제4부

장면의
생성성과
수행성

재현적 연기와 시뮬라크르적 연기
'자감' 연구
'내면연기' 연구

제1장

재현적 연기와 시뮬라크르적 연기

1. 들어가는 글

배우에게 배역 창조는 그 자신의 예술 행위 중 가장 핵심이 되는 것으로 인식되어 있다. 작품 분석과 인물 분석 그리고 배우의 신체와 정서 훈련의 목표는 무대 위에서 배우 자신이 아닌 작품 속의 등장인물을 보여주려는 연기 행위의 핵심 목표를 달성하는 데 있다. 이것이 우리나라에서 연기를 하거나 교육하는 사람들의 대부분의 공통 인식일 것이다. 특히 연극 현장에서 대중적 인기를 얻고 있는 뮤지컬과 그에 대항하는 사실주의적 화술 연극에서 공통적으로 회자되는 것은 '내면연기'라는 단어/개념이다. 정확한 학술적 규정은 아니지만 내면연기는 일단 '배우가 등장인물의 내적 진실을 관객이 느낄 수 있도록 사실적으로 진실되게 표현하는 것에 성공한 연기'라고 정의할 수 있다. 그리고 이러한 모호한 정의는 현장의 배우나 관객 모두에게 성공적인

연기에 대한 이해를 더욱 이해할 수 없는 것으로 만드는데 기여하고 있다.[1]

배우와 관객 그리고 연기교사들을 혼란스럽게 만드는 이러한 혼란은 우리나라 연극계의 특수한 경향의 반영으로 이해할 수 있을 것이다. 즉 사실주의 연극에의 지나친 경도와 텔레비전 드라마의 대중적 인기 그리고 미국의 메소드 연기론으로 우회한 스타니슬랍스키 시스템의 강력한 영향은 배우의 연기를 '심리적 사실주의 연기'로 제한하는 매우 특별한 외형을 갖게 했다.

하지만 이러한 경향은 "텍스트의 절대권능에 종속"[2]되는 '드라마 연극'으로서 연극의 현대적 경향에 맞지 않다. 일찍이 쉐크너는 60, 70년대의 실험을 거쳐 80년대 중반에는 연극 대신 퍼포먼스의 도입을 주장했고 90년대 초반에 이르면 자신의 속한 연극학과를 퍼포먼스 학과로 전환, 개편하자는 주장을 하고 있다.[3] 오늘날의 연극은 '드라마 연극'을 떠나 "에너지 연극"[4]이나 "포스트드라마 연극(postdramatisches Theater)"[5] 등의 개념으로 대표되는, 좀 더 진전된 논의로만 이해되는 내용들을 담고 있는 것이다. 따라서 이러한 연극에서 배우의 역할과 기능이 변화되는 것은 당연한 논리적 결론이다.

말, 의미, 음향, 몸짓 등등으로 만들어지는 심미적 연극 구성의 전체성(지각

---

1) 현재 국내의 뛰어난 연기교사 중 한 사람인 한양대 최형인 교수는 한 사담(私談)에서 "세계 어디에도 내면연기라는 단어, 개념은 없다"라고 단정적으로 말한 바 있다. 그러나 90년대 중반에서 2000년대 초반에 진행된 김방옥과 안치운의 내면연기 논쟁의 반향에 대한 기억이 분명한 이 시점에서 이러한 언급은 좀 더 세밀한 해석을 필요로 한다. 즉 그의 발언은 일반 대중에게 오도되어 있는 내면연기에 대한 부정과 연기방법론의 하나로써 내면연기 시스템의 실제적 부재에 대한 강조로 이해되어야 할 것이다.

2) Hans-Thies Lehmann (김기란 옮김), 『포스트드라마 연극』 (서울: 현대미학사, 2013), 31쪽.

3) Richard Schechner (이기우·김익두·김월덕 옮김), 『퍼포먼스 이론 I』 (서울: 현대미학사, 2001), 책머리글 참조.

4) Hans-Thies Lehmann, 앞의 책, 70쪽.

5) 위의 책, 24쪽.

을 종합적으로 구성하는)은 더 이상 연극의 목표가 될 수 없다. 오히려 연극은 조각난 파편과 부분의 성격을 수용한다. 연극은 새로운 실천방식이 되기 위해 오랫동안 논란의 여지없이 수용되었던 통일과 종합이라는 기준을 포기했고, 개별적 충동, 파편, 텍스트의 미세구조를 확신하는 기회(혹은 위험)에 스스로를 내맡겼다. 그 과정에서 연극은 '배우(Actor)'가 돌연변이를 일으키고, 드라마에 집중하는 형식을 넘어서 다양한 연극풍경을 만들어내는, 퍼포먼스라는 새로운 대륙, '연행자(Performer)'라는 새로운 방식의 현존을 발견한 것이다.6)

배우가 "연출가가 사용하는 '연극이라는 소통 기계'에 장착된 버튼'으로 재정의"7)된다는 것은 연기 예술 역시 모방의 미학에서 벗어나 이를 대체할 다른 연기 체계와 방법론을 가져야 한다는 것을 의미한다.

직접 무대 위에서 연기를 하든지 아니면 연기를 가르치고 배우든지 주관성을 떠나 객관적으로 연기의 정도를 논의하는 것은 쉽지 않다. 각 사람마다 다른 관점과 철학은 사람 수만큼의 이론을 양산했고 그 결과 현재에 이르면 연기에 대한 객관적 정론은 오히려 수많은 정답 속에서 길을 잃고 있다는 느낌이 든다.

배우 입장에서 보면 지금까지의 무대 위 배역 창조는 수많은 생각과 감정의 혼합, 연출자/지도교수의 지시 수행 그리고 관객 앞이라는 부담 속에서 확신과 의심, 우쭐함과 두려움이 교차하는 과정일 것이다. 연기를 처음 경험했을 때의 벅차오르는 기쁨과 그 결과 평생의 직업으로 배우를 결정했을 때의 확신은 본격적으로 연기―이론과 실제―를 배우면서 점차 내가 올바르게 연기하고 있는지에 대한 불안으로 바뀌며 이 불안은 점점 더 커진다.

---

6) 위의 책, 106쪽.
7) 위의 책, 59쪽.

연기 교육의 현장에서 보면 배우에게 연출자/지도교수의 존재는 마치 "대타자"[8]와 같아 그들이 객석에 있든 그렇지 않든 배우가 배역에로의 몰입을 방해하는 가장 큰 원인 중 대표적인 것이다. 그 이유는 배역 창조의 과정에서 끊임없이 반복하는 시행착오의 결정이 배우 자신의 것이라기보다는 연출자/지도교수의 지시에 의한 것이 더 많기 때문이다. 연기 경력이 짧거나 권위적인 연출자/지도교수와 함께 작업하는 경우 이것은 더 강화되는 경향이 있다.

이러한 이유로 배우의 배역 창조의 과정은 기쁨과 생동감이 발현되는 생생한 에너지의 충만으로 나타나기보다는 틀리거나 잘못된 배역 창조에 관한 두려움으로 움츠러들고 화석화된 혹은 위악적인 과장이나 감추기로 가득 찬 죽어 있는 시·공간으로 변질되는 것이 현실이다.

본 장은 이러한 현실에서 배우의 연기/배역 창조가 어떤 기준에 의해 잘된/올바른 것으로 또는 잘못된/나쁜 것으로 판단되는지 그 추정 가능한 원인들을 논의하는 것에서 출발하려고 한다. 특히 연기 예술이 '정서/감정을 수단으로 하여 감동에 이르는 것이 목표'라는 일차적인 전제를 기반으로 연기에서의 '진실과 진실의 감각'이 배역 창조에 어떤 영향을 끼쳤는지 살펴보게 될 것이다. "시뮬라시옹의 테크놀로지가 등장했음에도 여전히"[9] 사실적 연기 또는 내면연기가 최선의 것이 되어 있는 우리나라 연극계의 상황에서 생각해야 할 논의점들이 도출되리라고 생각한다.

이것은 논리적으로 그리고 필연적으로 연기의 모방적 성격에 대해 먼저 숙고해야 할 것이고 그것은 다시 모방의 사실성/흡사성이 좋은 연기의 기준

---

8) Dani Nobus 편 (문심정연 옮김), 『라캉 정신분석의 핵심 개념들』 (서울: 문학과지성사, 2013), 215쪽 이하 참조. 대타자(Other, Ø)는 라캉 정신분석의 핵심개념으로써 자아/주체 형성의 결정적인 요인으로 작용한다.

9) Hans-Thies Lehmann, 앞의 책, 64쪽.

점이 되어 있는 현실을 적시하게 될 것이다. 그러나 모방으로서의 연기는 자체 내의 한계에서 비롯된 더 많은 부작용들을 양산하고 있다. 위에서 언급한 배우의 위축과 거짓 그리고 죽어 있는 무대 공간의 폐해는 논의를 미룰 수 없는 시급성을 드러내고 있다고 할 것이다.

따라서 모방으로서의 연기를 넘어서는, 그것을 대체할 수 있는 다른 방법과 목표/지향점에 대한 논의는 반드시 필요한 논리적 결론에 해당할 것이다. 본 장에서 '모방으로서의 연기'를 대체할 수 있는 '또 다른 가능성'으로서 '시뮬라크르적 연기'를 시론적으로 검토하는 것은 바로 이러한 필요에 대한 대답인 셈이다. 본 장에서 이러한 논의가 성공적으로 진행될 경우 배우의 배역 창조의 과정이 다시 자발적인 무대 창조의 기쁨으로 가득 찬 생동적인 표현예술로 다시 드러나기를 기대한다.

본 장에서 사용하는 '모방적 연기'와 '시뮬라크르적 연기'는 모방을 연기의 주 수단으로 하되 서로 다른 지향점을 가진 차별적 연기형태, 즉 작품 속 등장인물을 모방해야 할 원본으로 설정하고 최대한 그것의 정확한 모사를 목표로 하는 연기형태와 등장인물을 하나의 허구로 인지하고 그것의 반복적 복사/복제를 통해 차이를 드러내려는 연기형태를 지칭하는 용어임을 밝혀둔다.

2. 모방과 연기

연기가 모방에서 비롯된다는 생각 또는 연기가 "창조의 원천인 미메시스 본성"[10]에서 비롯되었을 것이라는 생각은 일반인의 의식 속에 자리 잡고 있을 정도로 오랜 역사적 배경을 갖고 있다. 즉 "예술은 모방 행위이거나

---

10) 오순한, 『시학&배우에 관한 역설』 (서울: 유아트, 2012), 156쪽.

모방의 결과라는 정의는 예술이 무엇을 하는지에 대한 가장 오래된 견해"11) 라는 표현은 비극의 정의와 관련하여 아리스토텔레스의 시학을 떠올리게 한다. 특히 '행동의 모방'으로서의 비극의 정의는 배우의 역할과 기능에 있어서 모방의 힘을 과도하게 신뢰하게 하였다.

모방이란 필연적으로 모방의 대상으로서의 원본과 그것의 재현으로서의 복사/복제품을 전제한다. 그리고 복사/복제품의 진위여부는 원본과 얼마만큼 유사한가라는 근사성의 여부에 따라 판단된다. 그러나 우리가 아는 바와 같이 아리스토텔레스가 말하는 '행동의 모방'은 단순한 모방과는 분명한 차이를 갖고 있다. 즉 그가 말한 '행동의 모방'은 단순한 외적 행동의 모방을 의미하는 것이 아닌, '시작과 중간과 끝'을 가진 일정한 크기의 이야기를 모방하는 것이고 그리스어 '미메시스(Mimesis)' 역시 단순한 복사/복제를 뜻하는 것만이 아닌 재현(representation)과 표현(expression, presentation)을 뜻하는 것이기도 하기 때문이다.

모방은 적어도 연기에 있어서 두 가지 의미를 갖는다. 첫째는 외적 형태의 모방이다. 둘째는 아리스토텔레스가 말한 '행동의 모방'에 있어서 그 모방의 의미를 갖는다. 주의해야 할 것은 이 두 가지의 모방은 서로 혼동해 사용할 수 없다는 것이다. 환언하면 아리스토텔레스가 말한 행동의 모방에서의 모방은 외적 형태의 모방이나 단순한 움직임, 제스처의 베끼기가 아닌 것이 분명하다. 그것은 분명 '하나의 이야기에 대한 예술가의 재현'을 의미하고 있다. 그렇다면 이것은 형태상의 유사 여부가 문제가 되는 것이 아니라 일종의 창작의 정도, 창의성을 이야기해야 하는 상황으로 바뀐다.

이런 점에서 보면 단순한 모사/모방으로서의 연기는 예술의 영역에 자

---

11) 박동수, 「다른 무엇보다 이 세상이 아름답다는 찬사」, 『하나은행』, 109(2013), 27쪽.

리할 수 없다. 사실 근대에 이르기 전까지 모든 시대의 극장에 나타난 연기는 일상의 크기보다 큰 일종의 과장/확대된 연기였다. 사실주의 시대에 이르러 일상의 크기와 무대 위 연기의 크기를 일치시키려는 노력은 연기를 표현이 아닌 모방으로 생각하게 만든 결정적인 시기였을 것이다. 만일 모방과 표현의 차이를 일상의 크기와 과장된 형태의 크기 사이의 차이를 통해 짐작할 수 있다고 본다면 예술은 마땅히 그 차이 속에 그 크기만큼 존재할 것이다. 이 경우 극단적인 한 예를 상상화의 표현을 통해 짐작할 수 있다.

> 프라 안젤리코(Fra Angellico)의 〈수태고지〉(c. 1432)는 현실에서는 존재할 수 없으니 모방이 불가능한 장면 (…) 모방이라기보다는 예술가의 표현이라고 부르는 것이 합당[12]

일상의 크기와 똑같은 단순한 모방을 예술로 여길 수 없는 이유가 여기에 있다. 일찍이 보링어(W. Worringer)는 "모방충동이라는 인간의 원시적 요구는 본래의 미학 밖에 선다는 것, 그리고 그와 같은 요구의 충족은 원칙적으로는 예술과 아무런 관계가 없다"[13]고 분명히 선언한다. 보링어에게 모방충동에서 비롯한 모방행위는 단순한 '자기만족'이거나 "자연원형이 모사(모사)에 대한 유희적 즐거움"[14]에 그치는 단순행위일 뿐인 것이다. 아리스토텔레스가 분명히 밝힌 것처럼 비극은 외양의 정확한 모사가 아니라 '행동의 모방'인 것이다. 따라서 "최초의 연기술은 누가 뭐래도 미메시스 = 모방이다"[15]라는 선언은 성급하다.

---

12) 박동수, 앞의 책, 27쪽.
13) Wilhelm Worringer, *Abstraction and Empathy: A Contribution to the Psychology of Style*, trans. Michael Bullock (New York: International Universities Press, 1997), 권원순 옮김, 『추상과 감정이입』 (대구: 계명대학교 출판부, 1982), 22쪽.
14) Wilhelm Worringer, 같은 책, 23쪽.

행동의 모방인 비극/연극에서 배우의 역할은 작품 속 등장인물을 자신의 몸/마음/감정을 통해 관객에게 전달하는 것이다. 이 경우 배우는 작품 속 등장인물을 단순하게 모방하는 것인가, 재현하는 것인가, 아니면 표현하는 것인가? 만일 작품 속 등장인물이 실제 인물이라면 배우의 행위는 모방일 수도 있다. 그러나 등장인물이 허구의 인물이라면 그것은 모방이 아닌 어떤 다른 것이어야 한다.

> 무대 위 행위자들은 더 이상 그들 외부에서 주어진 의도를 옮기기 위해 존재하지 않는다. 그들은 연출가나 텍스트로부터 의도를 끌어낸다. 행위자들은 고유의 신체논리를 주어진 프레임 안에서 행한다. 즉 숨겨진 긍정적 충동, 에너지의 역동성, 몸과 운동근육의 역학이 그것이다. 그러므로 행위자들은 그들 외부에 존재하는 연출가의 담론을 전달하는 대리인으로 보는 것은 문제가 있다.[16]

허구의 인물인 등장인물을 무대 위에 표현하는 배우의 작업이 모방이 아니라 표현이라면 등장인물은 배우의 차이에 따라 매번 차별적으로 표현되기 마련이다. 즉 모방할 원본이 없기에 차별적으로 드러나는 모든 표현이 오리지널이 되는 것이다. 그리고 이 경우 그것은 배우 자신의 개인성의 표현이 된다. 연기 예술의 지향점이 정확한 모방에서 표현으로 변화하는 것이다.

> 연기술은 드러냄의 예술이지 변신의 예술이 아닙니다! 마스크, 음성, 걸음걸이, 제스처를 가지고 외적으로 변신하는 것, 그러니까 본래의 자신과 다르게 묘사하는 건 채[17] 연기술이라고 할 수 없지요. 배우는 물론 다른 운명

---

15) 오순한, 같은 책, 162쪽.

16) Hans-Thies Lehmann, 앞의 책, 60쪽.

17) 인용 원문에 표기된 '채'는 아마도 번역자의 실수로 삽입된 듯하다. 문맥의 흐름 상 '채'는 삭제

속으로 변신하는 겁니다. 그러나 다른 인간이 되는 건 아니지요. 배우는 자신의 역 속에 푹 빠집니다. 그러나 떠올랐을 때 물론 다른 인간이 되는 건 아니고요. 다른 사람의 운명으로 꽉 차있고 다른 사람의 열정과 체험들에 감동을 받고 있는 것입니다. 배우의 행복은 변신의 황홀함을 맛보는 것이고요. 관객의 행복은 개인성이 드러나는 걸 보는 겁니다.[18]

그러나 연기교육의 현장에서 그리고 무대 표현의 현장에서 우리는 배우의 연기를 '맞다/틀리다'로 단정하거나 '아니다/그렇다'로 규정한다. 하지만 원본이 없는 상태에서 '맞다, 틀리다'를 판단할 수 있는 근거는 무엇인가?

3. 스타니슬랍스키의 '진실의 감각'과 신뢰 그리고 진실

연기의 진실성/사실성에 대한 혼란은 특별히 사실주의 연극 그리고 그 연기 스타일과 관련이 있다. '삶의 외양에 대한 사실적 묘사'를 진실로 받아들이는 사실주의는 리얼리티(reality, fact)와 진실(truth)을 쉽게 동일시하였고 이러한 태도는 연기스타일에도 그대로 반영되었다. 아마도 배우가 등장인물의 외적 행동과 내적 행동을 그대로 재현/모방해야 한다는 강박은 여기에서 비롯되었을 가능성이 높다. 사실주의 연극의 대두와 함께 자신의 연기이론을 완성한 스타니슬랍스키는 피해야 할 네 가지 유형의 연기로 '기계적 연기, 과장 연기, 유형적 연기, 거짓 연기'를 들고 있는데 이 역시 어떤 기준/원

하고 읽어야 한다.

18) "Der Schauspieler und seine Rolle, Eine Unterredung mit Professor Max Reinhardt", Berliner Lokal-Anzeiger, Nr. 240, 1926년 3월 23일자, 여기서는 "Eine Ausstellung der Max Reinhardt-Forschungsstätte", Salzburg, Wien 1983의 카탈로그 90쪽에서 재인용. 김미혜, 「막스 라인하르트(Max Reinhardt) —배우, 연출가, 극장장, 극장경영자, 축제발기인, 연극교육자」, 김미혜, 남상식, 안치운 등, 『20세기 전반기 유럽의 연출가들』(서울: 연극과 인간, 2001), 194-195쪽에서 재인용.

본으로부터의 과장, 이탈을 의미하고 있다. 그리고 연기 교육에 관한한 세계적인 영향력을 가진 스타니슬랍스키의 기준이고 보면 이러한 태도는 쉽게 연기를 '등장인물에 대한 진실된/사실적인 모방'으로 규정하게 한다.

진실/진실의 감각과 관련한 스타니슬랍스키의 언급은 그의 『배우수업』 제8장 '신뢰와 진실의 감각'[19]이라는 표제로 설명되어 있다. 다른 번역서들, 예컨대 햅굿(Hapgood)의 1936년도 영역본[20]에는 'Faith and A Sense of Truth' 로, 그리고 틴츠만(Tintzman)의 1961년도 독역본[21]에는 'Gefühl für Wahrhaftigkeit und Glaube'로 표기, 설명되고 있다. 앞선 연구[22]에서 밝히고 있는 것처럼 『배우수업』의 원제는 『자기 자신에 대한 배우의 작업』이며 보다 자세한 설명으로 "한 학생의 일기, 제1부: 체험의 창조과정에 있어서의 자기 자신에 대한 작업"으로 명기되어 있다.[23] 주로 배우 또는 배우 지망생을 위한 기초훈련으로 정서 또는 감정 훈련을 위한 지침서인 이 책에서 '신

---

19) 스타니슬라프스키 (오사량 옮김), 『배우수업』 (서울: 성문각, 중판, 1979), 182-230쪽. 이 책의 초판은 1970년에 발행되었다. 본 장에서 Stanislawski(Stanislvski, Stanislavsky)의 한국어 표기는 스타니슬랍스키로 표기한다. 다만 인용의 경우 원문에 나타난 표기, 즉 '스타니슬라프스키, 스따니슬랍스끼, 스타니스랍스키' 등의 표기를 그대로 인용하여 병용한다.

20) Stanislavski, *An actor prepares*, trans. Elizabeth R. Hapgood (New York: Routledge, 1989), 127-162쪽. 이 책의 최초 번역본은 1936년에 나왔다. 본 장에서 참고한 것은 1989년에 출판된 페이퍼백 1쇄이다. 이 페이퍼백은 Hapgood의 최초 번역본을 1964년에 개정한 후 1988년에 출판한 41쇄이다. 2001년 신겸수에 의해 번역, 출판된 한국어판 배우수업은 같은 Hapgood의 번역으로 런던에서 출판된 1937년도 영역본(1993년 재판)이다. 신겸수 번역본에는 '믿음과 진실감'으로 표기, 설명되어 있다. 스타니스랍스키 (신겸수 옮김), 『배우수업』 (서울: 예니, 2001), 158-197쪽.

21) K. S. Stanislawski, *Die Arbeit des Schauspielers an sich selbst*, übers. v. Ingrid Tintzman, 3. Aufl. (Berlin: Henschel, 1993), 147-188쪽. 이 독역본의 원본은 1954년 모스크바에서 8권 전집으로 출판된 스타니슬랍스키 전집 중 제 2권이다.

22) 졸저 「스타니슬랍스키 연구사」 및 「스타니슬랍스키와 '시스템」을 가리킨다. 각각 『한국연극학』 40(2010)과 『연극교육연구』 21(2012)를 참고하라.

23) Stanislawski, 앞의 책, 3쪽.

뢰와 진실의 감각'은 주로 일상에서의 리얼리티와는 관계없는 "무대적 진실"24)에 관해 설명하고 있다. 스타니슬랍스키는 "일상생활에서는 진실이란 현실적으로 존재하고 있는 것, 즉 인간이 현실적으로 알고 있는 것이지만, 무대에서는 그것이 실제로 존재하지 않으며, 다만 일어날 수 있는 그 무엇으로 되어 있는 것"25)이라고 분명하게 구분하고 있다. 만일 현실에서 일어난 것을 '사실(fact)'이라고 한다면 무대에서의 진실은 일종의 '개연성 (plausibility, probability)에 대한 믿음에 기반한 진실'인 것이다. 이것이 '진실의 감각'과 짝을 이루어 '신뢰 또는 믿음'이 강조되어 서술된 이유일 것이다.

> 우리에게 중요한 것은 배역이 인간 정신의 내적 삶에 진실한 것인가, 또한 그 실재성에 신뢰가 가는가 하는 것이다. 무대서 우리를 에워싸고 있는 실제 자연물, 그 물질 세계의 실재성에 대해서는 우리는 관심이 없다. 무대 위의 물질세계란 배우의 감정을 위한 일반적인 배경으로서만 쓰임새가 있을 뿐이다.26)

여기에서 스타니슬랍스키는 두 종류의 리얼리티, 즉 내적 생활의 리얼리티와 물질세계의 리얼리티를 분명하게 구분하고 있고 그 둘 중 내적 생활의 리얼리티가 더 중요하다고 밝히고 있다. 그는 또 다시 내적 생활의 리얼

---

24) 김태훈, 『현장에서 통일되어야 하는 스타니슬랍스키의 연기학 전문 용어』 (서울: 예니, 2판, 2013), 115쪽.

25) 스타니슬라프스키 (오사량 옮김), 같은 책, 184쪽.

26) 신겸수 옮김, 『배우수업』, 160쪽. 오사량 번역의 같은 부분을 비교하면 일단 번역의 애매함에서 벗어나 있는 것을 발견할 수 있다. 다음을 참고하라. "우리에게 있어서 중요한 것은, 역에 있어서의 인간 정신에 대한 내적 생활의 리얼리티와 그 리얼리티에 대한 신뢰이다. 우리들은 무대에서 우리들을 둘러싸고 있는 것에 대한 실제의 자연주의적인 존재, 물질세계의 리얼리티에는 관심을 갖고 있지 않다! 그것은 우리들의 감정에 대해서 막연한 배경을 제공하는 범위에 한해서만 우리들에게 유용하게 쓰일 뿐이다." 오사량 옮김, 185쪽.

리티에 관해 부연설명하면서 개연성과 그것에 대한 신뢰가 중요하며 특히 배우의 감정과 행동 양쪽에 분명하게 나타나야 한다고 강조하고 있다.

> 무대상의 진실이란, 자기 자신의 것이든 아니면 동료 배우의 것이든, 진정 믿을 수 있는 모든 것이다. 믿음에서 진실을, 그 반대로 진실에서 믿음을 분리해서 볼 수 없다. 이 둘은 상대방 없이 존재할 수 없고, 두 개가 다 없으면, 배우는 배역을 생활할 수 없고, 그 무엇보다도 창조할 수 없다. 무대 위에서 일어나는 모든 일은 배우 자신, 연극 관계자와 관객들에게 모두 설득력을 지녀야 한다. 무대에서 배우가 체험하는 것과 유사한 정서가 실제 생활에서도 있을 수 있다는 믿음을 불어넣어 주어야 한다. 배우가 체험하는 정서, 배우가 취하는 행동이 진실하다는 믿음이 매순간마다 충만해야 하는 것이다.[27]

따라서 무대 위에서의 진실/진실감/진실의 감각은 현실에서의 그것과 일정한 유사성을 갖고 있기는 하나 분명히 다른 것임을 밝히고 있다. 즉 진실(Wahrheit)과 진실같음(Wahrhaftigkeit)의 차이인 것이다.[28] 진실의 감각과 짝을 이루어 신뢰/그것에 대한 신뢰가 강조되는 이유가 바로 여기에 있다.

무대 위 리얼리티와 그것에의 신뢰는, 위 인용문에서 언급된 것처럼, 먼

---

27) 신겸수 옮김, 『배우수업』, 161쪽. 다시 오사량 번역의 같은 부분을 비교해보라. "무대에 있어서의 진실이란 자기 자신의 것이든 동료의 것이든 간에 어떤 것이나 우리들이 성실히 믿을 수 있는 것이어야 한다. 진실은 신뢰와 분리시킬 수 없으며 신뢰는 진실과 분리시킬 수 없는 것이다. 이 둘은 다른 한쪽이 없이는 존재할 수 없으며, 이 둘이 없이는 역을 생활할 수도 없고, 어떠한 창조도 불가능한 것이다. 무대에서 일어나는 모든 것은 배우 자신에게나, 상대의 배우에게나, 또는 관객에게 납득할 수 있어야 한다. 배우는 무대에서 경험하는 정서와 유사한 실생활에서의 가능성에 대하여 신뢰를 불어 넣어야 한다. 언제 어떠한 순간에라도, 배우는 그가 느끼는 정서의 진실이나 실천하려는 행동에 대하여 신뢰로서 포화(飽和)되어야 한다", Constantin Stanislavski (오사량 옮김), 『배우수업』, 185-186쪽.

28) 사실 독일어에서 Wahrheit와 Wahrhaftigkeit는 진실, 성실, 실제, 정직 등으로 동일하게 사용된다. 본 장에서 지적하는 차이는 미묘한 어감상의 구분으로만 가능하다. 오히려 영어에서 truth와 plausibility, probability 사이의 구분보다 더 명백할 것이다.

저 배우 자신 그리고 연극관계자/상대 배우 마지막으로 관객에게 설득력을 가져야 한다. 즉 배우 자신과 상대 배우 그리고 관객 모두가 무대 위에 형상화된 연기/상황/내용을 진실이라고 믿어야 한다는 것이다. 스타니슬랍스키는 이것이 성취된 상태를 '자감'이라고 말했고 특별히 무대적 자감/내적인 자감/창조적 자감을 중요시했다.

> 스따니슬랍스끼는 주어진 상황을 배우가 진실되게 믿음으로써 역할의 욕구와 배우의 욕구가 내면적으로 완전히 일치된 상태를 창조적 자감의 최고 상태라 하였다. 배우의 해석과 창조가 그대로 역할의 행위(동)를 통해 무대 위에 구현되고 있는 순간이다. '배우가 무대에서 역할과 완전히 하나가 되는 것', 이것을 스따니슬랍스끼는 '배우/역할'이라 명명하였다.[29]

이렇게 보면 창조적 자감의 성취는 배우 연기의 지향점이 되는데 '이것을 어떻게 성취하는가?'가 배역 창조의 핵심이 된다. 김태훈은 "무대적 자감이란 주어진 무대적 상황을 배우 스스로가 진실로 믿고 그것에 필요한 정서를 순식간에 불러일으키는 능력이다. 이것은 일종에 스스로에게 최면을 거는 것과 같다"[30]라고 부연하고 있는데 무대적 자감이 과연 최면술과 같은 것인지에 관해서는 논의의 여지가 있다.[31] 예를 들어 다음과 같은 스타니

---

29) 김태훈, 같은 책, 153쪽.

30) 위의 책, 143쪽.

31) 무대 위 배우가 느끼는 정서는 극중 인물의 정서를 관객에게 전달하려는 배우의 수단/표현이다. 물론 관객이 느끼는 정서는 배우가 제시하는 정서만을 느끼는 것은 아니다. 일종의 특수한 심리과정인 '거울 뉴런'은 배우의 작업을 보다 수월하게 만들어 준다. 다음의 인용을 참조하라: "배우의 명연기는 관객이 영화 속 캐릭터에 몰입하게끔 한다. 몰입된 상태에서 관객은 배우의 표정 하나하나를 통해 그 감정을 전달받고 같은 감정을 느끼게 된다. (…) 이때 작용하는 것이 거울 뉴런이다. 거울 뉴런은 이탈리아의 신경학자인 쟈코모 리쫄라티(Giacomo Rizzolatti) 교수 연구진이 발견했다. 한 원숭이가 다른 원숭이나 주변 사람의 행동을 보기만 하는데도 자신

슬랍스키의 진술을 보자.

행동이 진실하다고 자연스럽게 받아들여지기까지, 배우가 얼마나 세심한
사실성을 기울여야 하는지 이제 깨달았을 것이다.[32]

행동이 진실하다고 자연스럽게 받아들이는 주체는 먼저 배우 자신이고
그 다음은 관객이다.[33] 문제는 그가 진실하다고 인식하는 전제로 세심한

이 움직일 때와 마찬가지로 뇌에서 자극이 발생하고 있던 것이다. 감정을 표현하고 있는 얼굴
을 지켜보기만 해도, 거울 뉴런이 활성화된다. (부가설명) 그리고 거울 뉴런은 감정의 뇌 영역
인 편도체를 활성화한다. 그래서 다른 사람이 느끼는 감정을 그대로 느끼게 한다. 모 드라마에
나왔던 대사에서 "아프냐 나도 아프다"라고 한 것은 이러한 거울 뉴런의 활동을 시사한다." 권
용현, 「그 배우의 발언기, 이유가 있었네」, http://www.ohmynews.com/NWS_Web/View/
at_pg.aspx? CNTN_CD=A0001879482&PAGE_CD=N0001&CMPT_CD=M0018 참조.

32) Constantin Stanislavski, *An Actor Prepares*, 신겸수 옮김, 『배우수업』 (서울: 예니, 2001), 166쪽.
해당 내용의 다른 번역은 다음과 같다: "그래서, 우리의 신체적 자연에 굳이 무대에서 하고 있
는 일을 납득시키기 위해서는, 어느 정도의 리얼리스틱한 디테일까지 이루어야한다는 것을 알
았겠지?"(오사량 옮김, 『배우수업』, 192쪽); "이제 자네는 무대에서 보여주는 것의 물리적인 진
실을 우리에게 설득시키기 위해 얼마나 사소한 부분의 명백한 부분까지도 세심하게 신경을 써
야 하는지 이해할 수 있겠나?"(김균형 옮김, 『배우훈련』, 157쪽); "Now do you see to what
extent of realistic detail you must go in oder to convince our physical natures of the truth of
what you are doing on the stage"(E. R. Hapgood trans., An actor prepares, 134쪽); "Sehen Sie,
was für realistische Details, was für kleine Wahrheitein man herausfinden muβ, um wirklich
physisch an alles glauben zu können, was man auf der Bühne tut."(I. Tintzmann trans., Die
Arbeit des Schauspielers an sich selbst, 156쪽). 얼핏 보면 모든 번역에서 강조하고 있는 것은
'무대 위 행동의 세밀한 사실성'이다. 하지만 모든 번역에서 보다 중요하게 강조하고 있는 것
은 '신체적으로 믿을 수 있는'이라는, 기계적 사실성보다는 신뢰를 줄 수 있는, 불러일으킬 수
있는 사실성을 말하고 있다. 즉 강조는 기계적 모방의 세밀함에서 무대 위 행동의 신뢰와 그
수용으로 이동하고 있다는 점을 인식해야 할 것이다.

33) 물론 이 사이에 연출자/지도교수의 존재가 있다. 극장에서 이들의 존재는 배우에게 "내일 당장
극단에 가면 "야, 거기 올려!" "거기서 띄어야지!" "그래가지고 들리겠니!" 하는 꾸지람'을 하는
권위적 존재이기도 하다. 우상전, 「아! 스타니슬라브스키여」, 『오늘의 서울연극』 36(2013, 10),
http://www.ttis.kr/2013/10/%ec%95%84-%ec%8a%a4%ed%83%80%eb%8b%88%ec%8a%ac%eb%9d
%bc%eb%b8%8c%ec%8a%a4%ed%82%a4%ec%97%ac-%ec%9a%b0%ec%83%81%ec%a0%84/ 참조.

사실성을 들고 있는 것이다. 거칠게 단순화하면 세심한 사실적 표현은 자연스러운 진실로 수용된다는 확신이다. 조금 길지만 다음 같은 발언의 문제점도 살펴보자.

> 자네들의 가장된 진실은 이미지나 격정을 재현하는 데는 도움이 된다. 내가 추구하는 종류의 진실은 등장인물 그 자체를 창조하고 직접 감정을 불러일으키는 데 도움이 된다. 자네들의 예술과 나의 예술의 차이는 '보인다'와 '이다'라는 어휘의 차이와 똑같다. 내가 원하는 것은 진짜 진실이다. 자네들은 진실처럼 보이는 것으로 만족하지만 내가 원하는 것은 진정한 신뢰이다. 자네들은 관객들을 확신시키는 것으로 만족하고자 한다. 자네들을 바라보면서 관객들은 자네들이 이미 정확히 정해진 연기 법칙을 따라서 진행되어간다는 사실을 믿어 의심치 않는다. 곡예사들의 곡예 기술을 믿듯이 관객들은 자네들의 기술을 믿는 것이다. 자네들의 시각에서 보면 관객은 단순한 바라보는 사람들일 뿐이지만 나에게 있어서 관객은 저도 모르는 사이에 창조 작업의 증인이요, 참여자가 된다. 관객은 무대에서 행해지는 생활 속으로 빨려 들어가서, 이에 대한 믿음을 갖는다.[34]

여기에서 스타니슬랍스키는 자신과 학생들과의 차이를 가장된 진실과 진실 그 자체의 차이라고 확언하고 있다. 다만 미묘한 차이는 '진실처럼 보이는 것과 진정한 신뢰'라는 대비를 통해 그의 진실이 '신뢰를 바탕으로 한 진실'이라는 점을 분명하게 하고 있다는 것이다. 그러나 이러한 부분이 연

---

34) Constantin Stanislavski, *An Actor Prepares*, 신겸수 옮김, 같은 책, 191쪽. 그러나 이것은 배우의 배역에서의 변신이 불가능한 것이라는 사실을 적시하고 관객의 역할은 스스로 배우와 배역을 통합하는 신비로운 작업임을 명시한 다음의 인용과 비교해보면 스타니슬랍스키의 관객과 현대 관객의 차이를 보다 분명하게 인식할 수 있다. "어떤 배우도 자기의 배역을 완전하게 다 체현할 수가 없으므로, 배우는 '연극의 주요한 매력' 중의 하나인 '사람과 등장인물의 신비로운 통합'작업을 청관중들이 스스로 완성하도록 해야 한다", Marvin Carlson, 『연극의 이론』, 김익두·최낙용·김월덕·이영배 옮김 (서울: 한국문화사, 2004), 471쪽 참조.

기를 사실적 모사를 통해 진실한 표현이 가능한 것이라는 오해로 쉽게 오도한다는 것이다.[35]

또 '세심한 사실성' 또는 '사실적 모사'라는 표현은 당시 크게 유행하였던 사실주의 스타일과 관련하여 고려해야 한다. 주지하는 바와 같이 사실주의에서의 무대 위 진실의 크기는 일상에서의 진실의 크기와 구분할 수 없을 정도로 비슷하다. 고전주의 또는 낭만주의에서의 진실의 크기와 일상의 크기가 매우 다른 것을 생각하면 사실주의 스타일이 강조한 진실의 크기가 결과적으로 배우의 연기의 크기에 영향을 끼쳤고 결국 무대 위 연기의 진실성에 있어서 크기의 유사성으로 인한 혼란이 초래되었던 것이다. 스타니슬랍스키가 무대 위 진실과 일상에서의 진실을 강조점을 갖고 구분했던 이유가 여기에 있었던 것이다.

어쨌든 본 장에서 논의의 대상으로 삼는 부분은 무대 위 표현된 존재/상황/내용을 진실이라고 믿어야 하는 세 그룹의 주체 중 배우 자신의 자감에 관한 것이다. '배우는 언제, 얼마나, 어떻게 무대 위의 리얼리티를 진실이라고 믿는가/믿을 수 있는가?'라는 질문은 다시 '배우는 무대 위에서 창조적 자감을 어떻게 불러일으킬 수 있는가?'라는 질문으로 환언할 수 있다. 이

---

35) 등장인물에 대한 배우와 관객의 신뢰와 관련해 다음의 인용을 참조하라: "미국의 심리학자 앨버트 메러비안 박사(Albert Mehrabian)는 메시지를 전달할 때 '내용'은 그 중요성이 8% 밖에 안 된다고 했다. 시각적 요소의 중요성은 55%로 절반 이상을 차지하는데, 55%에서 20%는 보디랭귀지나 동작 같은 신체적인 태도이며, 나머지 35%는 표정이 차지한다. 그만큼 커뮤니케이션에 있어서 표정은 중요하다는 것이다. 특히 감정을 전달해서 공감대를 형성하기 위해서는 더욱 중요하다고 할 수 있다. 어떻게 하면 공감대를 형성할 수 있을까? 어떻게 하면 나의 감정을 자연스럽게 전달할 수 있을까? 가장 중요한 것은 스스로의 감정에 솔직해지는 것이다. 나 스스로가 솔직해질 때 비로소 진실된 감정을 전달할 수 있다." 권용현, 「그 배우의 발연기, 이유가 있었네」, http://www.ohmynews.com/NWS_Web/View/at_pg.aspx?CNTN_CD=A0001879482&PAGE_CD=N0001&CMPT_CD=M0018 참조.

질문을 풀어가는 과정에서 재현의 수단으로써 모방이 갖는 한계와 '모방'을 대체할 수 있는 '시뮬라시옹'의 가능성과 특징을 살펴보려 한다.[36] 결국 이 것은 배우가 자신을 포함한 무대 위 존재를 일상의 진실이 아닌, 무대적 진실로 받아들일 수 있는, 설득력의 또 다른 대안을 탐구하는 것이 될 것이다.

4. 시뮬라크르로서의 등장인물

시뮬라크르는 모방의 모방, 원본이 없는 복제(품)이다. 플라톤에 의하면 현 세계는 이데아의 모방으로 하나의 현상, 즉 그림자에 불과하다. 따라서 이 현세의 모방인 연극과 그 등장인물이 시뮬라크르인 것은 논리적 결과일 것이다.

재현적 질서 속에서 재현은 필연적으로 모방을 수단으로 한다. 그리고 이 모방은 모방할 원본으로서의 대상을 필요로 한다. 따라서 원본에 대한 복사/복제는 원본과의 유사성이 가치입증의 척도가 된다. 즉 수직적인 질서, 즉 얼마나 원본과 닮았느냐에 따라 그 서열/가치가 매겨진다.

"재현적 연기"[37]는 작품 속의 등장인물을 원본으로 전제하고 모방을 통해 그것을 재현하는 연기이다. 19세기까지 모든 연기는 이러한 세계관의

---

36) 재현의 수단으로서의 모방을 대체하는 것에 대한 기존의 논의로는 들뢰즈/가타리의 '-되기' 이론을 원용한 것들이 있다. 이와 관련된 것으로는 다음의 논문을 참조하라. 김효, 「들뢰즈/가타리의 '되기' 이론으로 살펴본 장 쥬네의 〈하녀들〉」, 『한국연극학』 36(2008); 김대현, 「배역 창조와 '-되기' 그리고 '자감'」, 『연극교육연구』 14(2008); 김대현, 「'-되기'의 배역 창조와 '행위현장'의 생성성」, 『연극교육연구』 16(2010); 김방옥, 「탈근대 희곡에 나타난 인간/동물의 탈경계성 연구」, 『한국연극학』 18(2012).

37) 본 장에서 재고의 대상으로 삼은 것은 재현적 연기라는 개념 중 주로 모방을 수단으로 하는 일정한 형태의 연기이다. 이는 비교의 대상인 시뮬라크르 연기에 대응하기 위한 부득이한 선택이기도 하다. 따라서 재현적 연기에 대한 정확한 영문번역이 representational (혹은 realistic) acting일 수 있어도 본 글에서는 mimetic acting를 사용하고자 한다.

구현이었다. 그 결과 연기는 그 모방의 성공 여하, 즉 원본과의 유사성에 따라 좋은 연기/성공한 연기와 나쁜 연기/실패한 연기로 대별할 수 있었다.

그러나 이러한 상황은 20세기에 들어서면서 바뀌기 시작한다. 즉 재현의 질서가 사라지고 시뮬라크르의 시대로 접어들면서 재현과 모방은 그 힘을 상실하기 시작한다. 작품 속 등장인물 역시 모사해야 할 원본으로서의 위치를 상실하고 하나의 복사품/이미지로 변화한다.

> (…) 오늘날 우리 사회에는 더 이상 실재(the real)라는 것이 없다는 생각에서 출발한다. 오늘날의 실재는 실제적인 실재가 아니라 조작(操作, operational) 의 결과일 뿐이다. 그러므로 현대의 실재는 하이퍼리얼이다. 하이퍼리얼이란 구체적 세계가 아닌 초월적 공간 안에서 모델(원형, 원본)들의 조합으로 합성된 다양한 생산물이다.
>
> 모든 언어는 그것이 뜻하는 지시대상이 있게 마련인데, 오늘날의 언어에는 지시대상이 없다. 겉껍데기의 기표만 있을 뿐 기의가 사라진 시대다. 실체가 없이 인위적인 가짜만이 지배하는 시대다. 시뮬라시옹의 시대인 것이다. 더 이상 모방, 복제, 패러디를 하는 것이 아니라 실재를 없애고 그것을 기호로 대체하는 것이다. 원래 기호란 실재를 모방하는 것인데, 실재는 사라지고 기호만이 그 실재를 대신하고 있다.[38]

모방해야 할 원본으로서의 등장인물이 사라지면[39] 배우에게 남는 것은

---

38) 박정자, 『마그리트와 시뮬라크르』, 228쪽.

39) 모 방송사의 프로그램 중 ≪히든가수≫가 있다. 어느 날 모방가수들과 오리지널 가수의 경연에서 오리지널 가수가 자신의 탈락을 걱정하는 장면이 나온 적이 있다. 오리지널 가수가 탈락했을 때 남은 모방 가수들은 누구를 모방하게 되는가? 관객들/판정단들은 오리지널 가수가 탈락한 상태에서 누구를 찾아야 하는가? '누가 가장 오리지널 가수와 비슷한가?'라는 것이 판정의 기준이 되는지 아니면 자신들 속에 존재한 오리지널 가수의 이미지가 기준이 되는지 그 답은 명백할 것이다. 자신들 속에 존재한 오리지널 가수의 이미지는 이미 시뮬라크르이며 이 시뮬라크르가 오리지널을 지배한다.

구체적 존재로서의 자신의 몸과 재현해야할 존재로서의 희미한 이미지인 등장인물뿐이다. 따라서 이론적으로나 실재에 있어서 "배우는 실제로 변신할 수 없다는 것[40]을 매 연습과 공연의 순간에 확인하게 된다.

> 연극 속의 인물들은 관객과 독자에게 제시된 환상에 지나지 않는다. 글로 쓰여진 몸짓과 단어로 이루어진 종이 위의 존재로서, 그는 텍스트가 제공하는 구성 요소들에 기초를 두고 독자의 상상 속에서 만들어진다. 이 인물은 정말 감정을 갖는 것이 아니다. 사람들이 그에게 부여하고 그의 상황과 행위가 은연중에 암시하는 의미가 제시하는 감정만 가질 뿐이다. 이렇게 암시된 의미는 배우의 연기와 연출가가 해석한 인물의 대사에 의해 형상을 갖추게 된다. 소설 속 인물과는 달리 연극 속 인물은 그에게 신체와 외양을 빌려주어 한 개인이 되게 해주는 배우의 목소리와 살 덕분에 육체적으로 현존하게 된다.[41]

또 다른 인용을 살펴보면 등장인물의 존재는 보다 분명하게 '과거에 고정된 어떤 것'이라기보다는 '지금, 여기'의 영향 속에서 변화하는 어떤 것이라는 추측을 가능케 한다.

> 살아 있으면서 변화하지 않는다고 주장하는 모든 것들은 위험한 거짓말을 하고 있는 것이므로, 극중 인물 같은 건 없다는 것을 받아들이는 것이 현명하다. 살아 있는 것이 고정되었다는 것은 판자에 핀으로 고정된 나비가 날 수 있다고 하는 것만큼이나 어처구니없는 말이다.[42]

이처럼 원본이 아닌 또 하나의 환상일 뿐인 등장인물은 그것을 재현해야

---

40) Declan Donnellan (허순자 · 지민주 옮김) 『배우와 목표점』 (서울: 연극과 인간, 2012), 119쪽.
41) Michel Pruner (김덕희 옮김) 『연극 텍스트의 분석』 (서울: 동문선, 2001), 123-124쪽.
42) Declan Donnellan, 앞의 책, 128쪽.

하는 배우에게 새로운 방법과 목표를 갖게 한다. 즉 유사성의 정도가 중요한 것이 아니라 복제/복사를 통해 드러나는 새로운 기능이 중요해지기 시작한다.

> 시뮬라크르의 시대에 예술은 더 이상 모방하지 않는다. 모방은 사본(copie)이지만 예술은 시뮬라크르다. 그것은 우선 반복한다. 그리고 내적 힘에 의해 모든 반복을 또 반복한다. 예술은 사본들을 뒤흔들어 시뮬라크르로 만든다. (…) 모든 차이와 반복들을 동시에 작동시키는 것이 예술의 가장 높은 목표라고 생각한다. 이때 차이란 리듬의 차이, 성질의 차이를 다 포함한다. 그것들은 자리를 이동하고, 각기 변장을 하고, 탈중심화하여 산지사방으로 뿔뿔이 흩어진다.[43]

모방과 재현이 비운 그 자리를 차지한 것은 바로 시뮬라크르이다. 시뮬라크르는 원본을 복사/복제하는 것이 아닌 사본을 복사/복제하는 것이기에 원본이 없다. 즉 원본 없는 사본의 끝없는 복사, 그 반복이 바로 시뮬라크르이다. 따라서 시뮬라크르에는 유사는 없고 오직 상사(相似)만 존재할 뿐이다. 연기로 보면 텍스트 속의 등장인물은 이제 원본이 아니라 허구성이 드러난 허구의 실체일 뿐이다. 따라서 인물을 재현한다는 것은 모방을 통해 유사성을 추구하는 것이 아니라 상사를 통해 또 다른 허구를 창조하는 일이 된다. 따라서 연기에서 중요한 것은 등장인물과의 유사성이 아니라 상사성이어야 한다. 그리고 그것은 끝없는 차이와 반복을 만들어내는 일이기도 하다.

여기에서 '-이기'의 배역 창조와 '-되기'의 배역 창조의 구별이 좀 더 명확해진다. 재현적 연기의 목표는 원본의 무한정의 유사성, 즉 그 등장인물 자체가 되는 '-이기'이다. 그러나 시뮬라크르적 연기의 목표는 상사를 통한 끝

---

43) 박정자, 『마그리트와 시뮬라크르』, 191쪽.

없는 반복과 차별의 드러냄이다. 즉 '-되기'의 배역 창조이다. 이러한 '-되기'의 배역 창조에서 중요한 것은 바로 '생성성'이다. 과정 중심, 원본이 아니라 상사물 자체의 중요성으로 인해 연기는 연기하는 그 현장, 행위현장이 보다 큰 의미를 띠게 된다.

이런 의미에서 작품 속 등장인물은 모방의 대상이 되는 것이 아닌, 부재의 존재로서 연기가 생성성을 갖게 하는데 결정적 역할을 한다. 마치 라캉이 말한 것처럼 충족되지 않는 욕망의 존재, 즉 부존재의 존재가 바로 작품 속 등장인물인 것이다. 어차피 작가에 의해 창조된 등장인물은 허구의 인물이다. 이것이 원본이라고 착각하고 그것을 최대한 유사하게 또는 똑같이 진실처럼, 사실처럼 재현하려고 노력했던 것이 바로 과거의 재현적 연기였던 것이다. 이제 시뮬라크르로 넘쳐나는 현재를 살아가면서 이러한 부담과 잘못을 놓아버리자. 등장인물들이 시뮬라크르임을 깨닫는 순간 우리의 연기는 수직적 질서에서 놓여나 수평적 자유로움을 획득하게 된다. 누구의 연기가 진짜이고 잘된 것이라는 평가로부터 누구의 연기라도 상사의 한 부분으로 차이를 가진 또 다른 시뮬라크르임을 자각하면 이러한 평가는 부질없는 것이 되고 만다. 따라서 연기는 모방이 아니라 시뮬라크르를 창조하는 것이 된다. 이것이 바로 시뮬라크르적 연기이며 결국 또 하나의 시뮬라시옹이 된다.

5. '연기하기'와 시뮬라시옹[44]

등장인물을 원본이 아닌 하나의 이미지/시뮬라크르로 간주하면 그 인물

---

44) 여기에서 시뮬라시옹은 "시뮬라시옹은 시뮬라크르의 동사적 의미로 〈시뮬라크르를 하기〉라는 하태환의 역주를 그대로 따른다. Jean Baudrillard (하태환 옮김), 『시뮬라시옹』 (서울: 민음사, 2001), 10쪽 참조.

을 재현하려는 배우의 배역 창조는 논리적으로 이미지를 복사하기, 즉 시뮬라시옹이 된다. 우리를 혼란스럽게 하는 것은 시뮬라크르로서의 등장인물이 가진 특성, 즉 복사품임에도 불구하고 실체인 척하는 그 '척'에 있다. 그리고 이 '척'은 전통적인 의미의 '가장하기, 꾸미기'와 다른 의미를 갖는다.

> '감추기'는 가졌으면서도 갖지 않은 체 하는 것인데, 시뮬라크르는 갖지 않은 것을 가진 체하기이다.[45]

따라서 연기는 '나'이면서 '나' 아닌 척하기와 '등장인물'이 아니면서 '등장인물'인 척 하기의 직조 속에서 이루어진다.

> 실재가 없다는 점에서 감추기와 비슷하다고 할 수 있는데, 감추기는 가졌으면서도 갖지 않은 체하는 것이다. 반면에 시뮬라크르는 갖지 않는 것을 가진 체하기다. 그러나 시뮬라크르는 단지 '……인 체' 하는 것만도 아니다. 병든 체하는 사람은 단순히 침대에 누워 타인들에게 자기가 병에 걸렸다고 믿도록 하면 된다. 그러나 병을 모의(模擬, simulate)하는 사람은 정말로 어떤 병의 징후들을 만들어내야 하기 때문이다. '……인 체' 하거나 감추기는 실재의 원칙을 손상하지 않는다. 진짜와 가짜는 언제나 분명하다. 다만 잠정적으로 그것이 은폐되어 있을 뿐이다. 그러나 시뮬라시옹은 참과 거짓, 실재와 상상의 다름 자체를 위협한다.[46]

연기가 모방이 아닌 시뮬라시옹이 될 때 배우는 극중 인물과의 유사성에 대한 부담에서 벗어날 수 있다. 또 진짜/가짜의 논란에서도 자유로울 수 있다. 왜냐하면 복사품의 복사하기는 행위현장에서의 생동성/생성성이 중

---

45) 박정자, 『마이클 잭슨에서 데리다까지 ─일상의 미학, 미학의 일상』 (서울: 기파랑, 2009), 144쪽.
46) 박정자, 『마그리트와 시뮬라크르』, 200-201쪽.

요할 뿐 극중 인물과의 강한 연대를 필요로 하지 않기 때문이다. 이 문제는 특히 제시된 장면에서 요구하는 '정서/감정'의 문제에 있어서도 동일하다. 작품 속의 특정한 상황에서 극중 인물이 느끼는 정서는 배우에게 더 이상 똑같이 재현해야 할 원본으로 작용하지 않는다.

> 배우가 정서를 느껴야 한다는 것은 더 이상 중요하지 않았다. 이제 문제가 되는 것은 관객이 배우들의 정서를 느껴야 한다는 것이다. 중요한 핵심은 배우들이 그 정서를 몸으로 정확하게 복제해내는 것이다. 배우들은 정서를 화상함으로써, 즉 그들이 자신의 삶에서 똑같은 것을 경험했을 때를 기억해냄으로써 내면적으로 재창조할 수 있고, 혹은 외면적으로 특정한 정서가 몰아쳤을 때 몸이 하는 것을 거의 임상학적으로 재구성함으로써 재창조해낼 수도 있다.[47]

위의 인용에서 문제가 되는 것은 첫째, 배우들은 등장인물이 처한 상황에서 드러내는 정서를 그대로 경험할 수 없다는 것이다. 드라마 안의 상황은 실제 삶보다 함축적이고 중층적이며 인위적인 극적 상황이다. 이러한 특정 상황 아래에서의 격정적인, 격렬한 정서를 경험할 기회를 갖기는 거의 불가능하다. 따라서 정서적 기억을 통한 정서의 재현은 작품에서 요구하는 정서와 비슷할 뿐 오히려 똑같지 않다는 것을 분명하게 드러낸다. 더구나 위 인용의 내용은 배우가 정서를 느끼는 것이 아니라 관객이 정서를 느껴야 한다고 주장하고 있다. 즉 배우의 느낌보다는 관객의 느낌이 우선시되는 것이다. 특히 '배우들이 그 정서를 몸으로 정확하게 복제해내는 것'이란 표현은 배우의 배역 창조가 모방이 아닌 시뮬라시옹임을 분명하게 하고 있다.

그것은 '추상적 극행동'이고 '형식주의적 연극'이며, 그 안에서 '퍼포먼스'의

---

47) Katie Mitchell (최영주 옮김) 『연출가의 기술』 (서울: 태학사, 2012), 410쪽.

실제 사건이 '모방적 연기(mimetic acting)'의 자리를 대신하게 된다.[48]

따라서 시뮬라시옹으로서의 연기를 통해 재창조되는 등장인물은 똑같은 인물의 기계적 반복이 아닌 매번 다른 이미지, 즉 한없이 생산되는 동일한 이미지이되 "다른 시뮬라크르들과의 차이"[49]를 전제로 한 분신(double)의 창조인 것이다. 이때 특별히 시뮬라시옹을 통해 드러나는 것은 각각의 복제물들이 갖고 있는 차이와 그 차이 속에 존재하는 다양성이다.

> 시뮬라크르는 무수하게 조금씩 차이 나는 자기 계열들의 상이함과 자기 관점들의 상호 차이를 내면화하고 있다. 그래서 다양한 것들을 보여주고, 동시에 여러 이야기들을 한꺼번에 한다. 그것이 시뮬라크르의 첫 번째 특성이다.[50]

햄릿이라는 등장인물은 어떤 배우/누가 연기하느냐에 따라 다르게 나타나는 것은 바로 이러한 다양한 관점들의 내면화에 다름 아닌 것이다. 따라서 시뮬라시옹으로서의 연기에서 중요한 것은 등장인물이 누구냐, 어떤 특징을 가졌느냐보다는 어떤 배우가 그것을 연기하느냐이며 누구의 연기가 훌륭하냐보다는 그것을 통해 무엇이 드러났느냐로 변화하게 된다.

재현적 연기로부터 시뮬라시옹 연기로의 구체적인 변화로는 공간의 평면화와 정면 지향의 연기 그리고 장면의 추상화로 나타난다.[51] 실제 소극장에서 이러한 변화를 수용할 수 없기 때문에 시뮬라시옹으로서의 연기를

---

48) Hans-Thies Lehmann, 앞의 책, 67쪽.

49) 박정자, 『마그리트와 시뮬라크르』, 191쪽.

50) 위의 책, 184쪽.

51) 공간의 추상화 등에 관한 자세한 논의는 다음의 논문을 참조하라. 김대현, 「장면 연출과 행위 현장」, 『연극교육연구』 22(2013), 5쪽 이하 참조.

수용할 수 있는 새로운 공간에의 고려도 필요하다. 그와 더불어 필연적으로 배우 배역 창조의 지향점, 연기의 지향점의 변화도 나타나게 된다.

6. 시뮬라크르적 연기의 지향점

모방적 연기에서 지향점은 원본과의 유사성 즉 최대한 원본에 가깝게 이르려는 노력에서 나타난다. 원본과 구분할 수 없을 정도의 유사성이 바로 '진짜'이며 '진실'이기 때문에 모방적 연기의 지향점 역시 주어진 배역/역할을 진짜와 가깝게 모사하려는 목표를 가진다. 그러나 시뮬라크르적 연기에서의 지향점은 원본을 갖지 않기 때문에 원본과 가깝게 가려는 노력은 애초부터 무의미하게 된다. 오히려 '가상의 가상'으로서의 차이와 그 차이들이 시뮬라크르적 연기를 통해 분명하게 드러나기 때문에 필연적으로 재현적 연기와는 다른 지향점을 갖게 된다.

물론 예술이 일차적으로 인간 정서를 다루고 있는 것은 분명하다. 그리고 이 정서는 일상인이 일상에서 경험할 수 없는 것임도 분명하다.

> 감정은 매우 다양하고 고대 그리스의 신들처럼 서로 싸운다. 이것은 우리가 내면의 전쟁상태, 혹은 좀 더 나아봤자 불안정한 평형상태에 놓여있음을 의미한다. 이러한 내면의 갈등상태는 큰 고통을 주기에, 우리는 스스로에게 이런 격돌하는 상황의 부분적인 느낌만을 허락한다. 우리는 선택할 수만 있다면 감정적 갈등이 외부에서 일어나기를 원한다. 실제로 이것이 우리가 극장에 가는 주요한 이유 중 하나이다.[52]

갖지 않은 감정/정서를 보거나 경험하려는 충동은 자신은 안전한 상태

---

52) Declan Donnellan, 같은 책, 220-221쪽.

에서 타인에게 일어난 것으로 경험하려는 욕망의 충족의지이다. 다만 이것은 일차적일 뿐 최종적인 예술의 목적일 수는 없다.

> 예술은 절대적 개념을 감성적 질료를 통해 감성적 직관에 표현한다. 개념의 이 같은 표현을 위해서 예술은 자연형태들을 이용한다. 그러나 이러한 이용은 자연의 모방과는 거리가 멀다. 만일 이것이 자연의 모방이라고 한다면, 모든 예술형식들에서 예외 없이 이 자연의 형태들은 모방하려는 목적도 생겼을 것이기 때문이다. 그러나 우리는 처음부터 이 [자연의 모방]같은 것은 예술의 목적이 전혀 아니었다는 사실을 역사적으로 이미 잘 알고 있다.[53]

매개체로서의 배우라는 측면에서 보면 배우의 연기는 관객에게 정서적 충격을 주는 것도, 일정한 이야기를 전달하는 것도 아닌 특수한 무대 예술이어야 한다. 실제와 복사가 혼존하는 현대에서 또는 시뮬라크르로 넘쳐나는 이 시대에서 예술 작업이 갖는 추상성은 그래서 오히려 더 설득력이 있다.

> 모든 기호와 예술 활동은 일종의 추상작업이라고 할 수 있다. 이미지의 추상화 기능은 헤겔미학에서 그 힘을 발휘하여, 헤겔은 2차적인 회화가 3차적인 현실을 하나의 차원이 낮게 단순화시키면서도 그를 나타낼 수 있기 때문에 현실보다 더 우월한 것이라고 주장하며, 3차원을 2차원으로 나타내는 과정 속에 예술가의 정신활동이 들어 있다고 하였다.[54]

배우의 연기가 구체적 모방을 벗어나 차이를 만들어내는 시뮬라시옹이어야 하는 이유 역시 여기에 있다고 할 것이다. 배우의 추상작업은 "자기미

---

53) Georg W. F. Hegel, *Ästhetik, oder Die Philosophie der Kunst*, 『미학 강의』, 서정혁 옮김 (서울: 지식을만드는지식, 2012), 60쪽.
54) Jean Baudrillard (하태환 옮김), 『시뮬라시옹』 (서울: 민음사, 2001), 11쪽.

(自己美)를 모든 추상적 합법칙성과 필연성 가운데서 발견해"55)내려는 목적과 동시에 "신적인 것을 표현하려는 목적"56)으로 자신의 지향점을 설정한다.

> 따라서 우리는 예술에서 처음부터 자연을 모방하려는 것이 아니라 신적인
> 것을 표현하려는 목적이 있었다는 사실을 알 수 있다. 우리는 이 같은 목적
> 을 자기 자신을 표현하고, 내면을 충만하게 하는 것을 객관화하려는 충동,
> 열망(Drang)이라고 이해해야 한다.57)

---

55) Wilhelm Worringer, 같은 책, 13쪽.

56) Hegel, 『미학 강의』, 61쪽.

57) Hegel, 『미학 강의』, 61쪽. 본 논문은 2013년 10월 26일 한국연극교육학회 추계학술발표대회에서 1차로 발표되었다. 당시 지정 질의자는 시뮬라크르로서의 등장인물과 그 배역 창조를 논의하는 본 논문의 내용에 대해 "포스트모던적 무한복제시대를 선언하고 (시뮬라크르 시대는 본질도 진리도 부정한다) 복제연기를 역설하다가, (본질과 진리를 가상으로서 형상화하는 것을 예술작업으로 규정하는) 전모더니즘적 사유로 끝맺고 있는 것이다(이때의 가상은 시뮬라크르와는 정반대로 '비본질적인 것이 아니라 존재 자체의 본질적인 계기'로서의 가상이다). 본문에서 밝히려 애썼던 주장의 준거와 규범이 스스로의 모순 속에 갇혀 버린 것은 아닌지?'라는 의견을 제시하였다(김대현, 「재현적 연기와 시뮬라크르적 연기」,『한국연극교육학회 추계학술대회 발표집』, 41-66쪽, 2013. 10). 이러한 의문은 서양철학사에서 헤겔이 차지하고 있는 독특한 위치와 그의 주장의 핵심에 존재하는 '절대정신' 또는 '절대적 앎'의 변증법적 모순을 이해하면 해결의 실마리를 잡을 수 있을 것이다. 헤겔과 라캉의 현대적 해석자인 슬라보예 지젝은 "아마 다음과 같은 것이 헤겔의 절대적 앎에 대한 가장 간결한 규정일 것이다. 즉 큰 타자의 비존재, 즉 알고 있다고 가정된 주체로서의 큰 타자의 비존재를 완전히 받아들이는 것이 그것이다"라고 주장한 바 있다. 또 그는 "절대자는 유한한 물들의 일시적인 세계를 넘어 불가해한 동일성을 지속시키고 있는 어떤 실정적인 존재자가 아니다. 유일하게 진실된 절대자는 다름 아니라 모든 특수한 물들이 등장해서 사라지는 이러한 과정 자체이다"라고 주장하여 본체론에서 주장하는 절대자의 대중적 이해에 반대되는 주장을 한다. 이러한 주장을 그대로 받아들인다면 본문에서 모순처럼 보이는 주장은 본질과 시뮬라크르라는 개념이 서로 반대되는, 양극의 대척점에 놓인 것이 아니라 원환(圓環) 속에서 서로 이동하고 있는 상호참조적인 개념으로 사용되고 있음을 알 수 있다. 또 시뮬라크르에 대한 가타리, 들뢰즈의 태도와 보드리야르의 그것에는 긍정적, 부정적 차이가 있다. 이것 역시 본문에서는 배역 창조의 지향점을 설정하기 위해 긍정적 태도로 나타나 있다. 결국 포스트모던의 경향을 띈 철학자들의 사유 역시 철학의 큰 대계에서 보면 '나와 무(無)냐'가 아닌 '나와 비(非)냐'의 참조적 태도로 이해할 수 있다. 본문에서 주장하는 시뮬라크르로서의 등장인물에 대한 태도도 시뮬라크르를 무나적인 존재가 아닌 비나적

자기만족적인 단순한 모방충동이 아닌 배우의 시뮬라시옹은 '행위현장'에 대한 보다 큰 집중과 다른 배우들의 시뮬라시옹과 구별되는 '차이'의 생성을 요구한다. 정답이 없는, 가상의 가상인 시뮬라크르 생산자로서 배우에게 "모든 가치는 차이에서 발생"[58]한다는 현대적 파악이 행위현장에서 기댈 수 있는 훌륭한 지향점이 될 것이기 때문이다. 또 무대 위 존재로서의 자신을 인정하고 "시간의 지배력을 받아들이고 현재 속에서만 살아가려고 마음먹을수록 연기는 덜 방해받을 것"[59]이라는 발언은 기계적 모방에 의한 단순 반복이 아닌 매번 차이나는 시뮬라크르를 생산해야 하는 배우에게 생동감을 담보하는 새로운 지향점으로 작용할 수 있을 것이다. 배우의 연기가 옳고 그름과 진실과 허위의 논쟁에서 자유로울 수 있는 지점이 바로 여기일 것이다.

> 예술가에게 예술은 본질적으로 그 과정만이 중요합니다. 그것을 제작하고 있을 때, 자신의 몸도 마음도 함께 부서지고 변용해가는 과정만이 중요합니다. 그러므로 그것을 세상에 내놓고 평가를 받는다느니 다른 사람에게 인정받는다느니 하는 것은 그다음 문제입니다.[60]

　　행위현장에서의 배우가 느끼는 중요성, 행복감도 이와 같지 않을까? 무대 위 존재로서 배우가 느끼는 존재감은 바로 그 순간, 행위현장에서의 자신의 해체와 변용의 과정 속에서 가장 강력하게 느낄 수 있을 테니 말이다.

　　인 존재로 파악하고 설명하고 있는 것이다. Slavoj Zizek (조형준 옮김), 『헤겔 레스토랑: 헤겔과 변증법적 유물론의 그늘』 (서울: 새물결, 2013), 202쪽 이하 그리고 661쪽 이하 참조.

58) 박정자, 『마이클 잭슨에서 데리다까지 ─일상의 미학, 미학의 일상』, 232쪽.

59) Declan Donnellan, 같은 책, 308쪽.

60) 사사키 아타루 (송태욱 옮김), 『잘라라, 기도하는 그 손을』 (서울: 자음과 모음, 2012), 295쪽.

7. 나가는 글

연극과 연기는 필연적으로 동시대 패러다임의 반영이다. 지난 세기 모방으로서의 연기가 자연스러운 것으로 받아들여졌다면 시뮬라크르가 지배하는 현대에는 연기에 관한 새로운 패러다임이 적용된 새로운 논의가 필요하다. 기술복제의 시대, 이미지가 실재를 지배하는 현시대에 보다 적합하게 적용할 수 있는 연기에 관한 논의를 시작하는 것이 이 장의 출발이었다.

우선 지금까지의 논의를 통해 등장인물을 모방해야 할 원본으로 전제하는 모방적 연기는 필연적으로 변화된 연극에 적합하지도 않을뿐더러 오히려 새로운 오해와 충돌을 야기할 뿐임을 살펴보았다. 또 모방적 연기는 원본과의 유사성의 정도에 따라 좋고 나쁨과 옳고 그름의 판단을 낳았음을 보았다. 연극/연기 교육현장에서 초보 연기자들이 느끼는 좌절감은 이러한 메카니즘에 그 원인이 있을 것이다.

연기를 모방으로 인식하는 것에는 아리스토텔레스에서 비롯된, 예술로서의 모방에 기인하는 바가 크다. 또 현대 연기술에서는 스타니슬랍스키의 '진실의 감각'에 대한 강조에서 '사실(fact)과 진실(truth)'을 동일시하는 인식에서 비롯되었다고 보았다.

본 장을 통해 등장인물을 하나의 시뮬라크르로 인식하고 연기/배역 창조를 그대로의 복사가 아닌 차이를 가진 분신(Double)의 창조로 보는 것은 연극의 발전과 연기론의 새로운 요청에 부합하는 일일 뿐만 아니라 다음의 몇 가지 이점을 가진다는 것을 살펴보았다. 즉 첫째, 등장인물 중심에서 배우 중심의 배역 창조 과정의 설정이 가능해진다. 이것은 배우가 등장인물로 '변신'해야 한다는 부담에서 벗어나 배역 창조의 행위현장을 강조하는, 과정에 중점을 두는 '-되기'의 배역 창조로 향하게 한다. 둘째, 배역 창조 작업이 등장인물의 정확한 모사에서 떠나게 되면 배역 창조의 강조점이 배역 창조 과정의 생성성을 객석과 교감하는 것으로 변화하게 된다. 이것은 배역 창조 작업에서 연출자/지도교수에게 종속적이었던 상태가 배우와 관객 중심의 수평적 협업으로 변화되는 것을 의미하는 것이기도 하다. 셋째, 소극장 중심의 사실주의적 작업 현장/무대에 새로운 변화를 줄 수 있다. 장면의 추상화, 입체성의 포기와 평면화의 강조, 단순한 줄거리의 반복이나 인물의 재현이 아닌, 인간의 내면에 존재하는 자기미의 확인과 신적인 것을 표현하려는 열망의 공유는 지향점의 변화로 인한 극장 시·공간의 변화를 초래하게 된다.

우리의 현재는 우리가 인식하지 못하는 사이에 벌써 저만큼 앞에 가고 있는지도 모른다. 따라서 어쩌면 "예술은 아직까지 의식되지 않은 개념을 의식에 가져오려는 목적을 지녔기"[61]에 역설적으로 우리는 예술을 통해 우리가 의식하지 못한 것을 비로소, 제대로 이해할 수 있을 것이다.

> 예술은 무엇이며, 예술이 인간의 삶과 어떠한 관계에 있고 또한 인간의 삶을 어떻게 반영하는지 규명하는 일은 이 시대를 살아가는 현대인들에게 무엇보다도 중요하리라 생각한다. 그것은 예술의 미(美), 즉 정서가 인간의 마음을 움직여 '인간다움'을 확대시켜 주기 때문이다.[62]

예술은, 연극/연기는 분명 모방의 단순한 기쁨을 누리기 위한 것은 아닐 것이다. 스타니슬랍스키가 진실을 강조하되 무대 위에서의 진실을, 그것도 신뢰를 통해 강조한 것은 단순한 일상의 재현이 아닌, 갖고 있지 않은, 꿈에서 욕망하는 것들을 무대에서 확인하려는 우리들의 예술적 욕망을 파악했기에 그랬을 것이라는 추측을 가능케 한다.

---

61) Hegel, 같은 책, 61-62쪽.
62) 최민식, 『휴먼 선집』 (서울: 눈빛, 2013), 287쪽.

제2장

'자감' 연구

1. 들어가는 글

앙리 마티스는 자신의 저서 『어느 화가의 노트』(1908)에서 모든 예술가에게는 시대의 각인이 찍혀 있으며 위대한 예술가일수록 그러한 각인은 가장 깊이 새겨져 있다고 말한다. 즉 예술가와 그의 시대는 단단한 끈으로 묶여 있으며 어떤 예술가도 그 끈에서 풀려날 수 없다고 단언한다.[1] 그리고 그의 이러한 단언은 비단 회화의 영역에만 국한되는 것은 아닐 것이다.

위대한 배우이자 연출가인 스타니슬랍스키[2]는 사실 자신의 고유한 연기방법론인 '시스템(system)'으로 후대에 더 큰 영향력을 행사한 연극 예술가

---

[1] 이광래, 『미술철학사 1, 권력과 욕망: 조토에서 클림트까지』 (서울: 미메시스, 2016), 4쪽 그리고 20쪽 이하 참조.

[2] 본 장에서 스타니슬랍스키, 스따니슬랍스끼, 스타니스랍스키 등의 표기는 인용문을 제외하면 모두 스타니슬랍스키로 통일한다.

이다. 현대에 이르러 그의 시스템에 대한 여러 가지 이론과 반론으로 토론의 여지는 있으나 그는 여전히 배우에게 배역 창조의 과정과 무대 위, 공연이 이루어지는 행위현장에서 큰 신뢰와 함께 기댈 수 있는 가장 사랑스러운 '연기 선생님(acting teacher)'일 것이다.

그의 시스템은 이론이 소개되던 초기의 혼란3)에서 벗어나 오늘날에는 비교적 자세하게 알려져 있다. 용어와 시스템 구조에 관한 논란들도 관련 분야 연구자들의 연이은 연구로 잘 설명되고 있고 연구에 필요한 자료들도 최종적으로 정리되고 또 번역, 소개되고 있다. 이러한 현재의 상태를 전제하면 일견 그의 시스템에 관한 연구는 더 이상 필요해보이지 않는다.

따라서 문제는 그의 시스템 자체에 있다기보다는 그 시스템의 해석과 적용에 관한 미진한 부분에 있다. 즉 그의 시스템이 19세기 말에서 20세기 초에 이루어진 시대의 산물이라는 전제에서 그의 이론을 이해하고, 그 이후 현재의 적용에 필요한 해석과 적응이 필요한 것이다. 스타니슬랍스키의 연기론에 관한 연구자들의 상반된 태도4)가 현존하는 시점에서 이러한 문제제

---

3) 이러한 혼란의 원인은 그의 저서의 출판과 편집 그리고 번역과 수용 과정의 복잡함과 그에 따른 오해에 있다. 특히 한국의 경우 '배우수업'으로 알려진 최초의 연기이론서가 중역(重譯)을 통해 소개되면서 그의 연기방법론을 '심리적 연기방법론'으로만 해석하여 결과적으로 한 쪽에 치우친 연기방법론을 산출하였다. 이에 관한 자세한 내용은 다음 논문을 참조하라. 김대현, 「스타니슬랍스키와 '시스템' -시스템 형성의 과정과 그 특성을 중심으로-」, 『연극교육연구』 21(2012), 5-46쪽.
4) 스타니슬랍스키의 연기론에 관한 상반된 태도는 그의 시스템의 유효성에 대한 의견의 다름에서 비롯한다. 즉 "현재 우리의 삶의 모습이 당시의 전체 패러다임인 사실주의의 완성과 극복과정의 언저리에 여전히 머물고 있다는 것이며 따라서 스타니슬랍스키가 통합하여 창안한 연기이론 또한 우리의 삶의 양식을 규정하는 연기표현에 매우 유효적절하다"(김태훈, 「스타니슬랍스키의 신체적 행위법(The Method of Physicla Action)을 통한 연기교육 교수법 모형개발에 관한 연구」, 『한국연극학』 26(2005), 115-116쪽)는 태도와 "배우가 극작가가 창조한 인물과 하나가 된다라는 스타니슬랍스키식의 이상도 의심을 받게 되었다"(김기란, 「포스트드라마 연극에서 배우의 새로운 역할과 연기 구축」, 『한국연극교육학회 추계학술대회 발제집』, 서울, 2014년 11월 1일, 155쪽)는 태도는 매우 극명한 차이를 드러낸다.

기는 오히려 자연스러운 논리적 귀결일 것이다.

그리고 국내의 관련 연구 중에서 이러한 필요성이 우선적으로 적용될 수 있는 부분이 바로 용어와 개념으로써의 '자감(自感)'에 관한 것이다.

자감은 러시아 원어 'CAMOЧYBCTBИE, 사마춥수트비에'의 우리말 번역이다. 정확히는 북한 『조로, 로조 사전』의 차용어이다. 즉 우리나라 사전에 자감은 연기론에서 사용하는 의미가 아닌 다른 의미로 사용되기 때문에 연극/연기에서 지칭하는 자감의 개념과 기능을 대표하는 언어/개념은 없다고 하겠다. 자감은 연기론 연구자들 사이에서는 비교적 잘 알려져 있기는 하지만 연기 현장에서 대중적으로 사용되지 않는 용어이다. 그 개념의 불분명성이 큰 원인이기도 하고 또 이에 관한 본격적인 학문적 논의가 없어 대중적 확산의 기회를 갖지 못한 것도 한 원인이다.[5] 그럼에도 불구하고 자감은 전통적 연기방법론 중 배역 창조 과정의 핵심 기능을 담당하고 있다는 점에서, 특히 사실주의 연극과 심리적 연기방법론이 주류를 이루는 우리나라 연극 현실에서 명확한 개념을 천명하고 또 용어에 관해 일정한 합의를 이루어야 한다는 필요성은 재론의 여지가 없다.

다만 스타니슬랍스키의 '시스템' 자체가 19세기 말 20세기 초의 에피스테메의 산물인 만큼 자감을 현대적으로 해석하고 적용하는 과정도 반드시 필요할 것이다. 스타니슬랍스키가 생각한 자감을 그대로 현재의 배역 창조 과정에 도입한다면 시·공간의 차이만큼 배역 창조 과정의 결과도 전혀 다른 모습으로 나타날 것이기 때문이다. 특히 "연기의 언어가 보편적일 수 있

---

5) 자감에 대한 최초의 학문적 언급은 홍재범으로부터 비롯한다. 그는 자신의 논문, 「스타니슬랍스키 시스템 연기용어에 대한 고찰 (1)」, 『한국연극학』 17(2001), 129-158쪽에서 자감에 대한 용어의 정의, 활용 등에 관한 자신의 견해를 밝히고 있다. 문제는 그의 이러한 연구에 대한 후속연구가 없어 담론이 형성되지 않았다는 것이다. 본 장은 이러한 문제의식에서 출발하는, 일종의 담론 형성을 위한 시론이다.

는가라는 질문"6)은 이미 국내 연구진의 연구를 통해 제기된 합리적 질문이다. 그리고 이러한 질문은 '체험의 연기', '심리적 연기', '과학적이고 체계적인 연기'로 대표되는 그의 시스템에 대한 근대적, 이분법적, 가부장적 원리들에 기반을 둔 보다 확장된 비판으로 나타나고 있는 실정이다.7)

배역 창조 과정에 대한 연구에서 자감에 대한 연구가 핵심이어야 하는 또 다른 이유는 배역 창조 과정 자체에 대한 새로운 시각에서 비롯한다. 즉 배역 창조 과정을 등장인물/원본에 대한 사실적 모방 과정으로 보지 않고 등장인물의 새로운 창조 또는 창조 과정의 생성적 존재로 보는 시각이 그것이다. 이것은 연기를 "재현적 거리 두기(espacement) 작업에, 나아가 미학적 비동일성을 지향하는"8) 것으로 새롭게 규정하는 일이기도 하다. 그리고 그 결과는 연기가 단순한 모방이 아닌 "탈재현적 데포르마시옹"9)이어야 한다는 결론으로 이끌린다.

따라서 본 장의 목표는 배역 창조의 과정에서 '자감'의 효용과 기능을 첫째, 전통적인 배역 창조의 방법론을 통해 정리하고 둘째, 생성과정으로써의 배역 창조 과정을 전제하는 새로운 배역 창조 방법론에 그 효용과 가치 그리고 기능이 여전한지를 살피는 것이다. 그리고 두 번째의 시도는 '자감'의 영역을 넘어 스타니슬랍스키의 연기론이 소위 "포스트드라마 연극에서의 배우와 연기"10)에서도 여전히 유용할 것인지에 대한 탐구로 이끌 것이다.

---

6) 서나영, 「스타니슬랍스키 연기론의 비판적 고찰」, 『연극교육연구』 30(2017), 102쪽.

7) 위의 논문, 같은 곳 참조.

8) 이광래, 『미술철학사 2, 재현과 추상: 독일 표현주의에서 초현실주의까지』 (서울: 미메시스, 2016), 57쪽.

9) 위의 책, 61쪽.

10) 김기란, 「포스트드라마 연극에서 배우의 새로운 역할과 연기 구축」, 『한국연극교육학회 추계 학술대회 발표집』, 서울, 2014년 11월 1일, 154쪽.

연기론 또는 연기방법론에 관한 국내 연구는 스타니슬랍스키 연기론을 승계하여 그 해석과 적용에 관한 논의를 계속하는 경향과 연극의 현대적 변화에 따라 새로운 연기방법론을 모색하는 경향으로 대별할 수 있다. 김태훈의 「스타니슬랍스키의 신체적 행위법(The Method of Physicla Action)을 통한 연기교육 교수법 모형개발에 관한 연구」(『한국연극학』 26, 2005)와 박근수의 「샌포드 마이즈너(Sanford Meisner)의 연기방법론에 관한 연구」(『한국연극학』 30, 2006) 등이 전자에 속한다면 김방옥의 「몸의 연기론 I」(『한국연극학』 15, 2000)을 필두로 김대현의 「배역 창조와 '-되기' 그리고 '자감(자감)」(『연극교육연구』 14, 2008), 「'-되기'의 배역 창조와 '행위현장'의 생성성」(연극교육연구 16, 2010), 「재현적 연기와 시뮬라크르적 연기」(연극교육연구 24, 2014), 이영란의 「연기현상의 본질로서의 Liminality(경계성) 연구」(『한국연극학회 퍼포먼스 연구 3차 study 발제집』, 2010), 김기란의 「포스트드라마 연극에서 배우의 새로운 역할과 연기 구축」(『한국연극교육학회 추계학술대회 발제집』, 2014) 등은 후자에 속한다. 전자의 입장은 스타니슬랍스키 연기론, 소위 '시스템'이 갖는 보편성을 인정하면서 그것의 현대적 적용에 관해 논의를 집중한다. 이러한 연구는 스타니슬랍스키 연기론의 국내 연구가 초기에 주로 심리적 연기론에 집중되었던 것에서 벗어나 '신체 행위법'과 '행동' 등으로 강조점을 이동하는 변화를 보여주었다. 반면 김방옥과 김기란은 포스트모던 시대와 포스트드라마 시대라는 변화를 전제로 연기론이 배우의 몸과 그 몸이 갖는 기호에 집중해야 한다는 새로운 주장을 하고 있다. 또 이영란은 배역 창조 과정에서 배우가 겪는 '경계성'이라는 특성을 중심으로 연기방법론을 연구하였고 김대현은 전통적인 연기방법론을 '-이기'로 그리고 그 대척점에 서는 것을 '-되기'로 설정하는 잠정적 시론을 전제로 결과가 아닌 과정과 그 과정의 생성성을 배역 창조 과정의 핵심으로 파악하였다.

이 장은 먼저 배역 창조 과정에 관한 이러한 연구의 추세를 감안하여 먼저 전통적 연기론의 입장에서 자감의 의미와 기능, 효용을 정리한다. 이를 위해 그의 첫 번째 저서『체험의 창조적 과정에서 자신에 대한 배우의 작업』의 2장과 14장을 중심으로 자감의 정의와 활용을 살펴보려고 한다. 그 다음 전통적 연기론과 차별성을 보이는 연기론 중 특히 생성성을 중심으로 한 연기방법론을 자감이라는 공통의 용어를 통해 그 의미와 기능, 그리고 효용의 변화 및 차이를 논의해나갈 것이다. 이러한 논의의 진행을 위해 전자를 '-이기의 배역 창조', 후자를 '-되기의 배역 창조'로 구분하여 사용할 것이다.

'자감'에 관한 본격적인 연구와 담론이 부족한 현실[11]에서 '자감'이라는 용어가 학계와 현장에서 점차 그 활용이 늘어나고 있는 추세를 감안하면 이러한 연구는 오히려 늦은 감이 있다고 할 것이다. 이 글을 시작으로 자감에 대한 본격적인 연구와 담론이 형성되기를 기대한다.

2. '자감' 용어의 용례에 따른 정의

배우는 작품 속 등장인물을 배역으로 맡아 무대 위에 형상화한다. 전통적인 배역 창조 방법은, 배우와 인물을 작업의 출발점과 목표점으로 삼아 그 차이를 좁혀가는 것이다. 이때 최상의 형태는 배우가 무대 위에서 '역할을 사는 것'이었다. 따라서 배우로 존재하기보다는 역할로 존재하는 것을 이상적인 상태로 보았다. '-이기'의 배역 창조인 것이다. 전통적 배역 창조

---

11) 자감에 관한 논문은 본문에서 언급한 홍재범(『한국연극학』, 2001)과 김대현(『연극교육연구』, 2008)의 논문 등에 부수적으로 다루어진 것이 전부이다. 단행본으로 발행된 김태훈의 『스따니슬랍스끼의 연기학 전문 용어 -개념과 원리의 활용』과 이진아 논문 「스타니슬랍스키 연극론에 있어서 배우와 역할의 관계 -『역할에 대한 배우의 작업』을 중심으로-」 등에서 '창조적 자감'과 '무대적 자감'이 자세한 설명 없이 설명 또는 사용되고 있는 실정이다.

방법이 스타니슬랍스키에 의해 정리된 시대의 상황과 에피스테메는 이러한 방법을 이해할 수 있는 자연스러운 방법으로 받아들였다.

'-이기'의 배역 창조에서 배우에게 감정이입과 동일시를 통한 역할과의 일체감은 핵심적 역할을 한다. 배우는 역할과 일체감을 느끼면서 마치 배우 자신이 아니라 역할로 살고 있는 듯한 느낌을 주기 때문이다. 스타니슬랍스키는 이러한 느낌을 '자감'이라고 표현했다.

국내에서 '자감'이라는 용어는 오사량의 『배우수업』에 최초로 나타난다.

「재현의 예술에 속한 배우도 **역을 자감(自感)한다.**」라고 말했다.
「그들의 그러한 **자감**이 우리의 방법과 부분적으로 일치된다 해서 그 타이프의 연기도 진정한 예술인양 간주하게 된다. 그러나 그들의 목표는 다르다. 그들이 **역을 자감하는** 것은 외적 형식을 완성하기 위한 하나의 준비인 것뿐이다. 그들은 일단 그것이 만족스럽다고 결정되면, 그 형식을 기계적으로 훈련된 근육의 도움을 빌어 재현하는 것뿐이다. 그러기 때문에 그 유파에서는 **역을 생활한다**는 것이 우리의 경우처럼 창조의 주요 계기인 것이 아니고, 그 이후의 예술적인 작업을 위한 준비적인 단계에 지나지 않는 것이다.」[12]

위 인용문에서 '자감'은 각각 '자감'이라는 명사와 '자감한다, 자감하는'이라는 동사형으로 나타난다. 이로써 '자감' 또는 '자감하다'라는 명사와 동사의 활용을 볼 수 있다. 다만 현대 한국어에 '자감'이라는 용어가 없기 때문에 위에서 말한 '자감'과 '자감한다, 자감하는'이 구체적으로 무엇을 의미하는지 정확하게 이해하기 힘들다. 번역자인 오사량도 그러한 한계를 느꼈기 때문에 자감에 自感이라는 한자를 병기하고 있다고 생각한다. 그러나 이럴 경우 '자감'에 대한 해석은 각자의 자의적 해석에 따를 수밖에 없어 결국 스

---

12) 오사량, 『배우수업』, 중판 (서울: 성문각, 1979), 34-35쪽. 강조는 필자의 것.

타니슬랍스키의 원의에 벗어나게 된다.

오사량의 『배우수업』은 중역이라는 한계를 갖고 있다. 초판이 1970년에 나왔던 당시 상황을 고려하면 그 나름 최선이라고 이해할 수도 있지만 자감을 아무런 설명 없이 自感으로 번역한 것은 지나치게 자의적 번역일 것이다. 이러한 상황은 현재에도 개선되지 않은 채 여전히 지속되고 있다. 즉 러시아 원어에서 직접 완역한 것은 없고[13] 신수겸이 영어에서 직역한 『배우수업』 (2001. 7)과 김균형이 프랑스어에서 직역한 『배우훈련』(2001. 9)이 있을 뿐이다.

오사량에 의해 '자감'이라고 번역된 부분을 신수겸과 김균형의 번역본에서 찾아보면 다음과 같다.

> "재현 예술에서도 배우는 **배역을 생활한다.**" 토르초프 선생님이 말씀하셨다. "이처럼 우리의 메소드와 일부 일치점이 있기 때문에 형태가 다르기는 해도, 재현 역시 참된 예술이라고 생각할 수 있다."
>
> "하지만 목표가 서로 다르다. 재현적 배우가 **배역을 생활하는** 까닭은 완벽한 외형을 얻기 위함이다. 일단 외형이 만족스럽다고 생각되면, 그들은 기계적으로 훈련된 근육을 이용하여 그 형태를 재생해낸다. 우리 학교에서는 **역할의 생활**이 창조의 중요한 계기가 되긴 하지만 이런 연기 학교에서는 다만 향후 예술 작업을 위한 준비 단계일 뿐이다."[14]
>
> 단장이 말했다. "전형적인 재현의 배우도 **역할에 생명을 준다.** 그리고 그 방법이 우리의 시스템과 부분적으로 비슷하기 때문에 우리는 그 방법을 진실한 예술의 하나로 인정할 수 있다.
>
> 그렇지만 목적은 다르다. 배우는 단지 그의 역할을 발견하고 또 그 외부

---

13) 완역이 아닌, 원본의 14%를 발췌해 번역한 것은 있다. 다음을 참고하라. 스타니슬랍스키 (이진아 옮김), 『체험의 창조적 과정에서 자신에 대한 배우의 작업』 (서울: 지식을만드는지식, 2010)

14) 신수겸, 『배우수업』, (서울: 예니, 2001), 32쪽.

를 완전하게 하기 위하여 **역할에 생명을 준다**. 그가 원하는 것을 얻었을 때 그는 세련된 육체적인 훈련 덕분에 이 형태를 '재생산'하기만 할 뿐이다. 이 렇게 다른 방법으로 **역할에 생명을 준다**는 것은 우리가 추구하는 예술적인 창조의 본질적인 목표는 아니다. 단지 또 다른 예술적인 발전에 대한 준비 과정의 하나일 뿐이다."15)

위 인용문에서 오사량에 의해 '자감'으로 번역된 것들은 신수겸에 의해 배역을 '생활한다' 또는 역할의 '생활'로, 김균형에 의해 역할에 '생명을 준다' 로 번역된 것을 알 수 있다. 역할과 배역이라는 공통어를 제외하면 '자감' 또는 '자감한다'는 배역을 '생활'하거나 역할에 '생명을 주는 것'으로 이해할 수 있다. 그리고 이렇게 보면 오사량 역시 동일한 용어를 문맥에 따라 '자 감', '자감하는' 그리고 '역을 생활한다'고 번역하고 있음을 알 수 있다.

만일 '자감'과 '자감하다'를 역할/배역을 '생활하는 것', 역할에 '생명을 주 는 것'으로 잠정적 결론을 내린다면 배역을 생활하는 것 또는 역할에 생명 을 주는 것이 정확하게 무엇을 의미하는지 밝혀야 할 것이다. 위에 언급한 인용문의 영어 원문을 살펴보자.

'In it the actor also **lives his part**,' said Tortsov. 'This partial identity with our method is what makes it possible to consider this other type also true art. 'Yet his objective is different. He **lives his part** as a preparation for perfecting an external form. Once that is determined to his satisfaction he reproduces that form through the aid of mechanically trained muscles. Therefore, in this other school, **living your role** is not the chief moment of creation as it is with us, but one of the preparatory stages for further artistic work.'16)

---

15) 김균형, 『배우훈련』 (서울: 소명출판, 2001), 27쪽.

결국 배역을 생활한다는 것 또는 역할에 생명을 준다는 것은 '산다'라는 영어 단어 'live'에 대한 그때그때의 문맥에 따른 번역과 활용이었던 것이다.

영어에서 동사 'live'는 '1. (특정 장소에(서) 살다, 2. (죽지 않고) 살다, 3. (특정한 시기에) 살다'로 풀이할 수 있고, 형용사로는 '살아 있는'이라는 의미로 활용되는 단어이다. 이러한 의미가 스타니슬랍스키 시스템 안에서 어떻게 적용/활용되는지를 알아보기 위해 같은 부분의 독일어 번역을 살펴보자.

"Auch bei der Kunst der Wiedergabe wird **die Rolle richtig, 'erlebt'**, sei es ein einziges Mal oder mehermals, sei es zu Hause oder auf den Proben. Das Vorhandensein dieses wesentlichsten Prozesses - **des Prozesses des Erleben** - gibt uns ja gerade das Recht, auch diese Richtung für echte Kunst zu halten."

"**Wie erlebt man denn dort die Rolle?** So, wie in **unserer Kunst des Erlebens?**" fragte ich.

"Ganz genauso, nur das Ziel ist ein anderes. Man kann **die Rolle jedesmal neu erleben**, wie wir es in unserer Kunstrichtung tun. Man kann aber auch **die Rolle nur einmal oder auch mehrere Male erleben**, um die sichtbare Form einer natürlichen Gefühlsäuβerung zu fixieren und sie dann mechanisch, mit Hilfe geschulter Muskeln, zu wiederholen. Das ist die Wiedergabe der Rolle.

Bei der Kunst der Wiedergabe steht also der **Prozeβ des Erlebens** nicht im Mittelpunkt des Schaffens, sondern ist nur eine Vorstufe für die weitere künstlerische Arbeit. Diese Arbeit besteht darin, für die Bühnengestalt eine künstlerisch richtige äuβere Form zu finden, die das Innenleben der Gestalt veranschaulicht. Der Schauspieler muβ dabei vor allem innerlich das Dasein

---

16) Stanislvski(Elizabeth Reynolds Hapgood trans.), An actor prepares, 1st paperback printing (N.Y.: Routledge, 1989), 18쪽. 강조는 필자의 것. Stanislvski, Stanislawski, Stanislvskii 등의 인명은 인용을 제외하면 이 장에서 Stanislavski로 통일해서 표기함.

dieser Gestalt <u>nachleben, nachempfinden. Aber ich muβ noch einmal darauf hinweisen, daβ er sich dieses Nachempfinden nicht während der Vorstellung, nicht beim Schaffen vor der Öffentlichkeit gestattet, sondern nur zu Hause und auf den Proben.</u>"[17]

독일어 번역본과 영어 번역본을 비교하면 몇 가지 흥미로운 논점들이 나타난다. 첫째, 본문의 양과 그 내용이다. 일본어 중역본을 번역한 오사량과 영어 번역본을 번역한 신수겸 그리고 불어 번역본을 번역한 김균형의 번역들은 그 양과 내용에 있어 큰 차이를 보이지 않는다.

발체본이지만 이진아의 러시아 원본으로부터의 번역은 다음과 같다.

재현의 예술 안에서도 역시 **자신의 역할을 체험합니다.** 과정에서 가장 중요한 부분이 결국 체험이기에 이 두 번째 경향 역시 참된 예술이라고 할 수 있습니다. 그러나 목표는 다릅니다. 우리 예술이 그러하듯이 이 경향의 예술에서도 매번 **역할을 체험할 수**는 있습니다. 그러나 역할을 체험하는 것은 감정의 자연스러운 현현의 외면적 형태를 알기 위함입니다. 그것을 알게 되면 그 외형을 훈련된 근육의 도움으로 기계적으로 반복해서 습득하게 됩니다. 그것이 역할의 재현입니다. 그렇기 때문에 이러한 예술의 경향에서는 **체험의 과정**은 창조의 중요한 순간이 아닙니다. 그저 예술 작업의 다음 단계를 위한 준비 과정 중 하나일 뿐입니다. 이러한 탐구 중에 예술가는 자기 자신에게 주의를 기울이고 진실로 공감하고 구현하려는 **인물의 삶을 체험하고자 노력합니다. 그러나 다시 반복하지만, 그는 그러한 것을 공연 중 대중 앞에서의 창조의 순간에 하지는 않습니다. 그는 그것을 자신의 집이나 연습실에서만 할 뿐입니다.**[18]

---

17) Stnaislawski(Ingrid Tintzmann Üers.), Die Arbeit des Schauspielers an sich selbst 1, 3. Aufl. (Berlin: Henschel Verlag, 1993), 30쪽. 강조는 필자의 것.

양으로만 비교하면, 일본어 중역본의 번역과 영어 번역본의 6문장을 각각 6문장(오사량, 신수겸), 8문장(김균형)으로 옮기고 있을 뿐 그 내용은 'live'를 '자감'과 '생활한다', '생명을 준다' 등으로 번역하고 있는 것에 불과하다.

이에 반해 독일어 번역본은 11문장으로, 러시아 원본으로부터의 번역은 12문장으로 구성되어 있어 영어 번역본에 비해 거의 두 배가 된다.[19] 또 그 내용 역시 영어 번역본에 비해 명확한 대조를 사용해 설명하고 있어 이해하기에 용이하다. 즉 독일어와 러시아 원본의 번역본에 나타난 내용의 핵심은 연기에 있어서 단순한 재생 예술과 진실한 체험의 예술을 비교해 설명하고 있다. 그리고 이때 주된 수단인 '체험(Erleben)'이 공공의 앞이나 공연 도중이 아니라 집 또는 연습에서만 행해져야 한다고 특별히 강조하고 있다.

두 번째 논점은 러시아 원어 '사마춥수트비에'를 'live'로 번역한 영어 번역의 예를 따라 '자감, 생활, 생명을 주는 것' 등으로 번역하고 있는 것에 반해 독일어와 러시아 원본의 번역은 '체험'으로 번역하고 있다는 점이다. 영어 동사 'live'에 상응하는 독일어 동사는 'leben'이다. 일반적으로 '살다'로 번역할 수 있기 때문에 그것과 구별하여 'erleben 체험하다'라는 동사를 사용한 것에는 특별한 이유가 있다고 본다. '역을 생활하는 것 또는 역에 생명을 주는 것'과 '역을 체험하는 것'은 분명한 차이가 있다. 앞의 번역이 추상적이어서 또 다른 설명을 필요로 하는데 비해 후자의 번역은 보다 구체적이다.

세 번째 논점은 영어 번역본에서 생략된 부분, 즉 독일어 번역본과 러시아 원본에만 나타난 '자감/체험'의 활용에 관한 부분이다. 스타니슬랍스키의

---

18) 스타니슬랍스키 (이진아 옮김), 『체험의 창조적 과정에서 자신에 대한 배우의 작업』 (서울: 지식을만드는지식, 2010), 35-36쪽.

19) 원본의 전체 분량에 대한 영역본과 독일어본은 두 배 정도의 차이를 보인다. 국내에서 확인할 수 있는 불어본의 체제와 양이 영어본과 비슷한 것을 보면 불어본은 러시아 원본의 1차 번역이 아니라 영어본의 중역으로 보인다. 그에 반해 독일어본은 러시아 원본의 1차 번역본이다.

시스템에서 자감이 갖는 비중은 매우 크다. 그러나 위 독일어 번역본의 마지막 부분의 강조에서 보듯이, 영어본에서 생략된 내용은 자감 즉 체험의 활용과 적용은 공연이나 공적인 발표 장소가 아닌, 개인적인 시간을 보내는 집이나 연습장, 연습기간에 행해야 한다는 것이 강조되어 있다.20) 이것은 기존의 이해와 상당한 차이를 보이는데 그 이유가 바로 실용적 번역서인 영어 번역본을 한국어로 중역하는 과정에서 이러한 강조가 생략된 것으로 보인다. '자감/체험'을 집이나 연습장에서만 허용해야 한다는 스타니슬랍스키의 강조에 관한 상세한 논의는 다음 장에서 하겠다.

　　단순한 번역과 언급에 불과하던 '자감'이 본격적인 학문적 탐구는 홍재범의 연구21)를 통해 시작되었다. 홍재범은 그의 연구에서 '자감'이라는 단어가 현대 한국어에 없는 단어이며 소련과 밀접한 관계를 맺고 있던 북한에서야 사용하고 있는 단어로 소개하고 있다.

자감

[명] ①스스로 어떤 감정에 싸여 깊이 느끼는 것 또는 그 느낌 ‖ 이제는 내 나라가 없고 내 땅이 없는 겨레의 자식이라는, 고아라는 자의식보다 더 무섭고 더 서러운 **자감**(강조: 인용자)이 가슴속에 밀려든 그 날 그 순간부터 푸르던 하늘도 아름답던 강산도 희망찼던 삶도 죄다 빛을 잃었다(장편소설 〈압록강〉). ②(연극) 배우가 인물의 사상감정과 주어진 정황을 그대로 믿고 느낌으로써 역인물의 생활 속에 스스로 깊이 잠기는 것 ‖ ~상태에 들어가

---

20) 이것을 '외적 모방 기술에 의한 기계적 재생'을 의미할 수도 있다. 그러나 외적 모방 기술을 통해서도 '체험'을 할 수 있고 그것이 진실한 체험을 통한 예술로 나타날 수 있다고 말한 내용을 고려하면 결국 이 문맥에서 중요한 것은 '자감 즉 체험'일 것이다. 또 외적 모방 기술이 그 자체로 머문다면 문제일 수 있지만 체험/자감을 불러일으키는데 성공했을 때 신체적 행동법과 구분하기 어렵다.

21) 홍재범, 앞의 논문, 「스타니슬랍스키 시스템 연기용어에 대한 고찰(1)」, 『한국연극학』 17(2001), 139-1146쪽 참조.

대[自感] **자감하다** [동사] (자, 타)[22]

북한의 『조선말 대사전』에 나타난 '자감' 또는 '자감하다' 역시 앞서 살펴본 '생활하다'라든지, '생기를 준다'라는 의미보다는 '체험' 또는 '체험하다'라는 용어가 주는 의미에 보다 상통한다고 하겠다. 이것은 우리 국립국어원의 『표준국어대사전』에 "자감(自甘) 1. 스스로 달게 여김 2. 『북한어』 스스로 겪어서 맛봄"[23]으로 소개되고 있어 다시 '체험'이라는 뉘앙스를 짙게 풍기고 있다.

'자감'은 단어 자체의 의미보다는 그것의 정확한 적용과 활용이 무엇인지를 살펴보면 보다 분명하게 그 뜻을 정의할 수 있다. 오사량의 『배우수업』 14장에 '내부의 창조적 상태'로 번역된 것은 독일어 번역본에서 '무대 위의 내적 상태'으로 번역되어 있다. 홍재범은 러시아 원본에는 "무대적 자감"으로 되어 있다고 지적한 부분이다. 이에 반해 이진아의 발췌 번역본의 제목은 "내적인 무대 감각"[24]으로 되어 있다. 그동안 스타니슬랍스키의 연기론을 언급하면서도 '자감'에 대한 학문적 토론이 부족했던 것은 바로 이러한 번역상의 미묘한 차이와 생략에 기인하고 있다고 생각한다. '무대적 자감'을 스타니슬랍스키의 시스템과 관련해 살펴보자.

3. 전통적 배역 창조와 자감: '-이기'와 자감

20세기 초, 스타니슬랍스키가 사망한 1938년까지의 시대는 아직도 플라톤의 정합적 세계관과 그에 따른 모방이론과 프로이트의 심리학 중 무의

---

22) 사회과학연구소 편, 『조선말 대사전』(평양: 사회과학, 1992). 홍재범, 같은 논문, 143쪽 재인용.
23) http://stdweb2.korean.go.kr/search/List_dic.jsp
24) 스타니슬랍스키 (이진아 옮김), 122쪽.

식 연구에 관한 내용이 에피스테메로서 영향력을 잃지 않고 있었다. 따라서 "스타니슬랍스키 연기론의 핵심이 '역을 살기(living the part)'"25)라는 해석은 연기의 최고 목표가 작품 속의 인물 즉 역할을 최대한 온전하고 완전하게 모방해 무대 위에 살아 있는 인물로 재현에 내는 것이라는 의미였다. 이것을 위해 필요한 것이 '진실'이었고 그것은 배우가 먼저 등장인물을 '살아 있는 인물로 느끼고', 그 과정을 통해 관객 앞에서 인물을 생생하게 재현하는 것이란 의미였다.26)

스타니슬랍스키에게 진실은 이성으로 파악하는 것 이상으로 감정적 동의와 확인이 필요했다. 그의 이론에서 '무의식'이 등장하는 것은 바로 이 대목이다. 그는 자신의 시스템을 "의식을 통해 무의식"27)에 이르는 방법이라고 정의하고 있다.

> 우리 체험의 예술에서 가장 본질적인 원칙 중의 하나는 배우의 의식적인 심리 기술을 통한 본성의 무의식적 작동을 자극하는 것이다.28)

프로이트가 무의식을 의식적으로 분석해낼 수 있다고 생각한 것 같이 스타니슬랍스키 역시 배우의 무의식을 의식적 방법으로 자극할 수 있다고 생각한 것이다. 배우라는 비행기가 시스템이라는 활주로를 달리다보면 '저절로' 공중으로 부상하는 순간이 바로 역을 생활하는 생생한 순간이 된다는 주장인 것이다. 즉 그의 방법론은 이성적 노력에 의한 감정적 확인인 셈이다.

---

25) 김용수, 『연극이론의 탐구-대립적인 시각들의 대화』 (서울: 서강대학교 출판부, 2012), 97-98쪽.
26) 이러한 전제는 오늘날 "공연 중 관객과 연기하는 배우 사이의 소통인 감정이입이라는 상태가 안정적으로 보장될 수 있는가를 확신할 수 없다"는 태도에 의해 흔들리고 있다. 김기란, 앞의 논문, 156쪽 이하 참조.
27) Stanislwski, 같은 책, 25쪽.
28) 위의 책, 같은 곳.

물론 전통적 연기방법론, 즉 스타니슬랍스키 시스템은 그 이론이 알려진 초기를 지나 현재에 이르면서 대부분 오해가 불식된 상태이다. 즉 심리적 연기방법론이라는 것에서 출발해 초기에는 심리적 연기방법론이었지만 후기에 이르면 신체적 행동법으로 바뀌었다는 오해까지 있었지만 이 모든 것들은 번역서의 부족과 정보의 부족으로 인한 오해였음이 밝혀졌다. 물론 이러한 오해가 완전히 불식된 것은 아니지만 적어도 그의 이론이 배우를 위한 훈련 방법론과 배역 창조를 위한 방법론으로 대별되고 배우 훈련을 위해서는 심리적, 신체적 훈련이 필요하며 배역 창조를 위해서는 신체적 행동법으로 먼저 접근해야 한다는 결론은 어느 정도 대중적 인식에 이른 것 같다.[29] 다만 '자감'과 관련하여 그것이 배역 창조의 어떤 과정에서 어떻게 활용될 수 있는지 스타니슬랍스키의 배역 창조 과정 속에서 살펴봐야 할 것이다. 즉 '역을 사는 것'과 '역을 체험하는 것' 사이의 미묘한 차이가 아직도 규명되지 않고 있다는 것이다. 그리고 이것은 자감의 정의뿐만 아니라 자감의 무대 적용 및 활용을 좀 더 세밀하게 살펴봐야 해결될 수 있는 문제이기도 하다.

스타니슬랍스키의 『역할 창조』에는 "역할에 대한 배우 작업의 세 시기 (인식의 시기, 체험의 시기, 구현의 시기)"[30]가 하나의 유기적 과정으로 설명되어 있다. 여기에서 흥미로운 것은 배역에 대한 이성적 인지와 감성적 체험의 결과로 무대 위의 배역이 창조된다는 것이다. 그리고 이때 무대 위 배우는 역할을 산다고 해도 역할로만 존재하는 것은 아니다.

그는 **배우가 무대에서 '역할로 존재함'을 느끼기**를 원했다. 그러나 그렇다고

---

29) 이러한 문제에 관한 자세한 논의는 다음의 연구를 참조하라. 김대현, 「스타니슬랍스키와 '시스템'」, 『연극교육연구』 21(2012), 5-46쪽.
30) 이진아, 「스타니슬랍스키 연극론에 있어서 배우와 역할의 관계」, 『드라마연구』 42(2014), 186쪽.

하여 그가 무대 위에서 존재하는 배우와 역할 사이의 거리를 완전히 지울 수 있다고 여긴 것은 아니었다. 오히려 그는 **배우가 무대 위에서 역할의 삶을 살고 연기하는 동시에, '역할을 연기하는 배우'로서의 자신을 자각하는 것**이 무엇보다도 필요하다고 강조했다. 배우는 역할을 이해하고 무대에서 그의 삶을 살며 동시에 의식적으로 역할을 제어하는 자이다.[31]

위 인용문에는 몇 개의 논점이 나타난다. 첫째, 만일 '자감'을 무엇으로 정의할 것인가의 문제이다. 즉 '역할로 존재함을 느끼는 것'과 '역할을 체험하는 것' 사이에는 미묘한 차이가 존재한다. '역할로 존재한다'(living the part)는 것은 배우라는 존재보다는 등장인물로 존재한다는 것을 의미한다. 배우라는 존재는 사라지고 역할이라는 허구의 존재가 실체로 변신하는 것이다. 따라서 자감을 '역을 생활하다 또는 역할에 생명을 준다'고 해석하는 것은 배우가 무대 위에서 역할로 살아가야 한다는 스타니슬랍스키 시스템의 최고 목표를 성급하게 "재매개(remediation)"[32]한 결과일 것이다.

이에 반해 '역할을 체험하는 것'(erleben die Rolle)은 배우라는 주체의 주관적인 심리과정의 전개이다. 즉 동일시와 감정이입을 통해 미지의 존재인 역할을 좀 더 가깝게, 깊숙하게 이해하고 동조하는 것을 의미한다. 배우라는 주체는 여전히 사라지지 않고 존재하는 것이다. 배우로서 역할을 체험하는 것이다. 배우가 주체적 행위로써 감정을 이입하는 것이다.

> 감정이입은 독일어 Einfühlung (Ein은 영어의 in, Fühlung은 영어의 feeling)에서 나왔고, 이는 그리스어 Empathos에서 어원을 찾을 수 있는데, '들어가서 느낀다'라는 뜻을 가지고 있다. 그러므로 우리말로 옮길 때에 공감이 아

---

31) 위의 논문, 같은 곳, 강조는 필자의 것.
32) 김용수, 같은 책, 287쪽.

나라 감정이입이라고 해야 한다. 그래야 뜻이 더 잘 전달될 뿐만 아니라, 논리적으로도 옳기 때문이다. 어머니는 어린아이를 감정이입할 수 있으나, 어린아이는 공감이나 동감을 할 수 있을 뿐이다. 독일의 Iirina Prekop은 어린아이에게 감정이입을 기대하기는 아직 무리라고 하면서, 공감은 감정이입보다는 낮은 발달단계에 속한다고 했다.[33]

둘째, '배우가 무대 위에서 역할의 삶을 살고 연기하는 동시에, '역할을 연기하는 배우'로서의 자신을 자각하는 것' 가능하냐는 것이다. 만일 가능하다면 이러한 상태는 '자감'과 어떤 관계가 있는지 규명되어야 할 것이다.

스타니슬랍스키의 배역 창조 과정이 인지→체험→구현의 단계로 구성되어 있다는 것을 전제하면 배우의 주체는 어느 단계에서도 사라지지 않는다. 전통적 해석대로 '자감'을 '역을 사는 것'으로 해석한다고 해도 연습과정에서나 가능하지 무대 위에서 가능한 것은 아니다. 연기를 일종의 '황홀경에 빠지는 것' 또는 배우를 무당과 동일시하는 태도는 '무대 위'라는 실제 상황을 고려하지 않은 성급한 단일화인 것이다.

레디 액션 하는 순간 그 어느 누구도 나를 도와줄 수 없다. 내 행위에 어느 누구도 개입할 수 없다. 철저히 외로워지는 순간이다. 논리적으로 분석한다고 한 듯 이 몸뚱아리를 통해 나와야 한다. 연출가는 객관적으로 보고 판단할 수 있지만 우리는 시연해서 보여줄 수 있는 사람들이다. 아주 비과학적이지만 또 다른 영역이 있는 것 같다.[34]

배역을 준비하고 체험하는 과정에서 배역과 일치를 경험할 수는 있다. 또 연습의 어느 단계에서 동일시와 감정이입을 통해 황홀경을 경험할 수도

33) http://www.kyosu.net/news/articleView.html?idxno=32966
34) http://stoo.asiae.co.kr/news/naver_view.htm?idxno=2017042114400947855

있다. 그러나 무당굿의 상황과 무대 위 상황은 같을 수 없다. 배역을 구현하는 순간의 배우는 철저하게 "역할을 제어하는 자"[35]이어야 한다.

'자감'을 '역할을 체험하는 것'으로 전제하면 자감은 역할을 보다 깊이 이해하기 위해 연습과정에서 경험하는 주관적 심리과정이 된다. 인지의 단계에서 역할에 관한 모든 정보를 습득한 다음 체험의 단계에서 '주어진 상황'에 따른 등장인물의 주관적 심리를 동일시와 감정이입을 통해 체험하는 것이다. 인물과 행동 그리고 상황에 따른 충분한 인지가 자발적인 감정이입과 동일시를 저절로 불러일으키는 것이다. 물론 일회적으로 역할을 체험하는 것이 아니라, 반복적으로 체험해야 하기 때문에 이 단계에서 "에튀드와 신체행동방법론을 통해"[36] 체험을 보다 깊고 지속적으로 만들 수 있다. 그리고 이러한 체험/자감은 기억 속에 자리하고 있다가 무대 위에서 상응하는 자극으로 다시 생생하게 재현된다.

> 배우가 자신의 삶의 기억을 스스로 깨웠는지 아니면 다른 사람의 도움으로 깨웠는지는 나에게 아무런 차이도 없다. 단지 중요한 것은 기억은 체험한 것을 간직하고 있고 상응하는 자극에 의해 생생하게 깨어난다는 것이다.[37]

연습과정에서의 '자감'은 공연 중 무대 위의 상황에서 다른 상태로 변화한다. "무대적 자감"[38]이 바로 그것이다. 무대적 자감은 "무대에서 형성되는

---

35) 이진아, 같은 논문, 186쪽.
36) 위의 논문, 206쪽.
37) Stnaislawski, 같은 책, 325쪽.
38) 홍재범은 『배우수업』의 러시아 원본에 14장의 제목이 '무대적 자감'이라고 밝히고 있다. 그러나 영역본에는 '내적 창조적 상태'로 그리고 독일어 번역본에는 '무대 위의 내적 상태'로 번역되어 있다. 필자의 의견으로는, 14장의 내용은 자감 자체에 대한 설명이라기보다는 자감의 무대적 활용 및 상태에 관한 서술로 보인다. 홍재범, 앞의 논문, 136쪽 이하 참조.

배우의 올바른 창조 상태"[39]를 의미한다. 이것은 다시 '외적인 무대적 자감' 과 '내적인 무대적 자감(창조적 자감) 그리고 "판에 박힌 자감"[40]으로 대별 한다.[41]

외적인 무대적 자감은 "역할 구현의 과정에서 자신 신체의 각 기관들을 순차적으로 준비하고, 또 한곳에 불러 모으고, 행하면서 필요한 창조의 순 간에 개별적으로 혹은 전체를 불러일으킬 수 있"[42]는 상태이다. '마법의 만 약'과 '주어진 상황'에 대한 집중과 상상력이 등장인물에의 감정이입과 동일 시를 이루어낸 결과물에 외적 행동, 즉 신체적 행동이 '정서적 기억'을 자극 해 내적인 무대적 자감의 상태로 진입할 수 있게 하는 것이다. 내적인 무대 적 자감은 "총체적 열망에 기초하여 배우/역할의 모든 요소들의 완벽한 융 합"[43]이라고 설명하고 있다. 내적인 자감 즉 창조적 자감은 다음과 같은 보 충 설명을 통해 보다 깊게 이해할 수 있다.

창조적 자감은 의식적인 작업을 통하여 잠재의식이 일깨워지는 과정 속에 서 무대적 자감이 희곡을 통해 성장하여 그 결과 창조적 잠재의식 속에 자 리 잡게 되는 것이라 설명한다.[44]

---

39) 김태훈, 『스따니스랍스끼의 연기학 전문 용어』, 2판 (서울: 예니, 2013), 143쪽.
40) 판에 박힌 자감은 "주의의 대상이 파트너의 건너편에 있고 (무대에서 벗어나 있고) 예술적 상 상의 분위기가 아닌 우리의 삶과는 유리된 막연한 연기를 펼칠 때 …… 또한 창조하지 않고 이제는 오직 판에 박혀 전형성을 묘사하고 화려한 외형만을 위조하여 흉내만 내는 그릇된 행 동이 무대 위에 나타날 때 …… 이러한 상태를 판에 박힌 (배우의) 자감이라 한다"고 정의되어 있다. 김태훈, 앞의 책, 155쪽.
41) 위의 책, 148쪽 이하 참조.
42) 위의 책, 148쪽.
43) 위의 책, 150쪽.
44) 이진아, 앞의 논문, 194쪽.

즉 창조적 자감은 외적인 자감과 내적인 자감이 창조적 융합되어 배우가 역할을 진실되게 구현할 수 있는 상태를 의미한다고 하겠다.

판에 박힌 자감이 무대 위에서 행해서는 안 될 부정적인 것이라는 것을 고려하면 배우의 자감이 무대 위에서 행해질 때 그것은 역할을 체험하는 의미에서의, 동일시와 감정이입으로 합일체를 이루는 것이 아닌, 배우 자신의 주체를 유지하면서 역할에 대한 통제자의 역할 또한 정확하게 해낼 수 있는 상태를 의미하는 것이다. 이러한 의미에서 홍재범이 말한 '무대적 자감'은 영역본과 독역본에서 각각 '내적 창조적 상태'와 '무대 위의 내적 상태'로 표현되어 있는 것이다.

스타니슬랍스키에게 배역 창조의 목표는 '무대 위에 살아 있는 인물'을 구현하는 것이었다. 따라서 배역 창조 작업의 초기, 즉 연습 초기에 배우는 작품과 인물에 대한 모든 요소를 먼저 인지하고 이해할 필요가 있었다. 자감이 작동하는 순간은 그 다음 단계부터이다. 배우가 등장인물을 '체험'하기 위한 전제는 '마법의 만약(magic if)'과 '주어진 상황(given circumstance)'을 자신의 감정으로 공감해 역할을 체험하는 것이다. 이것이 자감이다. 올바른 체험은 무대 위 창조를 위한 에쮸드와 신체적 행동법으로 강화된다. 즉 무대위 자감은 외적인 무대 자감과 내적인 무대 자감의 통합으로 완성된다. 이때 배우는 연습단계의 자감처럼 배역과 일체를 이룬 상태가 아니라 배역의 체험을 유지하면서도 그것을 통제할 수 있는 상태에 머물러 있어야 한다. 결국 스타니슬랍스키는 『배우수업』의 제2장에서 자감/체험의 정의와 그 효용에 대해 밝히고 있다면 제14장에서는 자감/체험의 무대 활용과 이상적 결과에 대해 밝히고 있는 것이다.

스타니슬랍스키의 시스템, 그의 배역 창조 과정은 당대의 심리학과 사회학의 결과들을 그 안에 반영하고 있다. 정서적 기억에 관한 리보(Théodule

Ribot)의 학설과 무의식에 관한 프로이트의 학설 그리고 조건반사와 행동에 관한 제임스와 파블로프의 이론들은 자감을 통한 등장인물의 생생한 재현을 실현가능한 진실로 생각하게 하였다. 물론 자감이 연습단계와 무대 구현 단계에서 정확하게 구분할 수 있느냐에 대한 의문과 정서적 기억에 대한 비판, 배우와 배역의 합일에 대한 회의 등이 제기되었으나 그것은 스타니슬랍스키 시대 이후의 일이었을 뿐 스타니슬랍스키는 그의 생애 마지막 단계까지 자신의 이론에 대한 확신을 지우지 않았다.

4. 생성적 배역 창조와 자감: '-되기'와 자감

포스트모던 연극을 지나 포스트드라마 시대를 사는 현대에서 배우의 무대에서의 역할은 작품 속 등장인물을 구현하는 것을 넘어서고 있다. 몸성 (corporeality), 즉 "몸의 물질성, 육체성, 신체성"[45]을 강조하기도 하고, 무대 요소로서 '오브제'로 단순하게 사용하기도 한다. 또 배우의 몸을 "사회적이며 정치적이고 문화적인 표상"[46]으로 인식하여 하나의 기호로 보아야 한다는 주장도 제기되고 있는 현실이다. 이러한 변화의 근저에는 "인물에 대해 기억해야 할 대단히 중요한 관건은 사실 가장 단순하다. 배우는 실제로 변신할 수 없다는 것이다"[47]는 주장에 대한 깊은 공감이다.

여기에 더하여 "'-되기'의 배역 창조"는 드라마적 연극에서 인물을 구현할 때 출발점과 목표점인 배우와 등장인물을 '부재'하거나 '모호하게 존재'하는 것으로 상정하고 역할 구현의 현장인 무대 위에서의 행위현장의 생성성

---

45) 이신영, 「몸성과 무대연기」, 『한국연극교육학회 추계학술발표회』, 서울, 2014년 11월 1일, 96쪽.
46) 김기란, 앞의 논문, 161쪽.
47) Declan Donnellan (허순자 · 지민주 옮김), 『배우와 목표점』 (서울: 연극과 인간, 2012), 119쪽.

을 주장한다.[48] 이 경우 '자감'은 다시 일정한 역할을 하게 된다.

'-되기'의 배역 창조에서 '자감'은 '-이기'의 배역 창조에서 중요시하는 출발점과 목표점에 대한 변화에서 새롭게 정의되어야 한다. 즉 '-이기'의 배역 창조에서 배우의 모방/재현[49]의 대상은 작품 속의 등장인물이다. 그래서 보다 생생하고 진실 되게 구현하기 위해 '역을 생활하는' 것이 절실했던 것이다. 그러나 '-되기'의 배역 창조는 배우의 "재현의 일차적인 대상은 행동하는 주체가 아니라 행동이라는 것이다. (⋯) 이러한 규정으로 말미암아 줄거리는 성격보다 우위를 차지한다"[50]는 아리스토텔레스의 설명에 오히려 적극적으로 부합한다.

이러한 설정은 배역 창조의 목표가 지향점으로 등장인물을 설정하지 않기 때문에 오히려 등장인물의 행동을 포함하는 상황, 상태, 관계 등으로 확대될 수밖에 없게 된다.

재현적 상관물, 즉 (⋯) 성격에 따라 이런저런 성품을 지닌 사람이며, 자신의 행위를 통해 목표에 도달하려고 하는 사람인데, 이는 "행동(praxis)"의 영역에 속한다. 여기서 "행동"이라는 말은 활동만이 아니라 예를 들어 행복과 같은 상태도 가리키는 것이다. 그리스어로 praxis라는 낱말은 그에 상응하는 동사 prattein처럼 두 가지 뜻을 가지기 때문이다. 사람들의 특성을 나타내는 지속적인 성향을 가리키는 에토스와는 반대로 프락시스는 요컨대 자

---

48) 이 주제에 관한 자세한 논의는 다음의 논문을 참조하라. 김대현, 「배역 창조와 '-되기' 그리고 '자감(自感)」, 『연극교육연구』 14(2008); 김대현, 「'-되기'의 배역 창조와 '행위현장'의 생성성」, 『연극교육연구』 16(2010).

49) 아리스토텔레스는 『시학』 제6장에서 비극을 '행동의 모방'으로 정의한다. 이때 모방을 imitation 으로 보는 전통적 입장과 재현(representation)으로 보는 확대된 입장이 있다. 본 글에서는, 특히 '-되기'의 배역 창조에 있어서 배우의 작업 행위는 모방이 아니라 재현으로 본다.

50) Aristoteles (김한식 옮김), 『시학』, (서울: 웅진씽크빅, 2010), 141쪽.

신의 삶과 행동 그리고 상태를 막론하고 그러한 것들을 실제적으로 만들어 내는 모든 것으로 정의된다.[51]

사실 배역 창조의 주체가 전통적 견해처럼 분명하게 인식할 수 있는 개별적 인격체가 아니라 '무(無)/나'라기보다는 '비(非)/나'로 정의할 수밖에 없고 또 지향점 역시 존재를 증명할 수 없는 '모호한 허구적 인물'로 변한 상태에서 배우의 배역 창조의 대상이 '주어진 상황'에서 '행동하는 인물'인 것이다. 그리고 이때 배우는 인물의 외적 움직임만을 모방하는 것이 아니다.

> prattein은 "연기하다(dran)"라는 말과 짝을 이루고 있는데, 거기에서 prattein 이란 말은 실제로 극중에서 연기를 한다는 기술적인 의미, 즉 배우들이 각 자가 1인칭 역을 맡아 텍스트 전체를 책임진다는 의미를 갖게 된다.[52]

사실 전통적인 배역 창조 방법에서 비극을 '행동의 모방'으로 인식하고 그 연장선에서 연기를 극중 인물을 모방하는 것이라고 단순하게 동일시했다. 그러나 분명 현대의 『시학』 연구가 강조하는 것은 "비극이 재현하는 것은 행동이지 성격에 따라 이런저런 성품을 지닌 존재로서의 사람이 아니"[53]라는 사실이다. 또 전통적 배역 창조, 즉 '-이기'의 배역 창조에서 중요한 부분인 '성격 묘사' 역시 "성격을 재현하기 위해서 행동하는 것이 아니라, 행동을 통해서 그들의 성격이 드러나는 것이"[54]라는 설명으로 다시금 모방/재현의 대상이 아님이 분명해진다. 즉 성격 묘사는 심리적 분석을 통해 직접적으로 모방하는 것이 아니라는 것이다.

---

51) 위의 책, 165쪽.
52) 위의 책, 152쪽.
53) 위의 책, 165쪽.
54) 위의 책, 166쪽.

배역 창조의 출발점과 목표가 비/나와 주어진 상황을 포함한 역할의 행동과 상태를 포함한 텍스트 전체라면 무대 위에 존재하는 진실은 주어진 상황 속에서 지향점을 향한 비/나로서의 존재이다. 그리고 그 존재는 관객과의 소통을 통해 매순간 새로운 창조의 순간을 경험한다.

> 어떤 배우도 자기의 배역을 완전하게 다 체현할 수가 없으므로, 배우는 '연극의 주요한 매력' 중의 하나인 '사람과 등장인물의 신비로운 통합' 작업을 청·관중들이 스스로 완성하도록 해야 한다.[55]

등장인물의 창조와 그 형상은 관객 개개인마다 자신의 작업에 따라 개별적으로 완성된다. 배우의 배역 창조 과정이 비로소 무대 위에서 관객과의 협업으로 완성되는, '창조적인 행위현장'의 연속이 되는 것이다. 배우에게 자감은 이때 비로소 비/나를 넘어 행위현장에서 관객과의 관계 속에서 하나의 생생한 창조물이 된다.

따라서 '-되기'의 배역 창조에서 '자감'은 '-이기'의 배역 창조에서의 '자감'과 뚜렷한 차이를 보인다. 즉 '-이기'의 배역 창조에서 '자감'이 '체험'과 체험을 통한 창조적 내적 상태가 완성되는 것이라면 '-되기'의 배역 창조에서 '자감'은 행위현장에서 '비/나'의 존재로 모호한 지향점을 향해가는 생동적인 창조적 변화물에 대한 스스로의 자각인 것이다. 이것은 기계적, 외면적 무대 자감도, 정서적 기억을 소환하기 위해 출발점으로서의 신체행동법에 의해 수행되는 잠재의식적 자각도 아니다. 즉 '무엇'을 위한 것이라기보다는 '현재 그 자체'에 대한 집중인 것이다. '-되기'의 배역 창조에서 자감이 오히려 "매순간, 매번, 반드시 새로 살고 새롭게 채현되[56]어야 하는 이유가 바로 이것이다.

---

55) Marvin Carlson (김익두·최낙용·김월덕·이영배 옮김), 『연극의 이론』 (서울: 한국문화사, 2004), 471쪽.

5. 나가는 글

지금까지 스타니슬랍스키 시스템의 핵심 개념인 '자감'에 대해 살펴보았다. '자감'은 그동안 '역할을 살기'라는 배역 창조 과정에 배역과 배우의 거리는 좁히는 핵심적 역할을 하는 개념으로 알려져 왔다. 즉 배우는 자감을 통해 배역을 생생하게 살아 있는 인물로 무대 위에 표현할 수 있다는 생각이었다. 그리고 이러한 과정이 완수되었을 때 무대 위의 존재는 배우와 배역이 하나가 된, 살아 있는 인물이 된다.

이러한 기존의 인식은 스타니슬랍스키 시스템이 당시 에피스테메의 작동이라는 측면에서 재고해야 할 필요가 있다. 즉 20세기 초까지 사람들은 무의식의 의식적 접근, 특정한 자극을 통한 특정한 감정의 기억 그리고 행동과 감정 사이의 긴밀한 관계 등에 관한 새로운 이론들에 경도되었다. 특히 배우와 등장인물의 '존재'를 아무런 의심 없이 배역 창조의 두 축, 즉 출발점과 목표점으로 상정했다. 스타니슬랍스키의 연기론은 지향점을 향한 효과적인 방법으로써 두 지점의 거리를 자연스럽게 없애고 등장인물을 무대 위에 살아 있는 인물로 표현하기 위한 의식적인 방법론이었다.

그러나 이러한 기존 인식은 스타니슬랍스키의 배역 창조 과정이 '인지의 과정→체험의 과정→구현의 과정'으로 이루어진 것을 전제하면 다시금 정립되어야 할 필요가 생긴다. 배우는 배역 창조를 위해 먼저 역할에 대한 연구를 통해 역할의 역할과 특성에 관해, 그리고 그의 목표와 행동에 대해 이해한다. 그 다음 에쮸드와 신체적 행동법으로 역할을 체험하고 연습과정 전 기간 동안 이러한 정서적 기억을 강화한다. 이때 배우는 체험을 통해 배역과의 일치를 경험한다.

---

56) Stanislavski (이진아 옮김), 『체험의 창조적 과정에서 자신에 대한 배우의 작업』, 36쪽.

무대 위 공연에서 배우는 배역과의 일치를 깨고 배역을 표현함과 동시에 그것을 통제하는 존재로 바뀐다. 체험이 연습과정에서만 시행되어야 하는 이유가 바로 여기에 있다. 체험이 무대 위에서도 시행되면 배우는 배역과 일치되어 통제력을 상실하기 때문이다. 따라서 스타니슬랍스키에게 자감은 연습과정에서의 자감과 무대 위 자감이 구분되어 실행되어야 하는 것이었다.

전통적 배역 창조가 아닌, 생성적 배역 창조 과정에서 자감은 배역과의 일체감과 체험을 위한 기능보다는 배우의 무대에서의 현존감을 강화하는 요소로 기능한다. 즉 부정된 주체(비/나)와 모호하게 존재하는 또는 부재하는 등장인물 사이에서 중간자적 존재로 존재하되 무대 위 현존에 분명한 의식을 갖게 하는 요소인 것이다.

전통적인 드라마라 할지라도 무대 위에서 배우는 일상의 자신이 아니다. 즉 부정된 주체이다. 또 등장인물로 완벽하게 변신할 수도 없다. 다만 배우는 자신에게서 출발해서 모호한 지향점을 향해 가는, 배우와 배역이 혼재된 존재이되 무대 위에 존재하는 유일한 존재가 되는 것이다. 이때 자감은 배우에게 관객과의 관계 속에서 무대 위 시·공간에 존재하고 있다는 실제적인 의식으로 다가온다. 따라서 이때의 배우는 배우와 역할이 아니면서도 당시의 시·공간에 존재감을 부여하는 강력한 존재가 된다. 따라서 매 공연이 새롭고 또 생생한 살아 있는 시·공간과 존재로 변화하는 것은 당연한 논리적 귀결이 된다. 결국 전통적 배역 창조 과정이 등장인물이라는 지향점을 향한 체험/자감의 과정이라면 생성적 배역 창조 과정은 행위현장에서 관객과 마주하고 있는 비/나에 대한 자감인 것이다.

제3장

'내면연기' 연구

1. 들어가는 글

배역 창조의 과정과 방법은 시대와 장소에 따라 변화한다. 고전주의와 낭만주의 그리고 사실주의의 연기 스타일이 다른 것은 바로 이러한 시대와 장소의 변화와 유관하다. 다만 서양에서의 연기술은 크게 두 가지의 요소가 작용한다. 하나는 '모방의 원칙'이고 다른 하나는 '배우 자신'과 '배역의 일치'라는 환상이다.

서양의 근대극이 우리나라에 전해지면서 우리나라 배우들도 모방의 원칙에 기반에 둔 연기를 시작했다. 모방의 대상이 되는 극중 인물을 배우 자신과 일치시켜 무대 위에 표현하려는 노력은 최근까지 계속되었다. 그 중 '내면연기'는 한국 연극계의 주류를 대표하는 연기술로 인식되어 있고 현재에 이르러서는 배우들에게는 물론이고 일반 대중에게도 "끔찍한 가치가 담겨 있는 연기"1)로 여겨지고 있다.

　그러나 국내 저명한 연기교사인 한양대 최형인 교수는 한 사담(私談)에서 '세계 어디에도 내면연기라는 단어, 개념은 없다'라고 단언했으며, 실제 연기이론을 연구하는 연구자들 사이에서 '내면연기'라는 용어를 연기 관련 전문용어로 인정하고 광범위하게 사용하는 사람은 없다. 연극비평가 안치운은 내면연기라는 용어는 한국에서만 자주 들을 수 있는 말이며, 다른 나라의 연극과 책에서는 그런 말을 하지 않는다고 단언한다. 그리고 그는 이러한 사실을 외국 공연 단체와의 문답을 통해 내면연기라는 말이 우리나라에서만 통용되는 말이라는 사실을 확인한다.

　　저자는 우리나라에서 공연하는 외국 공연 단체를 만날 때마다 그들을 찾아가 물었다. 당신네들도 '내면연기'란 말을 하는가라고. 한결같이 질문을 받은 이들은 대답을 하기 전에 질문을 되돌렸다. 내면연기가 무엇이냐고.2)

　따라서 '내면연기'는 우리나라에서만 통용되는 연기 용어로 보아야 한다. 연기와 관련된 용어는 연기하는 배우의 주관과 밀접하게 관련된다. 배역을 창조하는 과정에서 배우 자신이 배역을 이해하고 체화하면서 정리된 개념과 용어가 배우 자신의 주관적 이해에 크게 좌우되기 때문이다. 이러한 개별적 용어는 대중화 과정을 통해 일반의 동의3)를 얻어 연기 관련 전문용어로 자리 잡기도 하고 그 중 일부는 개별적 표현에 머무르다 사라지기도 한다. 호흡과 관련된 용어 중 '어깨 호흡'과 '항문 호흡' 등이 개별적 표현의 차원에 머무르다가 사라진 대표적인 용어라고 할 것이다.4)

---

1) 안치운, 『공연 예술과 실제 비평』 (서울: 문학과 지성사, 1993), 75쪽.
2) 안치운, 『연극제도와 연극읽기』 (서울: 문학과 지성사, 1996), 180쪽 참조.
3) 일반 대중의 동의에는 학술 연구자의 동의도 포함하였다.

용어로서 '내면연기'5)는 개별적 차원이 머무르는 용어인가, 아니면 일반의 동의를 얻은 연기 관련 전문용어인가? 한 블로거는 자신의 글에서 영화 ≪애드 아스트라(Ad Astra)≫(2019)에서 연기한 브래드 피트의 연기를 두고 "생각지 못한 **내면연기**"6)라고 평하면서 다음과 같은 설명을 붙인다.

> 사실 그동안 브래드 피트의 경우에는 꽃미남 이미지가 강해 얼굴로 주인공을 따낸 배우 이미지가 강했다. 그런데 가만 생각해보면 수많은 흥행작을 연기하면서도 그렇게 연기력 논란이 없었던 배우가 그이다. 그는 이번에 자신의 인생 연기를 갱신하였는데, 섬세한 **내면연기**가 일품이었기 때문이다. 가만 생각해보면, ≪트로이≫나 ≪미스터 앤 미세스≫ 등 액션을 멋들어지게 하는 것이 먼저 떠오르는데, 이번에는 감정 동요조차 별로 없는 캐릭터를 연기하면서 아주 차분하게 연기했다. 이제는 깊게 패인 그의 주름살이 미세하게 떨리는 눈빛 연기까지 기대 이상이었고, 이를 통해 그가 전하고자하는 바를 마음으로 느낄 수 있었다.7)

별다른 설명 없이 쓰인 이 용어, '내면연기'는 일반의 동의를 얻은 연기 관련 전문용어처럼, 또 문맥으로 보면 제법 훌륭하게 성취된 연기의 전형에 사용되는 찬사로 읽힌다.

---

4) '어깨호흡'과 '항문호흡'은 각각 김철홍과 이윤택이 자신의 호흡관을 설명하면서 사용한 개념이다. 이 중 어깨 호흡은 어깨를 크게 들썩이면서 하는 호흡이고 '항문 호흡'은 숨을 저장하는 장소로 골반을 지정하고 쪼그려 앉아 호흡했을 때, 골반을 중심으로 수축과 이완이 반복되는 현상을 '항문 호흡'의 첫 단계로 설명한다. 김철홍, 『배우를 위한 화술과 연기』 (서울: 연극과 인간, 2007)), 37쪽 이하 참조; 이윤택, 『이윤택의 연기훈련』 (서울: 공간미디어, 1996), 41-42쪽 참조.
5) '내면연기'는 본문에서 인용에 따라 '내면연기'라는 표기와 혼용된다. 따라서 본 장에서는 인용을 제외하고는 '내면연기'를 표준 표기로 사용한다.
6) https://blog.naver.com/apexism/221646000330. 강조는 연구자의 것.
7) 같은 곳. 강조는 연구자의 것.

그런데 이 '내면연기'가 정작 어떤 연기(술)를 말하고 있는지 명확하지 않다. 체계적인 연기방법론을 말하는 것인지, 아니면 연기 표현의 한 현상을 말하는 것인지 분명하지 않다. 위의 용법으로 보면, 어떤 한 순간의 '섬세하고, 차분한' 연기를 뜻하는 것 같기도 하고, 작품 전체를 관통하는 연기방법론을 말하는 것 같기도 하다.

국내에서 사실주의 스타일의 연기와 심리적 연기방법론 또는 스타니슬랍스키 연기술에 대한 연구[8]는 어느 정도 진척이 있다고 본다. 우리나라에서야 사실주의 연기술과 스타니슬랍스키 연기술을 동일시하고 있지만, 스타니슬랍스키 연기술은 사실주의 연기스타일 중 하나일 뿐이다. 또 스타니슬랍스키 연기술과 내면연기는 밀접한 관계이기는 하지만 동일시할 수 없는 분명한 차이를 갖고 있다.[9] 따라서 본 연구의 대상인 '내면연기'만을 따로 보면 연구의 양과 질은 연기론 연구에서 상대적으로 너무 적다.

내면연기 연구에서 가장 중요한 글은 안치운의 「내면연기란 무엇인가? ─문학적 연극과 연기론의 반성」(『연극제도와 연극읽기』, 문학과 지성사, 1996, 169-215쪽)이다. 내면연기에 관한 최초의 문제제기이며 내면연기의 가치를 부정적으로 논평한 이 글은 김방옥의 「몸의 연극, 배우의 연극, 껍데기의 연극」(『한국연극』, 1996년 7월)에 의해 문제제기 되면서 소위 '내면연기 논쟁' 이 시작된다. 논쟁은 '내면연기의 유효성'에 관한 김방옥의 질문으로 시작되

---

8) 이에 관한 연구사는 다음의 논문을 참조하라. 김대현, 「스타니슬랍스키 연구사」, 『한국연극학』 40(2010).

9) 오사량의 『배우수업』(성문각, 1970) 서문에는 유치진과 이해랑의 추천사가 실려 있다. 유치진 은 『배우수업』을 "스타니슬라프스키 연기이론의 전모"(6쪽)라고 표현하여 스타니슬랍스키 시스 템의 이해에 대한 한계를 보여주고 있지만, 이해랑은 "스타니슬라프스키는 배우 예술의 본질을 행동의 개념에서 발견"(7쪽)했고 그것을 "신체적 행동"(7쪽)이라고 표현한다고 말하고 있다. 유 치진에 비하면 비교적 시스템의 전모에 접근하고 있다고 할 수 있겠다. 『성격구축』과 『역할창 조』가 번역되지 않은 상태에서 이 정도의 이해는 어쩔 수 없는 시대적 한계라고 본다.

지만 이후 안치운이 내면연기의 대안으로 「몸의 연기」(『한국 연극의 지형학』, 문학과지성사, 1998, 72-102쪽)를 발표하여 내면연기에 관한 자신의 문제제기를 갈음한다. 김방옥의 후속 연구인 「몸의 연기론 I」(『한국연극학』, 15(2000), 「몸의 연기론 II」(『한국연극학』 19(2002)), 그리고 「한국연극의 사실주의적 연기론 연구」(『한국연극학』 22(2004))는 안치운의 확장된 논의에 대한 김방옥의 답변인 셈이다. 다만 논의가 1996년에서 2004년까지 이어지면서 논점의 연결을 확인하기 힘들고, 자신들의 주장을 각각 저서와 논문에 발표한 이유로 여타의 다른 연극학자 일반의 주의를 모을 수 없었다. 학문적 담론 형성을 위한 적정한 양의 논의가 부족했던 것이다. 이후 내면연기에 관한 연구는 최근 서나영 등이 자신의 논문에서 피상적으로 언급한 수준에 머물고 있다.[10]

안치운과 김방옥에 의해 제기된 문제가 유용한 답변 없이 여전함에도 불구하고, 내면연기에 대한 대중적 이해는 오히려 논점 이외의 지점으로 편향이 심해지고 있다. 특히 김방옥이 안치운의 논의가 갖는 한계로 지적한 두 논점은 여전히 연구의 필요성과 정당성을 갖고 있다고 생각한다.

> (…) 이 부분의 언급은 왜 내면연기가 오늘 이 땅에서 척결되어야 하는지에 대한 충분한 설득력을 지니지 못한다. (…) 아울러 자신이 말하는 '근대'는 무엇이고 우리에게 '근대'는 무엇이며 우리 연극계의 '오늘'은 무엇인가.[11]

위의 질문들은 현재까지도 왜 내면연기가 한국 연극계만의 현상인지, 그리고 내면연기는 어떻게 가장 최고의 연기술로 간주되었는지에 등에 대한 질문과 함께 여전히 유효한 답변을 찾아볼 수 없다.

---

10) 서나영, 「배우의 이중 의식과 연기 훈련 ―스타니슬랍스키·브레히트·그로토프스키를 중심으로―」, 서울대 박사학위논문, 2019.

11) 김방옥, 「몸의 연기론 I」, 『한국연극학』, 15(2000), 16쪽.

따라서 본 장은 '내면연기의 근대성'과 '내면연기의 극복'으로 정리할 수 있는 두 논점을 내면연기의 "자리, 자리잡기, 자리이탈"[12]이라는 개념을 원용해 논구하려고 한다. 배역 창조의 공간이라고 할 수 있는 '내면'이 어떻게 근대성을 띠게 되었는지, 또 그것은 어떤 특징을 갖고 있는지 살펴보는 것은 한국적 '내면연기'의 특성을 알아보는 첩경이 될 것이다.

　또 한국 연극계라는 일종의 '장(場)'을 둘러싼 세력들의 '틈입과 유지 그리고 이탈'이라는 관점은 한국 근대사에서 내면연기가 어떻게 유래했고, 어떻게 주류로 성장했으며 또 오늘날 그들이 갖는 위기감은 어떤 형태로 나타났는지에 관한 논의를 이끌어낼 수 있을 것이라고 기대한다.

　마지막으로 내면연기의 형태를 살펴보면서, 이것이 일종의 연기술, 즉 하나의 '체계'인지, 아니면 어떤 순간의 '분위기, 현상, 상태'를 의미하는 것인지를 살펴보려고 한다. 내면연기가 주류로서 완전히 자리 잡은 1960년대 이후의 시대상과 함께 내면연기의 형성 과정을 살펴보려고 한다. 이를 통해 내면연기의 한국적 특성이 드러나기를 기대한다.

　이러한 논의는 먼저 내면연기 논쟁을 정리하는 것으로 시작하려고 한다. 너무 긴 시간 동안 산발적으로 흩어져 있는 내면연기에 관한 안치운, 김방옥의 주장을 정리하여 그들의 논점을 분명하게 밝힌 다음, 내면연기라는 일종의 한국적 현상을 중심에 두고 그것의 근대성, 유래와 형태 그리고 마지막으로 내면연기라는 용어가 보편화되면서 갖게 되는 특징을 '권력의 장'이라는 관점에서 고찰할 것이다.

　본 연구를 통해 연극계의 '권력의 장'을 둘러싼 세력들의 '자리 잡기'라는 새로운 시각에 의한 해석이 더해지기를 기대한다. 담론 형성을 위한 시론

---

12) Pierre Bourdieu (하태환 옮김), 『예술의 규칙』 (서울: 동문선, 1992), 20쪽.

성격을 가진 본 연구를 통해 내면연기에 관한 이해의 폭이 넓어지고 또 본격적인 후속 연구가 이어지기를 기대한다.

2. 내면연기 논쟁과 논점들

소위 '내면연기 논쟁'이 담론으로 연결되지 않은 것은 다음과 같은 세 가지 원인을 생각해볼 수 있다. 첫째, 당사자 간의 직접적인 논쟁을 꺼리는 우리나라 특유의 토론문화에 그 원인이 있다. 두 사람의 논쟁은 주로 저서와 신문기사 그리고 학술논문 등을 통해 표명되었고 그 시기도 즉각적인 것이 아니어서 논쟁의 상승효과가 없었다.

둘째, 논쟁의 두 당사자들은 초기에 상대의 논점을 정확하게 이해하지 못한 채 자신들의 이해에 기반을 둔 주장을 펼쳤다. 즉 안치운이 처음 내면연기의 근대성과 극복의 대안으로 '몸의 연기'에 관해 말했다면 김방옥은 내면연기의 현실적 불가피성과 유용성을 주로 이야기했다. 논점이 서로 맞지 않은 것이다. 이후 김방옥은 자신의 연구에서 내면연기의 근대성과 몸의 연기에 관해 논문을 쓰지만 이미 논점은 흘러간 상태였다.

마지막으로, 핵심 논점에 관한 주장이 너무 긴 기간 동안 이루어져 학계와 일반의 주의를 끌지 못했다. 즉 1996년의 최초의 논쟁은 그 다음해 신문기사를 통해 나타나지만, 내면연기에 관한 김방옥의 최종적인 의견은 2004년에 나타난다. 논쟁의 필요 요소인 즉답성이 충족되지 못한 것이다.

먼저 내면연기 논쟁의 과정을 살펴보자.

안치운이 밝히고 있는 내면연기 논쟁의 과정은 1998년 3월에 발행된 그의 저서『한국연극의 지형학』에 수록된「연극 비평, 사유할 권리」에 상술되어 있다.

김방옥의 그 글은 맨 처음 『한국 연극』, 1996년 7월호(통권 242호, pp. 59-67)에 실렸고, 편집 실수로 빠진 부분이 8월(39쪽)에 첨가되었고, 그 전체가 다시 『공연과 리뷰』, 1996년 가을호(통권 8호, 27-44쪽)에 반복해서 실렸다. 필자의 이 글은 그 글에 대한 반론으로 씌어졌다. 그리고 필자의 글에 대한 김방옥의 반론 「철학 없는 몸의 연극은 껍데기」(중앙일보, 1997년 2월 4일자)가 있었고, 이어 필자의 반론 「내면에 갇힌 배우와 연기」(중앙일보, 1997년 2월 14일자)가 있었다.[13]

위에서 말한, 김방옥의 '그 글'은 안치운의 「내면연기란 무엇인가」에 대한 김방옥의 「몸의 연극, 배우의 연극, 껍데기의 연극」이란 글이다. 이 글에서 김방옥은 안치운의 글에 "다소 회의와 실망을 느끼지 않을 수 없었"[14]고 내면연기에 관한 안치운의 부정적 평가에 대해 "그의 독단과 경멸은 관념의 횡포이며 편협한 지적 우월감"[15]이라고 폄하했다. 안치운이 내면연기를 "연기를 하지 않으면서도 연기를 하고 있다고 믿는"[16] 것이며 따라서 그것은 "반쪽짜리"[17] 그리고 "불구의, 불완전한 연기"[18]라고 평가절하하며 부정적 입장을 밝힌 것에 반해 김방옥은 내면연기를 "일종의 지향점"[19]이며 한국

---

13) 안치운, 『한국연극의 지형학』 (서울: 문학과 지성사, 1998), 36쪽. 김방옥이 기억하고 있는 '그 논란'에 대한 기억은 다음과 같다: "(…) 근래 우리나라에도 비슷한 개념들이 오고간 연기상의 논란이 있었다. 그것은 안치운이 썼던 "내면연기란 무엇인가"라는 글에 대해서 김방옥이 "몸의 연기, 배우의 연극, 껍데기의 연극"이란 글을 통해 문제점을 지적하고 이에 대해 안치운이 다시 "연극비평, 사유할 권리"라는 반박문을 쓴 일이다.", 김방옥, 「몸의 연기론 I」, 『한국연극학』 15(2000), 13쪽.

14) 김방옥, 「몸의 연극, 배우의 연극, 껍데기의 연극」, 『한국연극』 7(1996), 65쪽.

15) 같은 곳.

16) 안치운, 『연극제도와 연극읽기』, 170쪽.

17) 위의 책, 180쪽.

18) 같은 곳.

19) 김방옥, 「몸의 연극, 배우의 연극, 껍데기의 연극」, 앞의 책, 66쪽.

연극에 "필요할 수밖에 없"[20]는 것이라는 긍정적 입장으로 그 가치를 인정하고 있는 것이다.[21] 내면연기를 일소해야할 부정적인 것으로 간주한 안치운에 반해 김방옥은 일종의 지향점 역할을 한 긍정적인 것으로 본 것이다.

내면연기의 가치 또는 유용성에 관한 논점은 내면연기의 대안에 관한 '몸의 연기론'으로 확장된다. 안치운이 "내면연기는 매우 추상적인 요구에 가깝다. 그리고 배우들의 외형적 표현을 무시하는 연기의 악론(惡論)이며 동시에 한국 연극의 최대의 암적인 존재"[22]이기에 그것의 일소와 '몸의 연기'에 의한 극복을 주장한 반면, 김방옥은 일단 내면연기를 외면 연기 또는 신체적 연기와 상반된 스타일의 연기이기는 하나 상호보완적인 것으로 간주했다.

> 내면연기와 외면 연기는 배우의 역으로의 대체 과정에서 심리적 방법이 중시되느냐, 신체적 방법이 중시되느냐의 차이는 있을지 모르나 기본적으로는 상호보완적인 것이라고 본다.[23]

안치운의 내면연기의 일소와 '몸의 연극'의 대안 제시는 김방옥에게 두

---

20) 같은 곳.

21) 이러한 극단적인 입장의 차이는 어디에서 기인하는 것일까? 두 사람이 논쟁하는 대상인 내면연기는 한국 연극계에서만 이해할 수 있는, 일종의 기형적인 사실주의 연기라고 할 수 있다. 80년대 후반에 시작해서 90년대에 연극평론가로 필명을 날리기 시작한 두 사람은 공교롭게도 연극 공부의 시작과 연극계의 입문 과정에 '미묘한 차이'를 갖고 있다. 김방옥이 이화여대 국문학과에서 국문학을 배경으로 한국 전통연희에 대한 연구로 시작해 연극평론가로 자신의 입지를 구축한 반면, 안치운은 중앙대 연극학과에서 공연학과 연극 교육에 관한 연구를 거쳐 연극평론가로 연극계에 입문한다. 또 김방옥이 미국에서 석사과정 이후에 연구를 계속한 반면, 안치운은 프랑스에서 박사학위를 마쳤다. 이러한 성장과정의 미묘한 차이는 두 사람이 경험한 당시대의 연극과 연기에 관해 인문학과 연극학 또는 공연학이라는 상반된 입장을 취하게 했을 것이란 추측을 가능하게 한다.

22) 안치운, 『연극제도와 연극읽기』, 202쪽.

23) 김방옥, 「몸의 연극, 배우의 연극, 껍데기의 연극」, 앞의 책, 66쪽.

스타일이 상호보완적이기 때문에 "어떤 스타일의 역창조에서건 내면연기는 필요"[24]하다는 입장을 견지하고 있는 것이다.

안치운은 "연기란 무엇보다도 배우가 만들어 관객에게 전하는 일종의 언어"[25]이며 따라서 "배우의 연기는 그의 몸으로 행하는 글쓰기"[26]라고 정의한다. 그는 또 연극에서의 몸을 설명하면서 "연극의 몸이란 연극을 이루는 핵심을 뜻하고, 몸의 연극이란 연극을 실천하는 배우의 몸에 비중을 두는 연극"[27]이라고 부연한다. 그는 "내면연기란 몸의 연기에 상반된다"[28]고 말하지만 "몸 연기론은 결코 신체적 연기론과 같지 않으며 그렇게 간단하게 말할 수 있는 성질의 것도 아니다"[29]라고 강조한다.

두 사람 사이의 이견은 내면연기의 근대성에 관해서도 첨예하게 대립한다. 김방옥이 안치운의 연기론은 "해체주의적 관점을 취하고 있"[30]고 따라서 "탈근대주의, 후기구조주의의 경향을 띠고 있는 그는 '내면'을 청산해야 할 근대의 산물"[31]로 보고 있다고 단정한다. 이에 대해 안치운은 자신은 "탈근대주의, 후기 구조주의, 포스트모더니즘에 대하여 글을 쓴 적이 없"[32]으며 자신이 내면연기를 통해 주장하고자 한 것은 "내면연기와 몸을 통하여 연기의 처방과 즉효가 아니라 한국 연극에서 근대라는 공간, 근대라는 영역을 문제 삼으려 했던 것"[33]이라고 말한다. 안치운은 김방옥의 반론은 자신

---

24) 같은 곳.
25) 안치운, 『연극제도와 연극읽기』, 197쪽.
26) 같은 곳.
27) 안치운, 『한국연극의 지형학』, 88쪽.
28) 위의 책, 200쪽.
29) 안치운, 『한국연극의 지형학』, 39쪽.
30) 김방옥, 「몸의 연기론 II」, 『한국연극학』, 19(2002), 296쪽.
31) 김방옥, 「몸의 연극, 배우의 연극, 껍데기의 연극」, 앞의 책, 67쪽.
32) 안치운, 『한국연극의 지형학』, 56쪽.

의 글을 "책 전부가 아니라 한 부분만을 보고 겉잡아서 쓴,"[34] 겨우 한 군데만 인용한 "우곡의 글"[35]이라고 강하게 불만을 드러내었다.

이처럼 내면연기 논쟁은 좁게는 1996년에서 1998년까지의 안치운과 김방옥 두 당사자 간의 직접적인 반복, 교차된 주장까지로, 그리고 넓게는 1994년부터 시작되어 2004년까지 이어졌다고 볼 수 있다. 물론 좁게 설정한 기간 동안에는 두 사람의 논쟁이 분명하지만, 넓게 설정한 기간 동안의 논쟁은 상당한 기간이 지난 상태에서 즉답 형태로 나타나지 않았기 때문에 강한 파괴력을 갖지 못했다.

그러나 내면연기에 관한 두 사람의 논쟁에도 불구하고 내면연기가 배역 창조 과정과 관련하여 정확하게 어떤 형태의 연기를 말하는지, 그리고 그것은 사실주의 연극과 스타니슬랍스키 연기술, 그리고 심리적 연기술과는 어떻게 구별되는지에 관해서는 명확한 언급을 찾아볼 수 없다. 또 한국 연극의 근대라는 시 · 공간에서 내면연기라는 일종의 특수한 연기 형태가 어떻게 생성되어 연기술의 주류를 이루었는지에 관한 설명도 부족하다. 이러한 질문에 대한 답변을 위해서는 내면연기를 "그 나름의 지표로 설정했던"[36] 상황과 사람들에 대한 새로운 접근이 필요하다고 본다.

3. 자리/내면: 배역 창조의 근대적 공간

한국에서 근대의 시 · 공간을 어느 범위까지 설정하느냐의 문제는 매우

---

33) 위의 책, 51쪽. 강조는 필자의 것.
34) 위의 책, 47쪽.
35) 위의 책, 37쪽.
36) 김방옥, 「몸의 연극, 배우의 연극, 껍데기의 연극」, 앞의 책, 66쪽.

다양한 의견이 존재한다. 한국에서의 근대의 시점은 화폐경제의 발달로 개인의 자각이 조금씩 일기 시작하는 18세기 또는 1894년부터 1896년까지 추진되었던 갑오경장 그리고 마지막으로 3 · 1운동 직후부터 '근대'로 칭하자는 의견들이 있다.[37] 그러나 한국 역사에서 언제까지를 근대라고 볼 수 있느냐의 문제는 쉽게 단정할 수 있는 것은 아니다. 다만 '근대'의 여러 속성 중 내면에의 경사와 그것이 유지되던 시기를 근대의 시 · 공간으로 설정한다면 큰 오류를 범하는 것은 아닐 것이다.

서양의 경우 '근대'라는 시 · 공간은 르네상스 시대와 현대를 잇는 지점이다. 주로 17, 8세기를 중심으로 근대적, 과학적 발견에 의한 성과와 대륙의 합리론, 영국의 경험론을 바탕으로 한 계몽주의적 이성 중심시대라고 말할 수 있다.[38] 그러나 이러한 이성 중심주의의 뿌리는 르네상스를 넘어 그리스 · 로마 문명에까지 거스를 수 있다. 이는 르네상스의 그리스 · 로마 문명에의 회귀성과도 밀접한 관계가 있고 또 로마 이후 국교로 인정된 초기 기독교 영지주의의 보편화된 영향과도 관계가 있다. 즉 형이상학적 이성에 철학의 중점을 두던 그리스 철학과 육체를 악한 것으로, 영혼을 선한 것으로 생각한 초기 기독교의 세계관이 보편화된 현상인 것이다.

> (…) 그노시스파와 마니교의 핵심 개념은 육체와 영혼, 물질과 정신을 정확하게 구분한다. 이들 종교에 따르면 선신은 정신과 영혼을, 악신은 물질과 육체를 창조했고, 인간은 선한 영혼과 악한 육체의 전쟁터 역할을 한다.[39]

---

37) 유민영, 『우리시대 연극운동사』 (서울: 단국대학교 출판부, 1990), 8쪽 이하 참조.
38) 이광래, 『미술철학사 3: 해체와 종말: 포스트모더니즘에서 파타피지컬리즘까지』 (서울: 미메시스, 2016), 621쪽 참조.
39) Yuval Noah Harari (조현욱 옮김), 『사피엔스』 (서울: 김영사, 2015), 316쪽.

서양의 이분법적 세계관은 정신과 신체, 이성과 감정을 나누었고 이 중 전자를 선하고 귀한 것으로, 후자를 악하고 천한 것으로 여겼다. 눈으로 쉽게 확인할 수 있는 신체와 감정보다는 육체 어딘가에 깊게 숨어 있는 정신과 이성을 보다 귀하고 선하게 여겼던 것이다. 당연히 악보다는 선을 택해야 한다는 당위적 결론으로 정신과 이성은 육체와 감정보다 우위에 서는 위계적 질서를 만들어냈다.

> 마니교의 근본 원리는 세상이 선과 악의 전쟁터라고 이야기했다. 악의 힘이 물질을 만들었고, 선의 힘이 정신을 창조했으며, 인간은 두 가지 힘 사이에 붙잡혀 있으니 악을 넘어 선을 선택해야 한다고 했다.[40]

르네상스의 또 다른 특징은 '개인'과 '내면'의 발견에 있다. 중세적 인식과 근대적 인식을 구별 짓는 기준점으로서 '개인' 또는 '내면'은 세계를 자아 중심으로 정리하는 '주체'로 성장한다.

> 중세에는 의식(意識)의 두 측면—곧 세상을 향한 것과 인간 자신의 내면을 향한 것—이 하나의 공통된 베일 아래 감싸여서 꿈꾸거나 아니면 절반쯤 깨어 있었다. 그 베일은 신앙심, 어린아이 같은 선입견, 망상 등으로 짜여진 것이었다. (…) 바로 이탈리아에서 맨 먼저 이 베일이 공중으로 날아갔다. 국가와 이 세상의 모든 사물들에 대한 '객관적' 관찰과 취급법이 드디어 깨어났다. 바로 그 옆에서 '주관성'도 완전한 힘으로 몸을 일으켰다. 인간은 정신적인 '개인(Individuum)'이 되고 스스로 그 사실을 깨닫게 되었다.[41]

---

40) 위의 책, 362쪽.

41) Jacob C. Burckhardt (안인희 옮김), 『이탈리아 르네상스의 문화』, 개정판 (서울: 푸른숲, 2002), 177-178쪽.

역사의식이 없던 서양 중세인들에 비해 르네상스인들은 자신의 내면을 사색하기 시작했고 필연적으로 눈에 보이지 않는 '내면'의 가치에 집중하기 시작했다.

이처럼 외면보다 내면을 더 중시하는 경향은 동서를 막론하고 유사하게 나타난다. 고대 그리스의 플라톤이 현실을 이데아의 밑에 놓은 것과 무관보다 문관을 우대했던 동양 여러 제국들의 전통은 신체보다는 정신, 더 나아가 육체적 힘보다는 정신적 가치를 우선시했던 경향을 드러낸 예라고 하겠다. 그리고 이것은 눈으로 확인할 수 있는 외면적인 것보다는 눈에 보이지 않는, 감각으로 확인할 수 없는, 눈에 보이지 않는 '내면'과 '내면적인 것'을 더 중요하게 생각하는 전통과 경향을 낳았을 것이라는 가정을 가능하게 한다.

> 감각적 사고와 이성의 분리는 육체가 영혼의 감옥이며 영혼의 정화는 이성을 통해 가능하다는 발상은 먼저 오르페우스와 피타고라스 그리고 결국 플라톤에게까지 이어져 서구 이분법적 철학의 근간을 이루게 된다.[42]

근대에서는 필연적으로 이성이라는 확실한 진실과 진리의 담보자에 기대어 긍정적이고 낙관적인 역사관을 가지게 되었고, 이는 예술에도 그대로 적용된다. 소크라테스는 "(…) 조각가는 외적 형식을 통해 영혼의 움직임을 표현해야"[43] 한다고 말해 예술의 외적 형식은 도구이고 궁극의 목적은 영혼의 움직임을 표현해야 하는 것이라고 단언한다. 이를 통해 "영혼은 지배하고 다스리고, 육체는 복종하고 섬길 것을 자연이 명한다"[44]는 위계적 질서가 성립하는 것이다.

---

42) 박홍순, 『사유와 매혹 1: 서양 철학과 미술의 역사』 (서울: 서해문집, 2011), 232쪽 이하 참조.
43) 위의 책, 360쪽.
44) 위의 책, 386쪽.

이러한 근대성이 연극에서 최대로 구현된 것이 바로 사실주의 연극이다. 사실주의 연극은 무대 위에 '삶의 단편(slice of life)'을 재현하는 것을 최고의 목표로 삼았다. 그러나 이것은 삶의 외양만을 기계적으로 모방하는 것이 아니라 그 외양 안에 숨어 있는 '진실 또는 진리'를 표현하는 것을 의미했다. 아래와 같은 '진정한 예술'에 대한 표현에는 근대성을 기반으로 한 사실주의 연극이 어떻게 전통과 맥락을 맺고 있는지 드러낸다.

> 모방을 통해 가장 중요한 영혼의 움직임을 표현해야 진정한 예술일 수 있다. 영혼을 표현할 수 있는 가능성은 눈에서 온다. 눈이 영혼의 창이라는 오래된 믿음이 나타난다.[45]

연기의 측면에서도 형이상학에 대한 경도(傾倒)는 눈으로 확인할 수 있는 신체적 징후나 표현보다 눈으로 확인할 수 없는 내적 변화와 심리적 흐름의 표현에 더 높은 가치를 두었다. 배우는 고전주의나 낭만주의 연극에서와는 달리 현실의 정확한 모방을 통해 내적 진실의 드러내는 것을 자기 연기의 목표로 삼을 수밖에 없었다. 그것은 또 외적인 것은 가식적인 것, 꾸밀 수 있는 것으로 치부하고 진실은 오로지 인간 내부 어딘가에 있는 것이라는 암묵적 약속에 근거하고 있을 것이다.

내면연기가 가칭 외면 연기에 비해 중요시되고 지향점이 되는 것은 예술을 통해 충족하기를 원하는 두 가지 욕망, 즉 아름다움과 즐거움에 대한 욕망이 충족되기 때문이다. 왜냐하면 첫째, 근대적 사고에서 예술은 모방이기 때문에 모방의 즐거움은 "극히 정확하게 그려 놓았을 때"[46]에야 충족되기

---

45) 위의 책, 360쪽.
46) 위의 책, 458쪽.

때문이다. 즉 모방은 사실성을 충족했을 때 즐거움을 줄 수 있다. 둘째, 예술적 모방은 단지 "외면적 형태만을 모방한다면 보편적 지식으로 나아가기 어렵다"[47]는 전제에서 당연하게 내면적 형태를 모방해야 보편적 지식으로 나아갈 수 있다는 결론을 추론할 수 있다. 즉 모방이 주는 즐거움 중 아름다움이 주는 즐거움과 별도로 모방을 통해 배운다는 지식의 충족은 개별적 지식이 아닌 보편적 지식을 통해 가능하기 때문에 외면적 모방보다는 내면적 모방이 보편적 지식으로 이끈다는 것이다. 우리가 무의식적으로 또는 의식적으로 내면연기를 연기의 정점으로 보거나 단순한 외적 모방에 그친 연기보다 우월하다고 생각하거나 느끼는 것은 바로 이러한 점에서 연유한다.

특히 연극에서 모방이 내면적이고 보편적인 지향점을 가져야 하는 것은, 연극이 바로 행동의 모방이고 이 행동의 모방에서 가장 중요한 것이 개별성과 보편성을 매개하는 플롯의 개연성과 필연성이기 때문이다.[48]

배역 창조의 과정으로 보면, 배역을 무대 위에 살아 있는 인물로 표현하기 위해 배우는 사라져야 했다. 즉 배우의 목표는 배역을 최대한 사실처럼 모방해야 했다. 즉 배역은 배우에게 모방해야 할 원본이 된다. 더구나 외면적인 유사성이 아니라 내적인 진실이 목적이 되면 배우의 목표는 배역을 내면으로 삼아 배우 자신과 극중 인물을 일치하려는 노력을 기울여야 한다. 이성과 내면에 대한 신뢰가 유지되는 근대에서 이러한 연기술은 당연한 것으로 여겨졌다.

내면에 대한 강조와 내면연기가 갖고 있는 근대성을 여기에서 찾아볼 수 있다. 그러나 현대에 이르면 저자의 죽음을 거쳐 주체가 부정되고 배역

---

47) 위의 책, 460쪽.
48) 박홍순, 위의 책, 458-461쪽 참조.

마저도 하나의 시뮬라크르로 간주된다. 배역 창조를 하는 작업에서 보면 출발점과 지향점이 방향성만 있을 뿐 모두 모호한 것이 되고 만다. 결국 현대 연극에서 배우의 연기는 무대 위에서 관객과 마주하는 바로 그 순간의 생성적 존재가 펼치는 행위가 된다.[49]

내면연기가 근대적 연기술이라는 또 다른 근거는 모방충동과 추상충동의 논의에서 발견할 수 있다. 모방충동은 유사성에 기반한 자연스러운 감정의 발현이다. 사실주의 예술로 완결되는 근대 예술의 '정확한 모방'은 정확한 모사를 통해 내면의 진실에 도달할 수 있다는 확신의 결과이다. 그러나 보링어(W. Worringer)는 모방충동, 즉 "인간의 원시적 욕구는 본래의 미학 밖"에 서있으며 "그와 같은 욕구의 충족은 원칙적으로는 예술과 아무런 관계가 없다"[50]고 단언한다.

이러한 근대 예술 미학은 연기에 있어서 '내면의 연기'로 나타난다. 즉 모방자로서의 배우는 모방해야 할 대상/목표인 등장인물/배역을 자신이 일치시켜야 하는 내면으로 설정해야 하는 것이다. 사실주의 연기에서 나타나는 배우의 내면의 분열은 배우의 자의식과 모방의 대상인 등장인물의 분열이다. 본 장에서 언급하는 내면연기, 내면의 연기, 사실주의 연기 모두가 근대성을 벗어나지 못하는 것은 바로 이러한 특성에 기인한다.

반면 한국 전통 연희에서 '내면'에 관한 고민은 찾아볼 수 없다. 전통 연

---

49) 이에 관한 논문은 김대현, 「배역 창조와 '-되기' 그리고 '자감'」, 『연극교육연구』, 제14집(2008)을 참조하라.

50) W. Worringer (권원순 옮김), 『추상과 감정이입』 (대구: 계명대학교 출판부, 1982), 22쪽. 이러한 모방충동의 반대에 서있는 것이 추상충동이다. 추상충동은 "외부적 현상으로 인해 야기되는 인간의 커다란 내적 불안에서 비롯되는 것"이며 "이 추상적 합법칙적 형식은 이것에 의해서 인간이 세계상의 무한한 혼돈 상태에 직면해서 평정을 얻을 수 있는 유일한 최고의 형식"이라고 부언한다. W. Worringer, 앞의 책, 27쪽 그리고 31쪽.

희 자체가 고도의 신체적 수련을 통한 것이었고, 내면과 신체를 나누는 이분법적 사고는 애초에 없었다. 그나마 판소리의 경우 "이면을 잘 그려야 한다"[51]는 정도의 표현은 있지만, 이 이면은 서양적 의미의 이분법적 사고에서 나온, 신체/외양과 상반되는 의미를 갖는 것은 아니다.

한국 전통 연희에서 배우와 배역 간의 거리는 거의 없었다. 이는 서양 연극에서처럼 배우와 배역을 일치시키려는 노력이 성과를 내었기 때문이 아니라, 연희를 놀이로 생각하는 사람들에게 배우나 배역을 이분법적 존재로 보고 그 둘을 일치시켜야 한다는 생각이 아예 없었기 때문이다.[52]

한국 전통 연희의 장(場)에 급격한 변화는 '근대화'와 함께 시작되었다. 특히 한국의 근대화는 '일본을 통한 우회'라는 특징과 '서구화'라는 특징을 갖는다. 한국의 전통 연희는 협률사와 원각사라는 서구식 극장의 설립과 임성구에 의한 신파의 도입으로 그 '자리'를 내어주고 '구파'라는 이름으로 후퇴한다.

한국 전통 연희에서 관객을 상대로 일종의 화극을 연행하는 형태가 없는 것은 아니다. 고려시대의 '조희'와 '소학지희' 그리고 조선시대의 판소리에서 '아니리' 등은 광대가 재담으로 관객을 즐겁게 만드는 연희의 형태를 띠고 있다.[53] 그러나 관객을 앞두고 배역으로 분장해 '마치 실제처럼' 공연하는 형태

---

51) 이면에 관한 정확한 뜻풀이는 다음을 참조하라. "이면(裏面): 판소리에서 어느 대목의 사설 내용이나 철학적 바탕을 말한다. 따라서 「이면을 잘 그렸다」라는 말은 어느 대목의 내용이나 철학적 바탕을 판소리 음악으로 잘 표현했다는 뜻이다. 다시 말하면 내용적 측면과 감각적 측면이 잘 조화되었다는 말이다. 이면은 창자에 따라 달리 해석될 수 있으며, 유파에 따라 서로 다른 음악 어법으로 표현될 수도 있다. 따라서 고정된 이면이 있는 것은 아니다." 김병국 외, 『판소리의 바탕과 아름다움』, 중판 (서울: 인동, 1990), 402쪽.

52) 배우와 배역 간의 이탈에 관한 예는 다음과 같은 것이 있다. "배우가 있어 나무 탈을 쓰고 이른 봄 처와 더불어 한강에서 놀이를 보여주고 있었는데 돌연 얼음이 갈라져 그 처가 물속으로 가라앉았으나 배우는 갑자기 탈을 벗을 수 없어 귀면을 쓴 채 그대로 얼음 위에 주저앉아 통곡을 하였는데 관객들은 실소를 금치 못하였다", 이두현, 『한국연극사』, 신수판 (서울: 학연사, 1999), 133쪽. 이 경우에서 배우와 귀면탈을 서양 연극에서의 연기자와 배역으로 볼 수는 없다.

는 신파가 처음이었다. 여기에서 배우가 극중 인물로 그럴듯하게 보여야 하
는 필요가 생긴다. 배우와 배역이 이분법적으로 대립하고, 외적으로 보이는
배우보다는 형상화를 통해 드러나는 배역(내면)이 더 중요하게 된 것이다.

그러나 신파의 "감상적이며 오버액트한 표현"[54]은 해외(일본)유학파 지식
인들에게 환영받지 못했고 결국 동경유학생들이 중심이 되어 만든 '신극'에게
다시 그 '자리'를 내어준다. 신극의 출발은 "다분히 비속화된 서양근대극"[55]이
었지만 1924년 일본의 축지 소극장이 개관한 후에는 그 영향으로 "사실적인
무대 장치와 자연스러운 대사와 스토리"[56]로 신파와 뚜렷한 구별을 지었다.

소위 '신극주의자'들이 소개한 신극의 레파토리는 대부분 서양 근대 단
막극들이었고, 그 스타일은 사실주의 계열의 작품들이었다. 서양의 경우 19
세기 말에 출현해 20세기 초에 그 막을 내린 사실주의 스타일은 한국에 전
파된 이후에 유래 없는 강한 영향력을 행사한다.

한국 사회의 근대화가 서구화로 진행되면서 공연계 역시 전통 연희보다
는 서양 연극을 수입, 전파하는 사람들이 주도적 역할을 했다. 애초에 일본
유학생이라는 사회지도층에 속한 신분이 전통 연희 담당자들의 사회적 신
분과 비교할 수 없는 우월적 지위를 가지게 하였고, 이는 계속해서 공연을
포함한 연극 제작, 홍보, 계몽 활동 등에서도 사회 전반의 우호적 지지를 받
는 요소로 작용했다. 전통 연희를 대표하는 구극과 신파 계열의 총합인 동
양 극장은 토월회나 극예술 연구회를 중심으로 활동하는 사람들과 동등한
사회적 지위를 가지지 못했다.

---

53) 이두현, 앞의 책, 91쪽, 117쪽, 그리고 139쪽 이하 참조.
54) 유민영, 앞의 책, 27쪽.
55) 이두현, 앞의 책, 320쪽.
56) 위의 책, 320쪽.

창립멤버 중 핵심이라 할 서항석은 양대 민족지의 하나인 〈동아일보〉에 있었고 이헌구는 〈조선일보〉에 재직하고 있었기 때문이다.[57]

특히 일제강점기 상황에서 계몽을 명분으로 삼은 이들의 활동[58]은 은연중 독립운동이라는 민족적 자존심까지 충족했기 때문에 유치진, 서항석, 홍해성 등의 신극주의자들은 손쉽게 한국 연극계의 헤게모니를 쥘 수 있었다.

지식인으로서 이들의 활동은 해방 이후 군정 시대에 반공을 기치로 친미주의자로 변신해 손쉽게 국립극단의 결성 및 신협의 전폭적인 국가적 지원을 얻어낼 수 있었다. 또 이승만의 자유당 정권 및 박정희의 유신 독재 정권 하에서도 이들의 지위는 변함없이 유지되었다. 사회 전반에 유포된 서양 연극에의 경사는 더욱 심화되었고 연극은 곧 서양 연극이라는 변형된 사대적 인식과 태도가 더욱 공고하게 나타났다.

이 시기에 상업극단 중 악극단과 창극단이 차츰 성하여 신파적인 눈물로 민중의 기호에 영합하게 되고, 진정한 연극, 즉 신극은 일반에게서 멀어져 가고 있었다.[59]

한국 전통 연희의 본격적인 연구자라 할 수 있는 이두현마저 신극만이 진정한 연극이라는 고루한 생각에서 벗어나지 못하고 있었기에 연극계는 신극(사실주의) 계열의 작가나 연출가 중심의 연극으로 퇴보할 수밖에 없었다.

작가와 연출가 중심의 연극은 필연적으로 배우 중심의 연극에 비해 연

---

57) 유민영, 앞의 책, 156쪽.
58) 안치운은 신극주의자들의 이러한 연극을 우민(愚民)인 관객을 가르치려는 훈민(訓民) 연극으로 지칭한다. 안치운, 「신극과 서구연극 수용을 통한 한국근대연극의 기원에 관한 문제제기」, 『한국연극학』 73(2020). 45쪽 이하 참조.
59) 이두현, 앞의 책, 333쪽.

기보다는 작품의 주제를 포함한 의미에 중점을 둘 수밖에 없다. 특히 신극 이래 사실주의 연극에 탐닉한 신극주의자들이 연극계의 중심에 포진하고 있는 한국 연극의 현실에서는 서구에서 실험된 반사실주의 연극이나 후속하는 새로운 실험들을 쉽게 받아들이지 못했다. 이러한 상황은 1980년대 후반까지 지속되었던 군사 정권의 영향이 미친, 변화를 쉽게 받아들이지 못하는 경직된 사회 분위기와도 깊은 연관이 있다고 하겠다.

결국 서양과 달리 한국에서의 근대의 시·공간은 19세기 초에 시작해서 1980년대 후반을 넘어 1990년대까지 그 범위가 넓어질 수밖에 없는 것이다.

서양 연극에서 근대성의 이러한 특징들은 20세기로 들어서면서 대부분 부정[60]되고 모방에 대한 회의, 자아에 대한 부정 그리고 연기 자체에 대한 근원적 검토에 의해 새로운 연극관과 연기로 대체된다. 근대적 연기술의 목표가 배우와 배역의 일치를 통한 내면(진실)의 드러냄에 있다면 현대 연기술의 목표는 "사본들을 뒤흔들어 시뮬라크르로 만드는"[61] 것으로 바뀐다. 모방해야 할 원본으로써의 배역/내면의 존재 자체가 부정되는 것이다.

> 살아 있으면서 변화하지 않는다고 주장하는 모든 것들은 위험한 거짓말을 하고 있는 것이므로, 극중 인물 같은 건 없다는 것을 받아들이는 것이 현명하다. 살아 있는 것이 고정되었다는 것은 판자에 핀으로 고정된 나비가 날 수 있다고 하는 것만큼이나 어처구니없는 말이다.[62]

결국 내면의 존재와 내면과의 일치 또는 내면/진실의 드러냄을 강조하

---

60) 사실주의 연극에 대한 부정은 1차적으로 반사실주의 계열의 연극 운동에 의해 나타나지만 보다 근원적인 부정은 1960년대 퍼포먼스 중심의 공연을 시발로 드라마 자체를 부인하는 소위 '포스트드라마'에 이르러 다양한 변형으로 나타난다.

61) 박정자, 『마그리트와 시뮬라크르』 (서울: 기파랑, 2011), 191쪽.

62) Declan Donnellan (허순자·지민주 옮김), 『배우와 목표점』 (서울: 연극과 인간, 2012), 128쪽.

는 것은 근대적 특성을 드러내는 일에 다름 아니게 된다. 안치운이 내면연기를 부정되어야 할 근대성의 결과로 단정하는 것은 서양 연극의 이러한 흐름에 근거하고 있다.

4. 자리 잡기: 내면연기의 형태와 주류화

스타니슬랍스키의 『성격구축』이 번역되어 출판된 80년대 중반까지 한국 연극계에 연기에 관한 이론은 주로 스타니슬랍스키의 배우 훈련과 관련된 심리적 연기방법론이 전부였다. 구찌다테 식의 신파 연기의 어색하고 과장된, 부자연스러운 연기를 밀어내고 주류를 차지한 소위 '신극주의자들'은 배우와 배역의 일치를 주장하는 심리적 연기방법론을 사실주의적, 리얼리즘에 입각한 내면연기로 믿었다.

이런 현실에서 안치운과 김방옥이 말한 '내면연기'는 무엇일까? 오늘날의 관점에서 보면 사실주의 연기술과 내면연기는 뚜렷하게 구별되는 차별성을 갖고 있다. 또 스타니슬랍스키의 수용과 이해가 서양과 다른 한국 연극계의 상황에서 스타니슬랍스키 연기술과 메소드 연기 그리고 내면연기는 유사성은 있으나 구별점 역시 뚜렷하다고 보는 것이 상식적일 것이다. 안치운은 내면연기를 "배우가 자신이 해야 할 연기와 자신의 내면적 자아가 일치하고 있다는 믿음에서 나온다"[63]고 정의한다. 이러한 형태의 연기 스타일은 메소드 연기의 특징이지만 김방옥은 "그가 스트라스버그식의 연기를 의미하는 것 같지는 않다"[64]라고 말하여 둘 사이의 관련성을 부인한다. 어쩌면 내면연기는 스타니슬랍스키 시스템처럼 작품 전체를 아우를 수 있는 연

---

63) 안치운, 「내면연기란 무엇인가?」, 앞의 책, 177쪽.
64) 김방옥, 「몸의 연기론 I」, 앞의 책, 15쪽.

기방법론과 스타일이 아니라 '어떤 특정한 순간의 연기 형태'를 의미하는 것은 아닌지 점검할 필요가 있다.

안치운은 내면연기를 다음과 같이 묘사한다.

> 결국 연극도 없고 배우도 없고 관객도 없다. 여기서 연극과 배우가 분리되고, 배우는 외면과 내면으로 이분된다. 분리된, 그러니까 반쪽짜리 내면으로부터 온 것이 내면연기일 것이다. 이처럼 불구의, 불완전한 연기가 내면연기일 것이다.[65]

그러나 위의 묘사로는 정확하게 어떤 연기가 내면연기인지를 떠올리기 쉽지 않다. 물론 당대 상황에서, 작가와 배우, 비평가와 관객들 모두 공통적으로 떠올릴 수 있는 어떤 연기가 있을 수 있다. 김방옥은 그것을 당대의 사실주의 스타일의 연기로 이해했고, 그 연장선에서 내면연기의 필요성을 언급했던 것이다.

그런데 내면연기가 사실주의 연기 스타일의 연기술인지에 관해서는 좀 더 자세한 논의가 필요하다. 특히 한국에서의 사실주의 연기술은 서구의 그것과는 달리 일종의 특수한 상황 속에서의 연기술로 이해해야 하기 때문이다.

한국적 사실주의 연기를 이해하기 위해서는 신극 시대로부터 1990년대 중반까지 한국 연극의 주류로 위세를 떨쳤던 사실주의, 즉 소위 '신극'에 대한 이해가 필요하다. 나상만은 자신의 저서 『스타니슬랍스키, 어떻게 볼 것인가?』에서 스타니슬랍스키의 한국적 수용을 주도적 인물에 따라 다음의 5단계로 구분했다.[66]

---

65) 안치운, 「내면연기란 무엇인가」, 앞의 책, 180쪽.
66) 나상만, 『스타니슬랍스키, 어떻게 볼 것인가?』 (서울: 예니, 1996), 96쪽 이하 참조.

1세대: 신파극에서부터 시작한 윤백남, 이기세

2세대: 현철

3세대: 홍해성과 김우진

4세대: 유치진과 서항석

5세대: 안영일, 이서향

김방옥은 나상만의 구분을 수용하면서 다만 5세대의 인물에 이해랑, 김동원, 이원경, 이진순, 허집, 주영섭, 이광래 등을 첨가한다.[67] 위 구분에서 신파 시대라고 볼 수 있는 1세대와 2세대의 연기는 "대본 없이 하는 구찌다데(口建)식"[68]을 모방한 것이었고, 배우들도 대부분 연기 훈련이라고는 받아본 적이 없는, "무대라고는 처음 밟아보는 신출내기들"[69]이었다. 당연히 그들의 연기는 "감상적이고 오버액트한 표현"[70]으로 점철된 것이었다.

3세대와 4세대는 일본 신극에 스타니슬랍스키를 소개하고 전파한 오사나이 가오루의 영향으로 스타니슬랍스키를 간접 체험한 세대이다. 그러나 이들이 체험한 스타니슬랍스키는 정확한 이론과 무대실천을 모두 포함하는 것은 아니었다. 스타니슬랍스키를 일본에 전파한 오사나이 가오루마저도 스타니슬랍스키를 경험한 것은 1912년 12월부터 이후 8개월간에 걸친 유럽여행 중 "모스크바 예술극장에서 연극을 보는 과정에 스타니스랍스키의 실천적 방법을 그의 경험적인 이해를 통해 터득했던 것"[71]이었기 때문이다. 더구나 스타니슬랍스키 자신도 이 시기에는 자신의 연기 시스템을 완전하

---

67) 김방옥, 「한국연극의 사실주의적 연기론」, 앞의 책, 171쪽 참조.

68) 유민영, 앞의 책, 30쪽.

69) 위의 책, 73쪽.

70) 위의 책, 27쪽.

71) 나상만, 앞의 책, 61쪽 이하 참조.

게 구축한 시기는 아니었다.[72] 다만 3세대는 한국 연극에 "신극 수립이나 서양의 리얼리즘 연극의 수용"[73]에 큰 공헌을 한 것으로 평가된다. 또 이 세대는 신파와 구별 짓기 위해 연기 스타일에서도 일본 신파류의 과장되고 어색한 표현을 좀 더 자연스럽게 다듬으려 노력했다.

5세대 인물 중 특히 이해랑은 한국식 내면연기의 성립과 깊은 관계가 있다. "유치진의 수제자격인 이해랑"[74]은 사실주의 연극, 즉 리얼리즘 연극의 신봉자였다. 신극주의자답게 신파적인 것, 즉 과장과 부자연스러운 연기에 대해 분명한 반대의 입장을 갖고 있었다. 그가 말한 스타니슬랍스키 연극론의 내용을 보면 자신이 이상적으로 생각하는 연극과 연기 스타일을 짐작할 수 있다.

> 현대 배우예술론의 근본인 스타니슬라프스키 시스템은 **내면적 심리묘사, 자연스런 연기스타일, 잠재의식적인 연기** 등으로 풀이되겠으나 한 마디로 말해 **연기자 자신이 극중 인물과 일치된 상태에서의 재창조된 연기**가 곧 리얼리즘 무대라는 연극론이다.[75]

이 시기(1973)의 이해랑이 이해한 스타니슬랍스키 시스템은 『배우수업』 중 심리적인 측면에 국한되어 있는 한계가 분명하게 드러나고 있는 것이다. 『배우수업』이 출판되었던 70년대까지 연기이론은 체계적인 것이 없었고 스타니슬랍스키 이론도 축지 소극장에서 연극을 배웠던 홍해성, 김우진 등에 의해 단편적으로 전해진 것 외에는 없었다. 이해랑은 유치진을 통해 "리얼

---

72) 김대현, 「스타니슬랍스키와 '시스템' -시스템 형성의 과정과 그 특성을 중심으로」, 『연극교육연구』, 21(2012), 17쪽 이하 참조.

73) 나상만, 앞의 책, 60쪽.

74) 유민영, 앞의 책, 294쪽.

75) 이해랑, 「예술에 살다 (39)」, 〈일간스포츠〉(1973. 6. 29.), 정철, 『한국 근대 연출사』(서울: 연극과 인간, 2004), 220쪽 재인용.

리즘 연기의 본질을 배웠고 내면연기에 눈 뜬 것은 귀국 후 현대극장에서 동랑에게 연기지도를 받은 것이 계기"[76]였다고 밝히고 있으나, 이 시기에 스타니슬랍스키 시스템은 서양에서조차 그 전모를 알 수 없을 정도였다.

배우로서의 이해랑에 대한 묘사는 다음과 같다.

> 그는 뛰어난 배우로서의 근성에도 불구하고 선천적으로 작은 눈과 작은 음성 탓에 그리 두각을 나타내지 못하고 있었다. 그러나 무대에서 **담력 있고 매끄러우면서도 쩌렁쩌렁 올려 퍼지는 그의 음성과 어미를 길게 뽑아 넘기는 특유의 발성법**으로 인간의 저력과 정열을 아낌없이 뿜어낼 수 있었던 것은 오랜 기간을 두고 노력해온 결과였다.[77]

무대 위에서 이해랑은 "고음과 저음을 자유자재로 구사할 수 있었고, 미리 짜여진 계획된 연기"[78]를 함으로써 신파 연기와 구별되는 자신의 독특성을 가졌다. 그러나 그의 연기는 사실주의적 연기라기보다는 "예술적 환상"[79]을 중요하게 여기는 '낭만적 연극'에 근거하고 있었다.[80] 그의 영향을 받은 김동원, 백성희의 소위 '내면연기'도 "엄밀하게 평가한다면 그것은 객관성을 바탕으로 한 사실주의 연기라기보다는 일종의 낭만적이거나 이상화된 사실주의의 요소를 강하게 지니고 있다"[81]는 평가를 근거로 짐작하면, 이해랑의 내면연기는 경험적 이해에 근거한 한국식 연기 스타일이라는 결론에 이르게 한다.

---

76) 김방옥, 「한국연극의 사실주의적 연기론」, 앞의 책, 172쪽 참조.
77) 정철, 앞의 책, 186쪽.
78) 위의 책, 188쪽.
79) 이지은, 「일상성의 구현과 연기의 수행적 특성 −이해랑, 안민수, 오태석, 박근형을 중심으로−」, 동국대학교 박사학위논문, 2018, 57쪽.
80) 김방옥, 「한국연극의 사실주의적 연기론 연구」, 앞의 책, 178쪽 이하 참조.
81) 위의 책, 181쪽.

이러한 그의 연기에 커다란 변화가 생긴다. 그는 1955년 2월부터 3개월에 걸쳐 미국 연극계를 시찰하다가 '메소드 연기'를 경험하게 된다.

> '신협'이 창단된 뒤 최대의 위기에 직면해 있던 시기에 대표인 이해랑에게 미 국무성 초청장이 날아왔다. 3개월간의 시찰길에 오른 이해랑은 곧바로 뉴욕 브로드웨이로 가서 엘리아 카잔이 주재하고 있던 액터즈 스튜디오와 극장가를 시찰했다. 그가 액터즈 스튜디오에 갔을 때는 마릴린 몬로·제임스 딘·말론 브란도·폴 뉴먼 등 미래의 대스타들이 연기훈련을 쌓고 있었다(이해랑 증언). 그리고 브로드웨이 극장들에서는 유진 오닐·아더 밀러·테네시 윌리암즈·프레데닉 노트 등의 작가들이 인기를 끌고 있었다. 그는 단 3개월간이었지만 너무나 많은 것을 배웠고 한국연극이 가야 할 방향에 대해서도 생각을 깊이 할 수가 있었다.[82]

스타니슬랍스키 시스템과 미국 메소드 연기와의 관련성을 정확하게 이해하지 못했던 그는 이 둘을 같은 것으로 동일시했고, "엘리아 카잔의 그 철저한 리얼리즘 연극 연출을 보고선 그동안 내가 한국서 해오던 연극행동에 대해 뼈아픈 반성을 하지 않을 수 없었다"[83]고 고백한다.

이러한 '뼈아픈 반성'의 결과가 극단적으로 반영된 것이 바로 "작게 말하기"[84]이다.

> 욕망이란 이름의 전차 연습을 할 때의 일이다. (중략) 이해랑 선생은 '미취(Mitch)' 역을 맡아 연습 중이었는데 무대에서 대사를 말하는 이해랑 선생의 목소리가 너무 작아서 거의 들리질 않았다. 나는 '선생님, 좀 크게 말하세요'

---

82) 유민영, 위의 책, 291쪽. 강조는 필자의 것.
83) 이해랑, 『허상의 진실』(서울: 새문사, 1991), 385쪽.
84) 이자은, 앞의 논문, 57쪽.

라고 몇 번이나 말했지만 선생의 목소리는 좀처럼 커질 줄 몰랐다. 나는 다시 한 번 말했다. '선생님, 크게 말씀하시래두요' 그러자 선생은 이렇게 말씀하셨다. '그러면 사실주의가 아닌데…85)

이해랑의 "작게 말하기"86)는 그가 이해한 리얼리즘 연극에서의 내면연기가 필요로 하는 모든 요소의 출발점이 된다. 즉 내면적 심리묘사를 위한 배역에의 몰두, 자연스런 연기, 잠재의식적 연기는 자연스러운 모방충동의 기반 위에 동일시와 감정이입이 최고조에 이른 순간으로 이끄는 것이다. 그에게 있어서 비록 객석까지 목소리가 들리지 않을지라도 배우가 자신의 내면에 침잠하여 배역과 일치할 수 있다면 그것이 바로 '자연스러운 연기'이며 '좋은, 진실된 연기'가 되기 때문이다.87)

이러한 순간, 즉 모방충동에 의한 동일시와 감정이입이 최고조에 이르는 순간에 소위 '내면연기'가 나타난다. 이해랑도 "현대극장에서 함세덕 번안의 《마리우스》를 공연할 때 떠나느냐, 마느냐의 갈등을 연기하는 장면에서 빈 술잔 두 개를 비비는 동작으로 '입체적'으로 표현하면서 '진실한 표현'의 순간을 느꼈다"88)고 말한다.

이런 순간에 배우는 일종의 최면상태에 빠진다. 배우 자신과 배역이 일치된 순간, 무대로부터의 소통은 일시적으로 단절되지만, 객석으로부터의 투사는 강화된 정서로 인해 오히려 강하게 연결된다. 내면연기가 갖는 강점인 셈

---

85) 정상순, 「스타니슬라브스키 시스템의 한국유입 양태에 관한 연구」, 동국대학교 석사학위논문, 1997, 58쪽, 재인용.

86) 이지은, 앞의 논문, 57쪽.

87) 배우가 배역에 침잠하는 순간에 배우와 객석간의 교류는 단절되지만, 관객들의 무대 또는 배우를 향한 '투사'는 오히려 더 적극적으로 일어난다. 관객 개개인의 거울 뉴런이 저절로 발동하여 관객들의 동일시와 감정이입을 촉발하기 때문이다.

88) 김방옥, 「한국연극의 사실주의적 연기론 연구」, 앞의 책, 172쪽.

이다. 사실 한국식 내면연기가 메소드 연기의 정서적 기억을 포함한 심리적 방법에 크게 영향 받은 부분이 바로 이 지점이다. 배우와 관객 모두에게 강렬한 동일시와 감정이입은 정서적 기억을 불러일으키고, 이것은 "몸 전체에 파장을 일으키는 신체상태의 변화"[89]를 초래해 쾌감으로 이끌기 때문이다.

> 정서적 기억은 회상으로 끝나지 않는다. 그것은 (…) "몸 전체에 파장을 일으키는 신체상태의 변화를" 일으킨다. 이러한 현상은 인지과학이 제시한 마음의 이론(Theory of Mind)(ToM)과 일치한다. 이 이론에 따르면 시청자(관객)는 연기자가 펼치는 신체적 상태의 감정을 뇌에 있는 "거울 뉴런(mirror neurons)"을 통해 복제(simulation)하여 같은 '신체화된 감정(embodied emotion)'을 느낀다. 예를 들어 분노의 동작은 시청자의 거울 뉴런에 그대로 복제되어 그런 신체화된 분노를 경험하게 한다. 시청자는 분노의 동작을 기호로 해독하지 않고 '신체화된 감정'으로 경험하는 것이다.[90]

이러한 강렬한 순간은 오래 지속되지 않는다. 무대 위에서 배우의 의식은 끊임없이 분열되고 배우의 자의식은 무대 위의 자기 자신과 동일시해야 할 배역 사이에서 끊임없이 방황하기 때문이다.

당시 한국 연극계의 주요 경향은 다음 몇 가지로 정리할 수 있다. 첫째, 2차 세계대전 이후 냉전시대의 영향으로 유럽과 러시아(소련)보다는 주로 미국 연극에 깊게 영향을 받기 시작한다. 이는 한국 연극이 유진 오닐, 아더 밀러, 테네시 윌리암즈 등과 같은 작가들의 사실주의 계열의 작품을 주요 레퍼토리로 삼게 된 것이다. 개화기 이후 일제 강점기 때의 사회주의 계열

---

89) 김용수, 『퍼포먼스로서의 연극연구 —새로운 연구방법과 연구분야의 모색』 (서울: 서강대학교 출판부, 2017), 534쪽.

90) 위의 책, 535-536쪽.

의 '경향극'의 영향이 사라지기 시작한 것이다. 둘째, 이해랑에 의한 메소드 연기의 도입이다. 메소드 연기는 스타니슬랍스키의 '시스템' 중 배우 훈련과 깊은 관련이 있는 심리적 연기술에 직접적으로 영향을 받은 연기론이다. 문제는 메소드 연기가 미국에서 한때 선풍적 인기를 끈 연기방법론이지만 이후에는 스타니슬랍스키 연기론의 변형으로 인식되었고, 그 자체에 많은 문제점이 지적되었다는 점이다. 하지만 반공이 가장 중요한 이데올로기가 되었던 당시 한국 연극계에는 이러한 문제점이 언급되지 않은 채 그대로 주류로 수용된다. 셋째, 마릴린 먼로, 제임스 딘, 말론 브란도, 폴 뉴먼 등의 연기가 우선 영화를 통해 한국 사회에 소개되고 또 이를 통해 '자연스러운 연기'가 좋은 연기라는 인식이 확산되기 시작했다. 배우의 목소리가 객석까지 들리지 않아도 자연스러운 연기, 즉 내면연기가 좋은 연기라는 인식이 깊게 뿌리박게 되는 시기가 바로 이때부터이다.

여기에서 이해랑의 내면연기가 사실주의 연기술이나 스타니슬랍스키 연기술과 동일시될 수 없다는 점은 분명하다. 오히려 그의 내면연기는 한 작품 전체를 아우를 수 있는 연기방법론이나 시스템이 아니라 '어떤 특정한 상황 속에서 배우가 취하는 독특한 자세, 분위기, 표현'이라는 표현이 더 정확할 수 있다. 즉 정서적 자극이 강렬한 극적 순간에 배우가 자신의 내면에 침잠하여 자신과 등장인물을 동일시하는 순간에 취하는 자세, 표현, 분위기가 바로 그의 내면연기인 것이다.

이해랑의 내면연기는 70, 80년대를 지나면서 더욱 강화된다. 여기에 오사량의 『배우수업』이 출판되면서 한국 연극계에서 심리적 연기술은 이론적 체계를 가진 유일한 연기방법론으로 대두된다. 더구나 오사량을 포함해 "그의 밑에서 조연출을 맡았던 전세권, 이창구, 채승훈, 채윤일"[91] 등과 같은 사람들이 연극계의 주류에 머물면서 그의 '내연연기론'은 한국만의 독특한 연기술로 이어진다. 스타니슬랍스키 시스템의 전모가 밝혀지지 않은 상태에서 심리적 연기술이 스타니슬랍스키 시스템의 전부이며 리얼리즘 연기술 즉 내면연기가 사실주의 연기술의 유일한 정통이라는 결론을 넘어 '최고의 연기', '진실된 연기'라는 이미지를 구축하게 된 것이다.

> 장르를 초월하여 그것은 섬세하기도 하고, 강렬하기도 하고, 동정심을 불러 일으키기도 하고, 힘을 빼고 자연스럽게 해야 하는 것이기도 하고, 흉내 내는 것이 아니라 속에서 우러나오는 연기, 속으로 삭이는 복잡한 심리의 연기를 뜻한다.[92]

그러나 이러한 오류는 비단 한국만이 아니라 미국을 포함한 서구 여러 나라가 공통적으로 경험한 문제이기도 하다. 냉전시대의 고립으로 인해 스타니슬랍스키의 주요한 저술이 알려지지 않았기 때문이다.[93] 다만 서구의 경우 스타니슬랍스키의 저서 전체가 알려지고 또 그에 따른 연구를 통해 '에쮸드'를 포함한 '신체행동법'을 이해하는데 이르지만 한국의 경우는 사실주의 연극에의 천착이 이어지면서 90년대 중반에 이르기까지 이러한 오류는 완전하게 해소되지 않는다.

5. 자리이탈: 내면연기와 정극

브르디외(P. Bourdieu)는 '권력의 장'에서 사회적 힘들이 인력 또는 배척

---

91) 정철, 앞의 책, 183쪽.
92) 안치운, 『연극제도와 연극읽기』, 191쪽.
93) 스타니슬랍스키 시스템의 내용과 한국에의 유입은 다음의 논문을 참조하라.
　　김대현, 「스타니슬랍스키와 '시스템' －시스템 형성의 과정과 그 특성을 중심으로」, 『연극교육연구』 21(2012), 그리고 「스타니슬랍스키 연구사」, 『한국연극학』, 40(2010).

이라는 두 극으로 작용한다고 보았다.[94] 주류(主流)로서의 내면연기는 1990년대 중반에 이르면서 여러 가지 요소에 의해 변화를 강제 당한다. 일종의 배척의 힘들이 형성된 것이다.

첫 번째 중요한 변화는 사실주의 작품과 다른 형식의 공연이 소개되기 시작했다. 주로 80년대 후반에 나타나기 시작한 '포스트모더니즘' 계열의 공연들이 대표적이지만, 70년대 후반과 80년대 중·후반에 나타났던 마당극과 서사극은 프로씨니엄 무대, 사실적 리얼리즘, 내면연기라는 공고한 틀을 깨는 중요한 변화였다. 신체극에서의 몸 연기, 전통 연희술, 서사 연기 등의 새로운 연기술과 이론들이 소개되기 시작한 시기이기도 하다.

두 번째 변화는 신극주의자들과 그 후예들과는 다른 새로운 연극 세대의 출현이었다. 80년대 초반 미국에서 귀국한 최형인, 김석만과 90년대 중반 러시아에서 귀국한 나상만, 여무영, 김태훈, 전훈, 이항나 등은 빈약하고 왜곡된 한국의 연기이론, 특히 스타니슬랍스키 시스템에 관한 오해를 바로잡고 스타니슬랍스키 시스템의 체계적인 원리를 전파했다.[95] 또 평론계에도 90년대 초반 해외 유학파인 안치운, 김창화, 김형기, 이상란 등과 오세곤, 김미도 등의 소장 평론가들이 사실주의 일색의 연극평에 공연을 중심으로 새로운 평론의 장을 열었다.

세 번째 변화는 뮤지컬의 흥행이다. 1962년 우리나라 최초의 뮤지컬 ≪포기와 베스≫는 공연에 의의가 있을 뿐 연극계 전체에 영향을 끼치지는 못했다. 그러나 1983년 극단 〈대중〉, 〈광장〉, 〈민중〉이 함께 공연한 미국 브로드웨이 뮤지컬 ≪아가씨와 건달들≫은 엄청난 흥행의 성공을 거두었고, 그

---

94) P. Bourdieu, 28쪽 참조.
95) 김방옥, 「한국연극의 사실주의적 연기론 연구」, 앞의 책, 193쪽 이하 참조.

동안 연극계가 한 번도 갖지 못했던 재정적 풍요도 경험하게 되었다.

마지막 변화는 연극전공자들의 저변확대이다. 80년대 초반까지 중앙대, 동국대, 한양대, 청주대, 경성대 및 서울예전에 불과했던 연극교육기관은 95년도를 기점으로 상명대, 동신대, 호서대, 순천향대 등에 연극전공학과가 개설되었고 2000년대 후반에는 전국적으로 80여개가 넘는 대학으로 확산되었다. 이는 2000년대 이후 연극계에 연극을 전공한 전문연극인들의 대량유입이라는 결과를 낳았다. 한국 신극이 '인텔리적 아마추어리즘'에서 출발해 현재까지 주류를 형성하고 있는 현실에서 매우 중요한 변화요소가 되고 있다.

연극이라는 권력의 장에서 이러한 요소들은 그동안 주류로 존재하고 있는 사실주의 연극 그리고 내면연기를 밀어내는 배척의 힘으로 작용한다. 하나의 사회적 힘이 다른 힘에 의해 주류의 자리를 내어주는 "자리이탈"[96]이 시작되어야 하는 것이다.

그러나 한국 연극에서 사실주의 연극과 내면연기는 이런 흐름을 물리치고 여전히 주류의 자리를 공고히 한다. 소위 '정극'이라는 용어가 보편화되기 시작한 시기가 바로 이 시기라는 것은 주류를 유지하기 위한 전략적 선택이 의도적으로 시작되었다는 것을 의미한다. 사실주의에 기반을 둔 화술연극이 '정극'이라는 '프레임'으로 오히려 대중일반에까지 확산되기 시작한 것은 바로 이러한 전략의 성공적 결과이다.[97] 이후 한국에서 정극은 正劇(정극)이라는 의미, 즉 "연극의 정통성과 예술성을 담보"[98]하는 용어로 사용되었고 내

---

96) P. Bourdieu, 앞의 책, 20쪽.

97) 서양의 경우 정극(legitimate drama)은 18세기 영국 등에서 노래와 춤이 적은 5막 화술 연극을 뜻하고, 19세기에는 소극(farce), 뮤지컬 코미디, 레뷰(revue) 등을 제외한 연극이라는 의미로 확산되었다.

98) 김수린, 「한국 현대연극에서의 〈정극〉 연구 ―역사와 개념을 중심으로」, 호서대학교 석사학위 논문, 2018, 1쪽.

면연기는 바로 이 정극에서 사용되는 연기술을 뜻하게 되었다. 따라서 오늘날 우리가 듣는 '내면연기'는 이해랑에 의해 구축된 내면연기를 기반으로 하고, 그 위에 90년대 이후 새롭게 강화된 내면연기로 이해해야 할 것이다.

90년대 중반에 안치운과 김방옥의 소위 '내면연기 논쟁'은 이러한 시대적 문맥에서 이해해야 할 것이다. 1930년대 신극주의자들에 의해 도입된 사실주의 연극은 1960년대를 거치면서 내면과 내면연기를 중시하는 근대성의 집대성으로 자리 잡았다. 그러나 80년대 후반 중앙집권적 단일주의를 배격하는 포스트모던 연극의 다양성과 이후 수행성에 기반을 둔 포스트 연극까지 한국 연극계의 권력의 장에서 여전한 내면연기의 공고성은 극복하지 못한 근대성의 한 현상이며 연극의 발전적 흐름에 역행하는 보수적, 수구적 힘으로 해석된다.[99]

이러한 왜곡은 2000년 이후 더욱 심화된다. 2007년 관객 100만을 달성한 ≪명성황후≫의 연출자 윤호진이 "이제 좀 여유가 생겼으니 정극(正劇)에 좀 더 관심을 기울이겠다"[100]고 말한 것은 뮤지컬에 대한 확신 부족이라기보다는 주류세력인 정극에 대한 조심스러운 자세 표명일 것이다. 내면연기에 관한 다음의 예도 마찬가지이다.

> 뮤지컬을 하고 나면 쌓이는 게 없는 것 같아요. 소위 말하는 **내면연기**라 할까, 하나하나 곱씹어 표현해야 하는 **정극**을 하고 싶어요.[101]

---

99) 1983년부터 2003년까지의 전국연극제의 경우 아직도 "대다수가 사실주의 무대 양식"에 "1회에서 8회까지 최우수 작품상을 받은 희곡의 작가들은 대부분 차범석, 윤조병, 노경식, 이강백 등의 사실주의 계열 작가들"이라는 사실은 한국연극계의 권력의 장을 차지하고 있는 사실주의 연극과 내면연기의 힘을 짐작할 수 있다. 국미경, 「'전국연극제'에 관한 분석적 연구: 1983-2003」, 한양대학교 석사학위논문, 2004, 26쪽, 그리고 27쪽 참조.

100) 문주영, 「뮤지컬 '명성황후' 공 100만 관객 돌파」, 〈경향신문〉, 2007년 1월 31일, 김수린, 앞의 논문, 51쪽 재인용.

극 형식으로는 정극, 즉 사실주의 화술연극 그리고 연기술로는 내면연기를 선망하는 발언이다. 연극 예술가 외에 정극 또는 내면연기라는 용어에 대한 대중 일반의 반응은 좀 더 심각한 왜곡의 한 예를 보여준다.

> 그 배우는 **내면연기**가 인상적이다. (『표준국어대사전』)
> 배우 ○○○의 서글픔 가득한 **내면연기**가 시청자들의 눈길을 사로잡았다.
> (우리말샘, 〈내일신문〉 2012년 2월)
>
> ○○○이 숨겨 왔던 애절한 눈빛을 발산하며 상처받은 **내면연기**를 완벽하게 소화해냈다. (우리말샘, 〈내일신문〉 2012년 6월)
>
> 배우는 직감과 상상력을 총동원해 배역과의 동일화를 통한 **내면연기**를 해야 진정한 연극이 된다는 것이 스타니슬랍스키 이론이다. (고려대학교민족문화연구원, 『한국어대사전』)[102]

위 인용의 출처인 '우리말샘'은 '함께 만들고 모두 누리는, 즉 누구든지 참여하여 함께 만드는 사전'이다. 국립국어원의 『표준국어대사전』에는 없는 단어인 내면연기라는 용어가 이미 일반인들에게는 어느 정도 개념화되어 빈번하게 사용되고 있는 단어라는 말이 된다. 우리말샘 사전에서 내면연기는 한자로는 '內面演技'로 표기되어 있고 뜻풀이로는 "섬세한 표정이나 몸짓, 대사의 표현으로 등장인물의 심리나 감정 상태 따위의 내면을 보여주는 연기"[103]라고 되어 있다. 이러한 뜻풀이와 그에 따른 용법을 학술적 검토 없이 그대로 인정해도 될 것인지 확신하기 힘들다. 특히 고려대 한국어대사전

---

101) 「백경희 ─ 이달의 신인」, 『한국연극』 (1994, 3월), 39쪽, 안치운, 「내면연기란 무엇인가」, 앞의 책, 189쪽 재인용. 강조는 필자의 것.

102) https://ko.dict.naver.com/#/entry/koko/72a6685edad24c1aaf6fd0ef8a471d4a. 강조는 연구자의 것.

103) https://opendict.korean.go.kr/search/searchResult?focus_name=query&query

에서 정의하고 있는 내면연기의 뜻풀이는, 스타니슬랍스키 연기이론에 대한 정확한 이해 없이 그리고 막연한 추측에 의한 단정이라고밖에 말할 수 없다. 스타니슬랍스키는 한 번도 소위 '배역과의 동일화를 통한 내면연기를 해야 진정한 연극이 된다'고 단언한 적이 없다. 고려대 한국어대사전의 정의는 스타니슬랍스키 연기이론에 대한 이해 부족과 내면연기에 대한 정확한 이해가 결여된 총체적 난국의 결과인 것이다.

우리는 현재 저자의 죽음과 주체의 분열을 경험하는, "불안의 감정도 또한 예술적 창조의 근원"[104]되는 시뮬라크르적 세계에 살고 있다. 예술가와 세계가 상호적 영향 관계로 강하게 묶여 있다고 할 때, 내면연기는 '지금, 여기'를 표현하는데 더 이상 적합한 도구는 아닐 것이다.

6. 나가는 글

지금까지 내면연기의 논쟁을 바탕으로 담론의 형성과 확장을 위해 내면연기의 근대성과 연기의 형태 그리고 내면연기라는 용어가 갖는 정치적 함의에 대해 논의했다. 특히 '권력의 장'을 둘러싼 '자리잡기'와 '자리이탈'의 측면에서 내면연기가 갖는 한국적 특성에 관해 논의했다.

내면연기의 형태는 서구의 경우 19세기 말엽에 출현한 사실주의 연극과 그 연기 스타일에 깊은 관련을 맺고 있다. 이것이 한국의 근대화에 맞추어 신극이라는 형태로 수입되었고 이것은 한국의 특수한 정치적 상황과 맞물리면서 세계에서도 유래를 찾을 수 없을 정도로 오랜 기간 동안 한국 연극계의 주류를 형성하게 된다.

---

104) W. Worringer, 앞의 책, 27쪽.

본 연구는 한국에서만 유통되는 내면연기의 시대적 불가피성과 한계를 밝히고자 했다. 특히 내면과 내면연기가 갖는 근대성을 모방충동에 기반한 동일시와 감정이입의 결과라는 전제도 다시 한 번 확인하였다. 신극주의자들에 의해 확립된 심리적 연기술은 그 후예인 이해랑에 의해 60년대와 70년대에 주류로 확립되었다. 그 후 특정한 순간의 섬세한 내면화를 목표로 하는 내면연기는 한국 연극의 주류의 자리에서 내려오지 않는다. 오늘날까지 시대적 변화를 거스르는 내면연기의 공고화는 권력의 장에서 여전한 배척의 힘을 확인할 수 있었다. 그리고 그 힘은 신극주의자들과 그 후예들의 정치적 전략과도 관계가 있음도 살펴보았다. 80년대 이후 '정극'과 '내면연기'라는 용어의 대중적 보편화는 이러한 전략의 중요한 일환이다.

　눈으로 확인할 수 없는 내면과 그 내면에 담겨 있다고 생각하는 '진실'에 대한 호기심과 욕망은 동서양을 막론하고 대단히 클 수밖에 없다. 다만 본문에서 살펴본 것처럼, 한국식 내면연기는 메소드 연기의 변형으로 내면의 진실을 향하기보다는 오히려 내면연기라는 '최면적 상태, 자세, 분위기'에 머무르는 경향이 많다. 즉 내면연기는 연기방법론이 아니라 '어떤 한순간에서의 정서가 최고조에 이르는 순간의 '상태, 분위기, 자세'를 가리키는 용어라는 것이다. 오늘날 내면연기가 시대의 변화에 따라 '자리이탈'을 해야 함에도 불구하고 여전히 주류에 머물러 있는 것은 주류를 유지하려는 정치적 노력과 이에 편승하려는 외형적 모방이 이룩한 결과로 해석된다. 따라서 내면연기라는 용어의 보편화는 연기의 본질을 떠나 일종의 정치적 행위에 가깝게 된다.

　이런 측면에서 내면연기에 관한 논의는 좀 더 진전되어야 할 필요가 있다. 물론 이러한 담론은 저널리즘에 기반에 둔 대중적 논의보다는 먼저 학문적 담론의 장을 통해 계속되어야 할 것이다. 본 연구가 이러한 필요성과 담론의 형성을 위한 물꼬를 여는 역할을 감당하기를 기대한다.

인용 및 참고문헌

고승길, 『동양연극 연구』, 서울: 중앙대학교 출판부, 1993.

국미경, 「'전국연극제'에 관한 분석적 연구: 1983-2003」, 한양대학교 석사학위논문, 2004.

권택영 엮음, 『라크 라캉 욕망이론』, 민승기 · 이미선 · 권택영 옮김, 서울: 문예출판사, 1994.

김광효, 『독일 희곡사』, 서울: 명지사, 1993.

김균형, 『배우훈련』, 서울: 소명출판, 2001.

김기란, 「2000년대 한국 포스트드라마 연극의 공연텍스트 구성 과정의 실증적 고찰」, 『한국연극학』 56(2015).

_____, 「포스트드라마 연극에서 배우의 새로운 역할과 연기 구축」, 『한국연극교육학회 추계학술대회 발표집』, 서울, 2014.

김대현, 「'-되기'의 배역 창조와 '행위현장'의 생성성」, 『연극교육연구』 16(2010).

_____, 「미메시스(Mimesis)와 잠재의식적 연기」, 『연극의 지평』, 서울: 연극과 인간, 2008.

_____, 「배역 창조에 있어서의 '행동'에 관한 연구 (2)」, 『연극교육연구』 4(1999).

_____, 「배역 창조에 있어서의 행동에 관한 연구 (1)」, 『연극교육연구』 3(1999).

_____, 「배역 창조와 '-되기' 그리고 '자감(自感)'」, 『연극교육연구』 14(2009).

_____, 「서사연기의 이론과 실제에 관한 연구」, 『한국연극학』 11(1998).

_____, 「스타니슬랍스키 연구사」, 『한국연극학』 40(2010).

_____, 「스타니슬랍스키와 '시스템' ㅡ시스템 형성의 과정과 그 특성을 중심으로ㅡ」, 『연극교육연구』 21(2012).

_____, 「스타니슬랍스키와 '시스템'」, 『연극교육연구』 21(2012).

_____, 「연극 연출에 있어서한 한 장면의 리듬과 템포에 관한 고찰 (1)」, 『연극교육연구』 5(2000).

_____, 「연극 연출에 있어서한 한 장면의 리듬과 템포에 관한 고찰 (2)」, 『연극교육연구』 7(2002).

_____, 「장면 연출과 리듬·템포 ㅡ장소(place)와 장면(scene)의 고정성을 중심으로」, 『한국연극학』 22(2004).

_____, 「장면 연출과 시·공간의 리듬」, 『비교문화연구』 8(2004).

_____, 「장면 연출과 행위현장」, 『연극교육연구』 21(2012).

_____, 「장면 연출과 행위현장」, 『연극교육연구』 22(2013).

_____, 『연극 만들기』, 서울: 연극과 인간, 2004.

김미도, 「봉건적 자아와 근대적 자아의 충돌」, 『한국연극』 2002년 5월호.

김미혜, 남상식 외, 『20세기 전반기 유럽의 연출가들』, 서울: 연극과 인간, 2001.

김방옥, 「탈근대 희곡에 나타난 인간/동물의 탈경계성 연구」, 『한국연극학』 48(2012).

_____, 「몸의 연극, 배우의 연극, 껍데기의 연극」, 『열린 연극의 미학: 전통극에서 포스트모더니즘까지』, 서울: 문예마당, 1997.

_____, 「몸의 연기론 I」, 『한국연극학』 15(2000).

_____, 「몸의 연기론 II」, 『한국연극학』 19(2002).

_____, 「한국연극의 사실주의적 연기론 연구」, 『한국연극학』 22(2004).

_____, 『열린 연극의 미학: 전통극에서 포스트모더니즘까지』, 서울: 문예마당, 1997.

김병국 외, 『판소리의 바탕과 아름다움』, 중판, 서울: 인동, 1990.

김석, 『에크리-라캉으로 이끄는 마법의 문자들』, 서울: 살림. 2007.

김석만, 『스타니슬라브스키 연극론』, 서울: 이론과 실천, 1993.

_____, 『인간의 마음을 사로잡는 연기의 세계』, 서울: 연극과 인간, 2001.

김수린, 「한국 현대연극에서의 〈정극〉 연구 ―역사와 개념을 중심으로」, 호서대학교 석사학위논문, 2018.

_____, 『연극연구 ―드라마 속의 삶, 삶 속의 드라마』, 서울: 연극과 인간, 2008.

_____, 『연극이론의 탐구 ―대립적인 시각들의 대화』, 서울: 서강대학교 출판부, 2012.

김용수, 『퍼포먼스로서의 연극연구 ―새로운 연구방법과 연구분야의 모색』, 서울: 서강대학교 출판부, 2017.

김태훈, 「스타니슬랍스키의 신체적 행위법(The Method of Physicla Action)을 통한 연기교육 교수법 모형개발에 관한 연구」, 『한국연극학』 26(2005).

_____, 『스따니슬랍스끼의 연기학 전문 용어 ―개념과 원리의 활용』, 서울: 예니, 2009.

_____, 『스따니슬랍스끼의 연기학 전문 용어』, 2판, 서울: 예니, 2013.

_____, 「현장에서 통일되어야 하는 스따니슬랍스끼의 연기학 전문 용어 ―개념과 원리의 활용」, 서울: 예니, 2009.

_____, 「현장에서 통일되어야 하는 스따니슬랍스키의 연기학 전문 용어」, 서울: 예니, 2판, 2013.

김철홍, 『배우를 위한 화술과 연기』, 서울: 연극과 인간, 2007.

김형기, 「다매체 시대 연극의 탈영토화: 연출가연극·춤연극·매체연극」, 「한국연극학』 34(2008).

_____, 「범람하는 해외초청공연을 바라보는 비평의 한 관점」, 『연극평론』 복간 18(2005).

_____, 「포스트드라마 연극의 지각방식과 관객의 역할』, 서울: 푸른사상, 2014.

김효, 「들뢰즈/가타리의 '되기' 이론으로 살펴본 장 쥬네의 〈하녀들〉」, 『한국연극학』 36(2008).

김효경, 「한국 현대 음악극의 실제 ―연출·연기적 측면」, 『한국연극학』 5(1993).

나상만, 『스타니슬랍스키, 어떻게 볼 것인가?』, 서울: 예니, 1996.

남상식, 「신체적 연기술의 연출 ―강량원의 극단 동의 작업을 중심으로―」, 『한국

연극학』, 37(2009).

남승연, 「스타니슬랍스키 연극론이 한국 근대극 형성에 미친 연구」, 숙명여자대학
　　교 석사학위논문, 1995.

단첸코, 네미로비치, 『모스크바 예술극단의 회상』, 권세호 옮김, 서울: 연극과 인간,
　　2000.

동아출판사 편, 『동아새국어사전』, 개정판, 서울: 동아, 1994.

민석홍, 『서양사개론』, 서울: 삼영사, 1984.

민속학회 편, 『한국민속학의 이해』, 서울: 문학아카데미, 1994.

박근수, 「샌포드 마이즈너(Sanford Meisner)의 연기방법론에 관한 연구」, 『한국연극
　　학』 30(2006).

박동수, 「다른 무엇보다 이 세상이 아름답다는 찬사」, 『하나은행』 109(2013).

_____, 「입자들의 스펙터클한 운명과 우아한 질서」, 『하나은행』 109(2013).

_____, 「현대 예술 숨은 그림 찾기」, 『하나은행』 108(2012).

박정자, 『마그리트와 시뮬라크르』, 서울: 기파랑, 2011.

_____, 『마이클 잭슨에서 데리다까지 ―일상의 미학, 미학의 일상』, 서울: 기파랑,
　　2009.

박상하, 『연기교육자, 연출가, 박탄코프』, 서울: 동인, 2009.

박승걸 대담, 「동화로 만든 어린이 연극: 극단 유의 ≪백설공주를 사랑한 난쟁이≫」,
　　『공연과 이론 7』, 겨울호, 서울: 월인, 2001.

박재완, 『연기: 훈련모델 및 기초미학』, 서울: 예니, 1998, 22쪽.

박찬부, 『라캉: 재현과 그 불만』, 서울: 문학과 지성사, 2006.

박홍순, 『사유와 매혹 1: 서양 철학과 미술의 역사』, 서울: 서해문집, 2011.

브라이언 베이츠, 『배우의 길』, 윤광진 옮김, 서울: 예니, 1997.

살로비에바, 안나, 『스따니슬랍스끼의 삶과 예술』, 김태훈 편역, 서울: 태학사, 1999.

서나영, 「배우의 이중 의식과 연기 훈련 ―스타니슬랍스키 · 브레히트 · 그로토프스
　　키를 중심으로―」, 서울대학교 박사학위논문, 2019.

_____, 「스타니슬랍스키 연기론의 비판적 고찰」, 『연극교육연구』 30(2017).

서연호, 이상우, 『우리연극 100년』, 서울: 현암사, 2000.

_____,『홍해성 연극론 전집』, 경산: 영남대학교 출판부, 1998.

소연방과학아카데미 역사연구소 레닌그라드 지부 편,『러시아 문화사: 19세기 전 반~볼셰비끼 혁명』, 이경식 · 한종호 옮김, 서울: 논장, 1990.

송윤엽 외 옮김,『브레히트의 연극이론』, 서울: 연극과 인간, 2005.

스타니슬라프스키, 콘스딴찐 세르게예비치,『나의 예술인생』, 강량원 옮김, 서울: 이론과 실천, 2000.

신수겸,『배우수업』, 서울: 예니, 2001.

신아영,『한국연극과 관객』, 서울: 태학사, 1997.

신영섭,「배우의 개성을 활용한 연출가의 리허설 테크닉」,『연극교육연구』11(2005).

_____,「사전 제작(Pre-production) 단계에서의 연출가의 희곡 선택」,『연극교육연 구』10(2004).

심상교,「오태석 · 김광림의 연출기법 연구」,『한국연극학』12(1999).

아리스토텔레스,『시학』, 김재홍 옮김, 서울: 고려대학교 출판부, 1998.

아타루, 사사키,『야전과 영원』, 안천 옮김, 서울: 자음과 모음, 2015.

_____,『잘라라, 기도하는 그 손을』, 송태욱 옮김, 서울: 자음과 모음, 2012.

안민수,「연극의 시간과 공간」,『연극교육연구』4(1999).

_____,『연극 연출: 원리와 기술』, 서울: 집문당, 1998.

_____,『연극적 상상 창조적 망상』, 서울: 아르케 라이팅, 2001.

안치운,「신극과 서구연극 수용을 통한 한국근대연극의 기원에 관한 문제제기」,『한 국연극학』73(2020).

_____,『공연 예술과 실제 비평』, 서울: 문학과 지성사, 1993.

_____,『연극제도와 연극일기』, 서울: 문학과 지성사, 1996.

_____,『한국연극의 지형학』, 서울: 문학과 지성사, 1998.

양해림,「메를로 퐁티의 몸의 문화현상학」,『몸의 이해』, 서울: 철학과 현실사, 2000.

양혜숙 편,『15인의 거장들』, 서울: 문학동네, 1998.

엄국천,「배우 황철 연구」, 중앙대학교 석사학위논문, 2000.

오사량,『배우수업』, 중판, 서울: 성문각, 1979.

_____,『성격 구축』, 서울: 프뢰벨, 1985.

오순한, 『시학&배우에 관한 역설』, 서울: 유아트, 2012.

우상전, 「아! 스타니슬라브스키여」, 『오늘의 서울연극』 36(2013).

유민영, 『우리시대 연극운동사』, 서울: 단국대학교 출판부, 1990.

_____, 『이해랑 평전』, 서울: 태학사, 1999.

_____, 『전통극과 현대극』, 2판, 서울: 단국대학교 출판부, 1992.

윤광진, 「스타니슬랍스키의 마지막 연습테크닉」, 『연극교육연구』 11(2005).

윤효녕 외, 『주체 개념의 비판 －데리다, 라캉, 알튀세, 푸코』, 서울: 서울대학교 출
판부, 1999.

이강임, 「인지과학의 패러다임으로 살펴본 연기예술의 창조과정과 방법론 연구」, 『한
국연극학』 38호(2009).

이경미, 「현대 공연 예술의 수행성과 그 의미」, 『한국연극학』 31(2007).

이경식, 『아리스토텔레스의 「시학」과 신고전주의: 16~18세기 영국과 유럽의 극비평』,
서울: 서울대학교 출판부, 1997.

이광래, 『미술철학사 1, 권력과 욕망: 조토에서 클림트까지』, 서울: 미메시스, 2016.

_____, 『미술철학사 2, 재현과 추상: 독일 표현주의에서 초현실주의까지』, 서울: 미
메시스, 2016.

_____, 『미술철학사 3: 해체와 종말: 포스트모더니즘에서 파타피지컬리즘까지』, 서
울: 미메시스, 2016.

이동섭, 「마네, 풀밭 위에 등장한 회화의 신세대」, 『하나은행』, 114(2014).

이두현, 『한국연극사』, 신수판, 서울: 학연사, 1999.

이문원, 「국내의 연출 교재들의 상호참조를 위한 영역별 분류와 비교연구」, 『연극
교육연구』 12(2006).

_____, 「무대 블록킹 연출: 통합적 교육 모델 개발의 필요성 －알렉산더 딘
(Alexander Dean)과 앤 보거트(Anne Bogart)의 상호보완성을 중심으로」, 『한
국연극학』 31(2007).

_____, 「뷰포인트를 활용한 앙상블 연출의 재발견」, 『연극교육연구』 18(2011).

_____, 「창조적 자감을 위한 시각적 상상력 훈련방법」, 『한국연극학』 37(2009).

이미원, 『포스트모던 시대와 한국연극: 이미원 평론집』, 서울: 현대미학사, 1996.

이상복,「브레히트와 스타니슬랍스키의 비교」,『한국연극학』11(1998).

이상섭,『아리스토텔레스의『시학』연구』, 서울: 문학과 지성사, 2002.

이영란,「연기현상의 본질로서의 Liminality (경계성) 연구」, 한국연극학회, 한국연극
　　과 퍼포먼스 연구 3차 study, 서울: 동국대학교, 2010. 4.

이영미,『마당극·리얼리즘극·민족극』, 서울: 현대미학사, 1997.

이원경,『연극 연출론』, 서울: 현대미학사, 1997.

이윤택,『이윤택의 연기훈련』, 서울: 공간미디어, 1996.

이응수,「일본연극학의 흐름」, 한국연극학회 춘계심포지움, 서울, 2003년 5월.

이정희,「스탈린의 문화혁명과 그 사회적 의미에 관한 일고찰, 1928-32년」,『슬라브
　　학보』16(2001).

이주영,『연출가 메이예르홀드』, 서울: 연극과 인간, 2005.

이지은,「일상성의 구현과 연기의 수행적 특성 -이해랑, 안민수, 오태석, 박근형을
　　중심으로-」, 동국대학교 박사학위논문, 2018.

이진경,『노마디즘 1: 천의 고원을 넘나드는 유쾌한 철학적 유목』, 서울: 휴머니스
　　트, 2002.

＿＿＿,『노마디즘 2』, 서울: 휴머니스트, 2002.

이진아,「스타니슬랍스키 연극론에 있어서 배우와 역할의 관계」,『드라마연구』42(2014).

이해랑,『허상의 진실』, 서울: 새문사, 1991.

정상순,「스타니슬랍스키 시스템의 한국 유입 양태에 관한 연구」, 동국대학교 연극
　　학보, 2000.

정선혜,「스타니슬랍스키 신체행동법 및 행동분서법의 운용」, 한국연극교육학회 후
　　반기학술대회, 서울, 2005.

정철,『한국 근대 연출사』, 서울: 연극과 인간, 2004.

제아미,『花鏡』,『일본사상총서 II -世阿彌의 能樂論-』, 서울: 시사일본어사, 1993.

조성덕,「피터 브룩과 예지 그로토프스키 연기 훈련법의 실증적 비교 고찰」,『브레
　　히트와 현대연극』24(2011).

조창섭,『독일 표현주의 드라마』, 서울: 서울대학교 출판부, 1991.

중앙일보,「서울무대 오르는 현대공연 두 거장」, 2007년 5월 24일, 40판 18면.

진중권,『현대미학강의: 숭고와 시뮬라크르의 이중주』, 서울: 아트북스, 2004.

최영주,「연극성의 실천적 개념」,『한국연극학』31(2007).

최민식,『휴먼 선집』, 서울: 눈빛, 2013.

최종민,「판소리 교수법의 모색」,『판소리 연구』1(1989).

타다시, 스즈키,『스즈키 연극론 −연극이란 무엇인가−』, 김의경 옮김, 서울: 현대
　　　미학사, 1993.

토니 바,『영화연기』, 이승구 · 김학용 옮김, 서울: 집문당, 1996.

한국문화예술진흥원 편,『연기』, 공연예술총서 V, 서울: 코리아 헤럴드, 1981.

_____,『연출』, 서울: 한국문화예술진흥원, 1979.

한국브레히트학회 편,『브레히트의 연극세계』, 서울: 열음사, 2001.

한국연극교육학회 편,『연극교육연구』, 제4집, 서울: 앰애드, 1999.

한국연극협회 편,「한국연극」, 1996, 7월호.

한국일본학회 편,「화경」,『일본사상총서 II』,「예도사상 I」, 김효자 옮김, 서울: 시
　　　사일본어사, 1993.

한진수,「샌포드 마이스너(Sanford Meisner) 연기론」,『한국연극학』32(2007).

홍재범,「스타니슬랍스키 시스템 연기용어에 대한 고찰 1」,『한국연극학』17(2001).

_____,『스타니슬랍스키 시스템과 한국 극예술의 접점』, 서울: 연극과 인간, 2006.

황희연,「순결한 열대는 슬픈 열대를 미처 예감하지 못했네」,『하나은행』109(2013).

Ahrends, Günter, "Fragen zum 'System' Konstantin Stanislawskis," in: *Konstantin
　　　Stanislawski: neue Aspekte und Perspektiven*, Forum Modernes Theater
　　　Schriftenreihe, Bd. 9, hrsg. von Günter Ahrends, Tübingen: Günter Narr
　　　Verlag, 1992.

Aristoteles, Poetik, *Manfred Fuhrmann übers.*, Stuttgart: Philipp Reclam Jun., 1982.

_____, *Poetics*, London: Malcolm, 1996.

_____, *Politics VII*, 이병길 · 최옥수 옮김,『정치학』, 중판, 서울: 박영사, 2003.

_____, *Politics VIII*, 이병길 옮김, 서울: 박영사, 2003.

_____,『시학』, 손명현 옮김, 중판, 서울: 박영사, 1984.

_____, 『시학』, 김한식 옮김, 서울: 웅진씽크빅, 2010.

_____, 『정치학』, 이병길 · 최옥수 옮김, 중판, 서울: 박영사, 2003.

Artau, Antonin, 「걸작품과 작별하기」, 『잔혹연극론』, 박형섭 옮김, 서울: 현대미학사, 1994.

Asmuth, Bernhard, *Einführung in die Dramenanalyse*, 3. Aufl. (N.P.: Metzler, 1990), 송전 옮김, 『드라마분석론』, 대전: 한남대학교 출판부, 1995.

Auerbach, Erich, 『미메시스: 서구문학에 나타난 현실묘사 -근대편』, 김우창 · 유종호 옮김, 개정 4판, 서울: 민음사, 1991.

_____, 『미메시스: 서구문학에 나타난 현실묘사 -고대 · 중세편』, 서울: 민음사, 1987.

Balken, Debra Bricke, 『추상표현주의』, 정무정 옮김, 파주: 열화당, 2006.

Barba, Eugenio, *Traité d'Anthropologie Théâtrale: Le Canoë de Papier*, 안치운 · 이준재 옮김, 『연극인류학: 종이로 만든 배』, 서울: 문학과 지성사, 2001.

Barthes, Roland, 『텍스트의 즐거움』, 김희영 옮김, 서울: 동문선, 1997.

Baudrillard, Jean, *Simulacres et Simulation* (n. p.: Galilée: 1981), 하태환 옮김, 『시뮬라시옹』, 서울: 민음사, 2001.

_____, *La société de consommation: ses mythes ses structures*, 1st ed. (Paris, Editions Denoël, 1970), 이상률 옮김, 『소비의 사회: 그 신화와 구조』, 서울: 문예출판사, 1991.

Benedetti, Jean, *Stanislavski: An Introduction*, rev., ed., London: Methuen Drama, 1989.

Bloom, Michael, 『연출가처럼 생각하기』, 김석만 옮김, 서울: 연극과 인간, 1912.

Borie, Monique, Martine de Rougemont & Jacques Scherer, *Esthétique Théâtrale: Textes de Platon a Brecht* (Paris: SEDES, 1982), 홍지화 옮김, 『연극미학: 플라톤에서 브레히트까지의 텍스트들』, 서울: 동문선, 2003.

Bourdieu, P., 하태환 옮김, 『예술의 규칙』, 서울: 동문선, 1999.

Braun, Edward, *The Direction and the Stage; From Naturalism to Grotowski*, London: Methuen London, 1982.

Brauneck, Manfred, *Theater im 20. Jahrhundert: Programmschriften, Stilperioden,*

Reformmodelle (Reinbek: Rowohlt Taschenbuch Verlag, 1986), 김미혜 · 이경
미, 『20세기 연극: 선언문, 양식, 개혁모델』, 서울: 연극과 인간, 2000.

Brauneck, Manfred und Schneilin, Gérard (hrsg.), Theaterlexikon: Begriffe und
Epochen, Bühnen und Ensembles, Reinbek: Rowohlt Taschenbuch Verlag, 1986.

Brecht, Bertolt, Aufstieg und Fall der Stadt Mahagonny, Berlin: Suhrkamp Verlag,
1963.

_____, Bertolt Brecht: Große kommentierte Berliner und Frankfurter Ausgabe, Hrsg.,
von Werner Hecht, Jan Knopf, Werner Mittenzwei, Klaus-Detlef Müller, Bd.,
22.2, Frankfurt a. M.: Suhrkamp, 1992.

_____, Der gute Mensch von Sezuan, 15. Aufl., Frankfurt a. M.: Suhrkamp Verlag,
1972.

Brockett, Oscar G., Hildy, Franklin J., History of the Theatre, 9/E., 전준택 · 홍창수
옮김, 『연극의 역사 II』, 서울: 연극과 인간, 2005.

_____, History of the Theatre, 7th ed., Boston: Allyn and Bacon, 1995.

Brook, Peter, The Empty Space, middleesex, England: McGibbon & Kee, 1968.

Brownstein, Oscar Lee & Daubert, Darlene M., Analytical Sourcebook of Concepts in
Dramatic Theory, London: Greenwood Press, 1981.

Buehler, George, Bertolt Brecht-Erwin Piscator: Ein Vergleich ihrer theoretischen
Schriften, Bonn: Bouvier, 1978.

Burckhardt, Jacob C., 안인희 옮김, 『이탈리아 르네상스의 문화』, 개정판, 서울: 푸
른숲, 2002.

Canfield, Curtis, The Craft of Play Directing, New York: Holt, Rinehart and Winston,
1963.

Carlson, Marvin, 『연극의 이론』, 김익두 · 최낙용 · 김월덕 · 이영배 옮김, 서울: 한국
문화사, 2004.

Chekhov, Anton, Chekhov: The Major Plays, Ann Dunnigan trans. (New York: Penguin
Books, 1964.

Chekhov, Michael, On the Technique of Acting, 윤광진 옮김, 『미카엘 체홉의 테크

닉 연기』, 서울: 예니, 2000.

Cole, Susan Letzler, *Director in Rehearsal: A Hidden World*, New York: Routledge, Chapman and Hall, 1992.

Cole, Toby and Chinoy, Helen Krich (ed.), *Directors on Directing*, rev. ed., New York: The Bobbs-Merrill Comp., 1963.

Coleman, Terry, 『로런스 올리비에 ―셰익스피어 연기의 대가』, 현대 예술의 거장 18, 최일성 옮김, 서울: 을유문화사, 2008.

Crawford, Jerry L., *Acting: In Person and In Style*, 3rd ed., Las Vegas: Wm. C. Brown, 1980.

Deleuze, Gilles, *Différence et Répétition*, (Paris: Presses Universitaires de France, 1968), 『차이와 반복』, 김상환 옮김, 서울: 민음사, 2004.

Derrida Jacques, & Marie-Françoise Plissart, *Droit de Regards*, (Paris: Editions de Minuit, 1985), 신방흔 옮김, 『자크 데리다 시선의 권리』, 서울: 아트북스, 2004.

Dietrich, John E. & Duckwall Ralph W., *Play Direction*, 2nd ed., New Jersey: Prentice-Hall, 1983.

Donnellan, Declan, 『배우와 목표점』, 허순자·지민주 옮김, 서울: 연극과 인간, 2012.

DUPONT-ROC, Roselyne & Jean LALLOT, *La Poétique d'Aristote*, 『아리스토텔레스 시학』, 김한식 옮김, 서울: 웅진 씽크빅, 2010.

Eco, Umberto et al., 『시간박물관』, 김석희 옮김, 서울: 푸른숲, 2000.

_____, et al., *Interpretation and Overinterpretation*, Stefan Collini ed. (Cambridge Univ. Press, 1992), 손유택 옮김, 『해석이란 무엇인가』, 서울: 열린책들, 1997.

_____, ed., *Storia Della Bellezza* (Milan: RCS Libre S. p. A. -Bompiani), 이현경 옮김, 『미의 역사』, 서울: 열린책들, 2005.

_____, ed., *Storia Della Bruttezza* (『추의 역사』), 오숙은 옮김, 서울: 열린책들, 2008.

Elam, Keir, *The Semiotics of Theatre and Drama*, 이기한·이재명 옮김, 『연극과 희곡의 기호학』, 서울: 평민사, 1998.

Eliade, Mircea, *Cosmos and History, The Myth of Eternal Return*, trans. from the French by Willard R. Trask, Harper Torchbooks, The Bollingen Library

(Harper & Row, Publishers, New York, 1959), 정진홍 옮김,『宇宙와 歷史 ─ 永遠回歸의 神話─』, 서울: 현대사상사, 1976.

_____, *Patterns in Comparative Religion* (New York: 1958), 이은봉 옮김,『종교형태론』, 서울: 한길사, 1996.

Esslin, Martin, *Brecht: The Man and His Work*, New York: Doubleday & Co., 1961.

Evans, Dylan, *An Introductory Dictionary of Lacanian Psychoanalysis*,『라캉 정신분석 사전』, 김종주 외 옮김, 서울: 인간사랑, 1998.

Feiler, Max Christian, *Die Logik des Theaters*, München: Bruckmann, 1974.

Fink, Bruce, *A clinical introduction to Lacanian psychoanalysis: Theory and Technique* (N.Y.: Harvard Univ. Press, 1997), 맹정현 옮김,『라캉과 정신의학: 라캉 이론과 임상 분석』, 서울: 민음사, 2002.

Flynn, Tom, *The Body in Sculpture* (London: Calmann & King, 1998), 김애현 옮김,『조각에 나타난 몸』, 서울: 예경, 2000.

Freud, Sigmund,「무대 위에 나타나는 정신 이상에 걸린 등장인물들」,『예술, 문학, 정신분석』, 프로이트 전집 14, 재간, 서울: 열린책들, 2006.

_____,「자아와 이드」,『정신분석학의 근본 개념』, 프로이트 전집 11, 윤희기·박찬부 옮김, 재간, 서울: 열린책들, 2003.

Frye, Northrop, *Anatomy of Criticism*, NJ, Prinseton Univ. Press, 1957, 임철규 옮김,『배평의 해부』, 서울: 한길사, 2000

Gombrich, E. H., *Art & Illusion: A Study in the Psychology of Pictorial Representation*, 6th ed. (London: Phaidon press, 2002), 차미례 옮김,『예술과 환영: 회화적 재현의 심리학적 연구』, 서울: 열화당, 2003.

_____, *The Story of Art*, 16th ed. (Hong Kong: Phaidon Press, 1995), 백승길, 이종숭 옮김,『서양미술사』, 초판, 서울: 예경, 1997

Grant, Damian, *Realism* (Norfolk: Cox & Wyman, 1970), 김종운 옮김,『리얼리즘』, 서울: 서울대학교 출판부, 1978.

Haberlik, Christina,『20세기 건축』, 안인희 옮김, 서울: 해냄, 2002.

Harari, Yuval Noah,『사피엔스』, 조현욱 옮김, 서울: 김영사, 2015.

Harrop John, & Sabin R. Epstein, *Acting with Style*, 3rd ed., 박재완 옮김,『스타일 연기』, 밀양: 게릴라, 2003.

Hartmann, N., *Ästhetik*, hrsg. von Frida Hartmann (Berlin, 1953), 전원배 옮김,『미학』, 서울: 을유문화사, 1995.

Hauser, Arnold, *Sozialgeschichte der Kunst und Literatur* (München: C.H. Bech'sche Verl., 1953), 백낙청 · 반성완 공저,『문학과 예술의 사회사 -근세편 상』, 6판, 서울: 창작과 비평사, 1985.

_____, *Sozialgeschichte der Kunst und Literatur* (München: Oscar Beck, 1953), 백낙청 옮김,『문학과 예술의 사회사 -고대 · 중세편』, 12판, 서울: 창작과 비평사, 1985.

Hegel, Georg W. F., *Ästhetik, oder Die Philosophie der Kunst*,『미학 강의』, 서정혁 옮김, 서울: 지식을만드는지식, 2012.

Heller, Eva, *Wie Farben auf Gefühl und Verstand wirken* (Munich: Drömerische Verlag, 2000), 이영희 옮김,『색의 유혹: 재미있는 열세 가지 색깔 이야기』, 서울: 예담, 2002.

Hodge, Francis, *Play Direction: Analysis, Communication, and Style*, 2nd ed., New Jersey, Prentice-Hall, 1982.

Holub, Robert C., *Reception Theory: A Critical Introduction* (London and New York: 1984), 최상규 옮김,『수용미학의 이론』, 서울: 예림기획, 1997.

Ihering, Herbert, Reinhart/Jessner/Piscator oder Klassikertod, Berlin, 1929.

Innes, Christohper, *Avant Garde Theatre: 1892-1992* (London: Routledge, 1993), 김미혜 옮김,『아방가르드 연극의 흐름』, 서울: 현대미학사, 1997.

Jones, David Richard, *Great Directors at Work: Stanislavsky, Brecht, Kazan, Brook*, California: Univ. of California Press, 1986. 153쪽.

Jung, Carl G. et al., *Man and His Symbol* (J. G. Ferguson Publishing, 1964), 이윤기 옮김,『인간과 상징』, 서울: 열린책들, 1966.

Kandinsky, Wassily, *Über das Geistige in der Kunst*, 10. Aufl. (Bern: Benteli Verlag, 1937), 권영필 옮김,『예술에 있어서의 정신적인 것에 대하여: 칸딘스키의 예술론』, 서울: 열화당, 2000.

_____,『욕망이론』, 권택영 엮음, 민승기 · 이미선 · 권택영 옮김, 서울: 문예출판사, 1994.

Lehmann, Hans-Thies, 『포스트드라마 연극』, 김기란 옮김, 서울: 현대미학사, 2013.

Lessing, G. E., *Hamburgische Dramaturgie*, 38. Stück, Stuttgart: Philipp Reclam Jun., 1981.

Linklater, Kristin, *Freeing the natural voice*, New York: Drama Book Specialists, 1976.

Lord, Albert B., *Der Sänger Erzählt: Wie ein Epos entsteht*, München: Carl Hanser Verlag, 1965.

McLuhan, Marshall, *Understanding Media: The Extensions Of Man* (Massachusetts: MIT Univ. Press, 1994), 김성기 · 이한우 옮김, 『미디어의 이해: 인간의 확장』, 서울: 민음사, 2002.

Metken, Günter und Hinz, Bertold, 『신즉물주의 & 제3제국의 회화』, 안규철 옮김, 서울: 열화당, 1988.

Michael, Friedrich und Daiber, Hans, *Geschichte des deutschen Theaters*, Frankfurt a. M.: Suhrkamp Verlag, 1990.

Mitchell, Katie, 『연출가의 기술』, 최영주 옮김, 서울: 태학사, 2012.

Miyagi Satoshi, 「'천수물어(천수물어)' 연극의 방법론」, 제6회 수원화성국제연극제 학술 심포지움 발표집. 수원: 2002년 6월.

Moor, Sonya, *Stanislavski System*, 『스타니슬라프스키 연극론』, 김석만 편저, 서울: 이론과 실천, 1993.

Musner, Lutz und Uhl, Heidemarie, hrsg., *Wie wir uns aufführen-Perormanz als Thema der Kulutrwissenschaften*, 『문화학과 퍼포먼스 -우리는 어떻게 행동하는가』, 문학연구회 옮김, 서울: 유로, 2009.

Nagler, A. M., *A Source Book in theatrical History: Twenty-five centuries of stage history in more than 300 basic documents and other primary material*, New York: Dover Publications, 1952.

Nelms, Henning, *Play Production*, 이봉원 편역, 『연극 연출: 연기와 연출의 이론과 실제』, 서울: 미래문화사, 1993.

Nobus, Dani 편 (문심정연 옮김), 『라캉 정신분석의 핵심 개념들』, 서울: 문학과지 성사, 2013.

O'Neill, Eugene, 『밤으로의 긴 여로』, 오화섭 옮김, 서울: 문공사, 1982.

_____, *Long Day's Journey into Night*, New York: Yale Univ. Press, 1955.

Pavis, Partice, "L'Analyse des Spectacles-théâtre, mime, dance-théâtree, cinema," 최준 호 옮김, 「공연분석 - 연극, 무용, 마임, 극무용, 영화」, 『연극평론』 30(2003).

Pignarre, Robert, 『연출사』, 박혜경 옮김, 서울: 탐구당, 1983.

Pisk, Litz, *The Actor and His Body*, 조한신 옮김, 서울: 예니, 1997.

Piscator, Erwin, *Aufsätze Reden Gespräche*, Hg. Ludwig Hoffmann, Berlin, 1968.

_____, *Zeittheater; Das Politische Theater und weitere Schriften von 1915-1966*, Reinbeck: Rowohlt Taschenbuch Verlag, 1986.

Platon, 『소크라테스의 변명·크리톤·향연·파이돈』, 박병덕 옮김. 서울: 육문사, 2002.

Popp, Helmut, *Theater und Publikum*, Müchen: R. Oldenbourg Verlag, 1978.

Preston-Donlop, V., 『움직임 교육의 원리』, 김주자·김경신 외 옮김, 서울: 현대미 학사, 1994.

Pruner, Michel, *L'analyse de Texte de Théâtre* (Paris: Nathan, 2001), 김덕희 옮김, 『연 극 텍스트의 분석』, 서울: 동문선, 2005.

Pütz, Peter, *Die Zeit im Drama: Zur Technik dramatischer Spannung*, 2. Aufl. (Göttingen: 1977), 조상용 옮김, 『드라마 속의 시간: 극적 긴장 조성의 기법』, 서 울: 들불, 1994.

Racine, Jean, 「Phèdre」, 장정웅 역주, 『Racine의 희곡 (하)』, 대구: 경북대학교 출판 부, 1992.

Roth, Gabrielle, 『춤 테라피』, 박선영 옮김, 서울: 랜덤중앙하우스, 2005.

Ryngaert, Jean-Pierre, *Introduction à l'anglyse du Théâtre* (Paris: Nathan/VUEF, 2001), 박형섭 옮김, 『연극분석입문』, 서울: 동문선, 2003.

Rzhevsky, Nicholas ed., *The Cambridge Companion to Modern Russian Culture*, Cambridge University Press, 1998, 『러시아 문화사 강의: 키예프 루시부터 포 스트소비에트까지』, 최진석 외 옮김, 서울: 그린비, 2011.

Said, Edward W., 『문화와 제국주의』, 김성곤 · 정정호 옮김, 서울: 창, 1995.

Schechner, Richard, "Performers and Spectators Transported and Transformed," *Between Theater and Anthropology* (Pennsylvania: Pennsylvania Univ. Press, 1985), 이기우 · 김익두 · 김월덕 옮김, 「연기자와 관객의 변화와 변용」, 『퍼포먼스 이론』, 서울: 현대미학사, 2001

_____, *Between theatre and anthropology*, Pennsylvania: Pennsylvania Univ. Press, 1985, 김익두 옮김, 『민족연극학』, 전주: 신아, 1993

_____, *Selected Essays on Performance Theory*, 이기우 · 김익두 · 김월덕 옮김, 『퍼포먼스 이론』, 서울: 현대미학사, 2001.

Service, Robert, 『스탈린, 강철 권력』, 윤길순 옮김, 서울: 교양인, 2005.

Shank, Theodore, 『연극미학』, 김문환 옮김, 서울: 서광사, 1986.

Sontag, Susan, *Against Interpretation* (New York: Farrar, Straus & Giroux, 1966), 이민아 옮김, 『해석에 반대한다』, 서울: 이후, 2002.

Sophochles, 『오이디푸스王』, 조우현 외 옮김, 『희랍비극 1』, 서울: 현암사, 1969.

Stanislavski, Constantin, *An Actor Prepares*, Elizabeth Reynolds Hapgood trans., London: Methuen, 1937; rpt. 1993.

_____, *An Actor Prepares*, Elizabeth Reynolds Hapgood trans. (London: Methuen, 1937; rpt. 1993), 신겸수 옮김, 『배우수업』, 서울: 예니, 2001.

_____, *An Actor Prepares*, 오사량 옮김, 『배우수업』, 중판, 서울: 성문각, 1979.

_____, *Building a Character*, trans. Elizabeth Reynolds Hapgood, New York: Theatre Arts Books, 1977.

_____, *Creating a Role*, Elizabeth Reynolds Hapgood trans., 7th ed., New York: theatre arts books, 1978.

_____, *Creating a Role*, Hermine I. Popper edit., Reynolds Hapgood trans. (New York: Theatre Arts Books, 1961.

_____, *CREATING A ROLE*, trans., Elizabeth Reynolds Hapgood, New York: Theatre Arts Books, 1961.

_____, *Die Arbeit des Schauspielers an der Rolle*, übers. v., Karl Fend et al., Berlin:

Henschel, 1993.

_____, *Die Arbeit des Schauspielers an sich selbst 2*, übers. Ruth Elisabeth Riedt, 3. Aufl., Berlin: Henschel Verlag, 1993.

_____, *Die Arbeit des Schauspielers an sich selbst im schöpferischen Prozess des Erlebens 1*, Übers. Ingrid Tintzmann, 3. Aufl., Berlin: Henschel Verlag, 1993.

_____, *Die Arbeit des Schauspielers an sich selbst*, übers. v. Ingird Tintzmann, 3. Aufl., Henschel Verl. Berlin, 1961.

_____, *Ergänzendes Material zur ≫Arbeit an der Rolle ()Der Revisor()≪*, Ausgewälte Schriften · 2: 1924 bis 1938, Hrsg. v. Dieter Hoffmeier, Berlin: Henschel Verlag, 1988.

_____, *Mein Leben in der Kunst*, 1. Aufl., Berlin: Henschel Verlag, 1987.

_____, *My Life in Art*, Cleveland: the world publishing Co., 1956.

_____, 『나의 예술인생』, 강량원 옮김, 서울: 이론과 실천, 2000.

Stanislvski(Elizabeth Reynolds Hapgood trans.), *An actor prepares*, 1st paperback printing, N.Y.: Routledge, 1989.

_____, *Die Arbeit des Schauspielers an sich Selbst*, Bd. 1, 2 (Berlin: Henschel Verlag, 1993.

Stanislavski (이진아 옮김), 『체험의 창조적 과정에서 자신에 대한 배우의 작업』, 서울: 지식을만드는지식, 2010.

Tierno, Michael, 『스토리텔링의 비밀: 아리스토텔레스와 영화』, 김윤철 옮김, 고양: 아우라, 2008.

Turner, Victor, *From Ritual to Theatre by Victor Turner*, 『제의에서 연극으로』, 이기우 · 김익두 옮김, 서울: 현대미학사, 1996.

Völker, Klaus, *Bertolt Brecht: Eine Biographie*, München: Carl Hanser Verlag, 1976.

Wolitz, Seth L., 「장소의 일치와 연극적/정신적 공간의 자유: 동 · 서양의 비교」, 한국연극학회 2003 서울 국제연극학 심포지움 발제집, 서울, 2003년 10월 11일.

Worringer, *Wilhelm, Abstraction and Empathy: A Contribution to the Psychology of Style*, Micheal Bullock (trans.), Chicago: Ivan R. Dee, 1997.

_____, *Abstraction and Empathy: A Contribution to the Psychology of Style*, trans. Michael Bullock (New York: International Universities Press, 1953), 권원순 옮김, 『추상과 감정이입』, 대구: 계명대학교 출판부, 1982.

_____, *Abstraktion und Einfühlung*, München: R. Piper & Co., 1911.

Young, Stark, 『배우론』, 박윤정 옮김, 『서구 현대극의 미학과 실천』, 김태원 편, 서울: 현대미학사, 2003.

Zizek, Slavoj, 『라캉 카페: 헤결과 변증법적 유물론의 그늘』, 조형준 옮김, 서울: 새물결, 2013.

_____, 『헤겔 레스토랑: 헤겔과 변증법적 유물론의 그늘』, 조형준 옮김, 서울: 새물결, 2013.

http://stdweb2.korean.go.kr/search/List_dic.jsp

http://terms.naver.com/entry.nhn?docId=66179&mobile&categoryId=505

http://www.kyosu.net/news/articleView.html?idxno=32966

http://www.ohmynews.com/NWS_Web/View/at_pg.aspx?CNTN_CD=A0001879482&PAGE_CD=N0001&CMPT_CD=M0018

http://www.ohmynews.com/NWS_Web/View/at_pg.aspx?CNTN_CD=A0001879482&PAGE_CD=N0001&CMPT_CD=M0018

http://www.ttis.kr/2013/10/%ec%95%84-%ec%8a%a4%ed%83%80%eb%8b%88%ec%8a%ac%eb%9d%bc%eb%b8%8c%ec%8a%a4%ed%82%a4%ec%97%ac-%ec%9a%b0%ec%83%81%ec%a0%84/

https://blog.naver.com/apexism/221646000330.

https://ko.dict.naver.com/#/entry/koko/72a6685edad24c1aaf6fd0ef8a471d4a.

https://opendict.korean.go.kr/search/searchResult?focus_name=query&query.

김대현

한양대학교 대학원에서 스타니슬랍스키와 브레히트 연기론의 비교연구로 석사학위를, 그리고 독일 보쿰 대학교(Ruhr-Univasität Bochum)에서 판소리와 서사극의 비교연구로 박사학위를 취득하였다. 동신대학교 연극영화학과를 거쳐 현재 호서대학교 공연예술학부 연극트랙 교수로 재직하고 있다. 한국연극학회 부회장과 한국대학연극학과 교수협의회 및 한국연극교육학회 회장을 역임했다.

주 연구 영역은 배우의 '배역 창조' 분야와 연출가의 '장면 연출' 분야이다. 이와 관련된 다수의 논문이 있으며 2012년 학술논문 「스타니슬랍스키와 시스템」으로 한국연극교육학회의 우수 논문상(KAFTE THESIS BEST AWARD)을 수상했다. 저서로는 『연극 만들기』(연극과 인간, 2004), 『배역 창조와 행동』(연극과 인간, 2013)이 있으며 『한국 근·현대 연극 100년사』(집문당, 2007), 『퍼포먼스 연구와 연극』(연극과 인간, 2010), 고등학교 교과서 『연극의 이해』(서울시교육청, 2018), 『연기』(서울시교육청, 2018) 등 다수의 공저가 있다.

장면 연출과 행동

초판 1쇄 발행일 2020년 8월 30일
김대현 지음

발행인 이성모
발행처 도서출판 동인
주 소 서울시 종로구 혜화로3길 5 118호
등 록 제1-1599호
TEL (02) 765-7145 / FAX (02) 765-7165
E-mail dongin60@chol.com
ISBN 978-89-5506-830-6
정 가 18,000원